U0596046

献给乌兰木伦遗址和一起奋斗过的朋友们

本书系国家社会科学基金青年项目（15CKG003）最终成果

本书承蒙浙江大学董氏文史哲研究奖励基金资助出版

鉴微寻踪

旧石器时代石英岩石制品的微痕与功能研究

陈虹 著

ZHEJIANG UNIVERSITY PRESS
浙江大学出版社

图书在版编目(CIP)数据

鉴微寻踪:旧石器时代石英岩石制品的微痕与功能研究 / 陈虹著. —杭州: 浙江大学出版社,2020.9
ISBN 978-7-308-20507-8

Ⅰ.①鉴… Ⅱ.①陈… Ⅲ.①旧石器时代考古—石英岩—石器—研究—中国 Ⅳ.①K876.24

中国版本图书馆 CIP 数据核字(2020)第 159757 号

鉴微寻踪:旧石器时代石英岩石制品的微痕与功能研究
陈　虹　著

责任编辑 陈佩钰(yukin_chen@zju.edu.cn)
责任校对 陈　欣
封面设计 项梦怡
出版发行 浙江大学出版社
(杭州市天目山路 148 号　邮政编码 310007)
(网址:http://www.zjupress.com)
排　　版 杭州隆盛图文制作有限公司
印　　刷 浙江海虹彩色印务有限公司
开　　本 710mm×1000mm　1/16
印　　张 15.75
字　　数 240 千
版 印 次 2020 年 9 月第 1 版　2020 年 9 月第 1 次印刷
书　　号 ISBN 978-7-308-20507-8
定　　价 98.00 元

陈　虹　浙江大学考古与文博系副教授、博士生导师，加拿大多伦多大学访问学者，浙江省“之江社科青年学者”、浙江大学“求是青年学者”、浙江大学“仲英青年学者”。研究方向为旧石器时代考古、科技考古（微痕分析）。出版专著《华北细石叶工艺的文化适应研究——晋冀地区部分旧石器时代晚期遗址的考古学分析》《当代中国考古学》《微研大义：石器微痕研究与思考》，合作出版译著《龙骨山：冰河时代的直立人传奇》《破译史前人类的技术与行为：石制品分析》《圭拉那魁兹：墨西哥瓦哈卡的古代期觅食与早期农业》，在 *PLoS ONE*、*Archaeological and Anthropological Sciences*、*Quaternary International*、《考古学报》、《考古》、《人类学学报》等期刊发表论文多篇。

目　录

图 目 录

表 目 录

第一章 绪论

石器的"生命史",从准备到制作,再到使用及修理,是一个不断缩减的过程。在这个过程中,器表与外界物质接触并相互作用,因而发生不可逆转的微观物理变化。这些变化由于器表部位、接触对象与接触方式的差异,表现为不同程度的破损、磨圆、光泽等痕迹。微痕分析,即借助显微镜等仪器和数码图像手段,观察并记录石器表面出现的不同痕迹,并通过模拟实验建立参照系,对比判断不同痕迹指代的具体含义,从而推测石器的功能,包括石器的加工对象、运动方式和使用方法。微痕分析是石器研究的一种重要方法,可以为了解史前人类活动与行为模式提供准确、可靠的信息。

第一节 石器微痕研究简史

石器微痕分析最早可追溯到19世纪下半叶,Greenwell(1865)①、Evans(1987)②、Spurrell(1892)③、Curwen(1930)④等人都曾尝试通过分析工具刃

① Greenwell, W. 1865. Notices of the examination of ancient grave-hills in the North Riding of Yorkshire. *Archaeological Journal*, 22(1): 95-105.

② Evans, J. 1872. *The Ancient Stone Implements, Weapons and Ornaments of Great Britain*. London: Longmans, Green, Reader and Dyer.

③ Spurrell, J. 1892. Notes on early sickles. *Archaeological Journal*, 49(1): 53-58.

④ Curwen, C. 1930. Prehistoric flint sickles. *Antiquity*, 4(14): 179-186.

缘痕迹来判断史前石器的功能。20 世纪 60 年代，苏联学者 Semenov 通过显微观察来判断石制品的用途和功能，著成《史前技术》一书。该书于 1964 年出版英文版①，在学术界激起千层巨浪，影响至今。

受马克思主义理论的影响，考古学中微痕分析初期的主要目的是通过分辨石器的功能与用途，来理解古代人群的技术、经济、行为和社会组织形式②。20 世纪 70 年代以来，以 Keeley③ 为代表的“高倍法”和以 Odell④ 为代表的“低倍法”将微痕研究又向前推进了一步。“高倍法”用放大倍数较高的金相显微镜，侧重观察石制品表面因使用而产生的光泽，能够准确判定加工对象的材料。而“低倍法”使用放大倍数较低的体式显微镜，注重观察石制品使用过后的微磨损，对于判断石制品的加工方式及加工对象的软硬程度有很高的准确性。

随着过程考古学的兴起与发扬，微痕分析的目的不再局限于了解石器的功能，而是拓展至推测古人类的行为模式，进而还原古代人群的生活。为了使分析结果更加精确，研究者开始关注可能影响微痕生成的多种因素，例如石器原料、使用时长、使用力度、后埋藏过程以及清洁方法等。微痕分析的研究内容进一步细化出许多具体方向，包括对单一石料石器的微痕特征研究、微痕生成的分阶段研究、后埋藏对微痕的影响等⑤。

近年来，随着跨学科交流的增多和数理化手段的引入，标准化、可校准和创新性成为微痕分析的新方向，对微痕分析结果进行对比和交流也成为推动微痕发展的有效途径和必要手段。因此，将不同研究者的微痕研究成果进行对比，对不同石料石器的微痕进行比较，既有了技术和理论的支持，也是微痕

---

① Semenov, S. A. (translated by Thompson M. W.). 1964. *Prehistoric Technology: An Experiment Study of the Oldest Tools and Artifacts from Traces of Manufacture and Wear*. London: Cory, Adams & Mackay.

② Sterud, N. 1978. Changing aims of American archaeology: A citations analysis of American Antiquity 1964-1975. *American Antiquity*, 43(2): 294-302.

③ Keeley, L. 1980. *Experimental Determination of Stone Tool Uses*. Chicago: The University of Chicago Press.

④ Odell, G. 1977. The *Application of Micro-wear Analysis to the Lithic Component of an Entire Prehistoric Settlement: Methods, Problems and Functional Reconstructions*. Ann Arbor: Unpublished PhD. Dissertation, Department of Anthropology, Harvard University.

⑤ Marreiros, J., Gibaja Bao, J., Bicho, N. 2015. *Use-Wear and Residue Analysis in Archaeology*. Switzerland: Springer International Publishing, pp. 5-26.

分析发展的大势所趋。

中国学者最早接触微痕研究可以追溯到1958年，当时派出的一个科学访问团参观了谢苗诺夫的实验室，回国后发表了书评译文《史前时代技术的研究》①。之后由于种种原因，微痕研究在我国没能得到发展。20世纪80年代初，童恩正发表文章向国内的考古学者介绍微痕研究低倍法②。这期间有部分学者尝试性地运用显微镜观察石器的使用痕迹，但都是一些摸索性的尝试③，并没有严格而系统地进行研究。

为了推动微痕研究在中国的发展，中国科学院古脊椎动物与古人类研究所于2004年7月至8月在北京举办了中国首次"石器微痕分析培训—研讨班"，目的在于了解世界石器研究在这方面的最新理论和方法，掌握微痕分析的技术，培养石器使用痕迹研究的专门人才，继承和扩大中国的石器微痕研究，建立一套完整的石器微痕分析的参考标本④。

第二节　石英岩石制品微痕研究现状

石英岩，是石英含量大于85%的变质岩石，主要化学成分是二氧化硅（SiO_2），由砂岩和硅质岩经区域变质作用重结晶形成。硅质成分的原岩由于热接触变质作用也可形成石英岩，但只分布在岩浆岩体周围。石英岩一般为块状构造，粒状变晶结构，含少量长石、绢云母、绿泥石、白云母、黑云母、角闪石、辉石等。石英岩与石英砂岩、脉石英等在工业用途方面具有同等效益。中国河南、辽宁等地均产有石英岩矿⑤。

相较于燧石和黑曜岩，石英岩质地较脆，弯曲强度不佳，容易断裂，通常被认为是次级石料。但是石英岩硬度高，颗粒细腻，结构紧密，吸水率较低，透光性好，有极好的耐高温性，能够产生锋利的刃缘，适合打制石器，成为史

① D.戈尔耶夫：《史前时代技术的研究》，《考古》1959年第1期。
② 童恩正：《石器的微痕研究》，《史前研究》1983年第2期。
③ 张森水：《述评〈石器使用的试验鉴定——微磨损分析〉一书》，《人类学学报》1986年第4期。
④ 高星、沈辰主编：《石器微痕分析的考古学实验研究》，科学出版社2008年。
⑤ 邓绶林、刘文彰：《地学辞典》，河北教育出版社1992年。

前人类最常使用的原料之一。自250万年的奥杜威文化以来，从非洲、欧洲、亚洲直至南北美洲，石英岩一直为人类所使用和开发。

目前，国内关于石英岩质石器的微痕研究开展甚少。侯亚梅在《石制品微磨痕分析的实验性研究》①中提到："对于石英岩等硬质石料的微痕研究非常有必要，但石英岩的岩性比较特殊，作为一种晶质结合体，其石料中包含的晶质多，在体视显微镜中观察石英岩，由于石英岩的反光性较强，将加大微痕观察的难度。"

黄蕴平在对小孤山骨针的实验研究中，运用切和锯的使用方式截取骨料，用刮和磨的方式加工骨针，再用钻的方式加工针眼。不同的过程对石制品产生的损耗率不同，不同的动作也会产生不同的使用微痕。实验仅涉及一件石英岩石片，被用来完成钻骨这一动作。实验结果显示：钻骨后的石英岩石片，其尖部位置出现小且深的微疤痕，形状不规整，磨光面不明显②。这次实验由于样本太少，未能归纳出石英岩石器使用微痕的特征。

张晓凌在对虎头梁锛状器的微痕研究中，曾涉及4件石英岩质标本，但在其实验中没有明确给出有关石英岩石器的微痕特征，而且标本数量较少，并没有对石英岩石器做定量的微痕实验分析③。

国外学者Sussan曾对石英岩石器的微痕研究做过尝试。他用石制品进行了刮新鲜牛皮、切割软性植物、雕刻并锯新鲜的动物骨头及鹿角，以及锯软木和硬木的实验，得到了一些微痕特征信息④。1996年，Sussan等人还对弗吉尼亚州4处史前遗址中的石英岩标本进行过微痕观察⑤。

此前对石英岩石器的微痕研究成果非常少，几乎没有研究者做过系统研究。许多研究人员在面临石英岩微痕这一难题时望而却步，转而进行燧石和黑曜岩石制品的微痕研究。但是，石英岩分布广泛，是旧石器时代遗址中的重要原料，而且是我国诸多旧石器时代遗址中的主要原料。因此，开展这方

---

① 侯亚梅：《石制品微磨痕分析的实验性研究》，《人类学学报》1992年第3期。

② 黄蕴平：《小孤山骨针的制作和使用研究》，《考古》1993年第3期。

③ 张晓凌、高星、沈辰等：《虎头梁遗址尖状器功能的微痕研究》，《人类学学报》2010年第4期。

④ Carole, S. 1985. Microwear on quartz: fact or fiction? *World Archaeology*, 17(1): 101-111.

⑤ Michael, P., Dennis, K., Petar, G., et al. 1996. Immunological and microwear analysis of chipped-Stone artifacts from piedmont contexts. *American Antiquity*, 61(1):127-135.

面的微痕研究是十分必要的，如果长期搁置，会造成这一方面数据的缺失。

第三节　基本概念与定义

一、石制品定位

石片（包括石叶及细石叶）的定位是将石片的背面朝向观察者，腹部朝下，台面或近端在下，远端在上。对于工具的定位，也是将背面朝向观察者，如果有台面，则台面在下；如果没有台面，则将疑似工作刃的一端居上。

对微痕在标本上的位置进行描述和记录时，我们采用由 G. Odell 首倡的“八分定位法”（见图 1.1）。先将石制品按上述的方法摆放后，以标本中心为圆心，将标本八等分，由右上角开始，顺时针依次标注为 PC1 至 PC8，每个 PC 代表八分之一的边缘，PC1 至 PC8 主要指示的是器物边缘[①]。

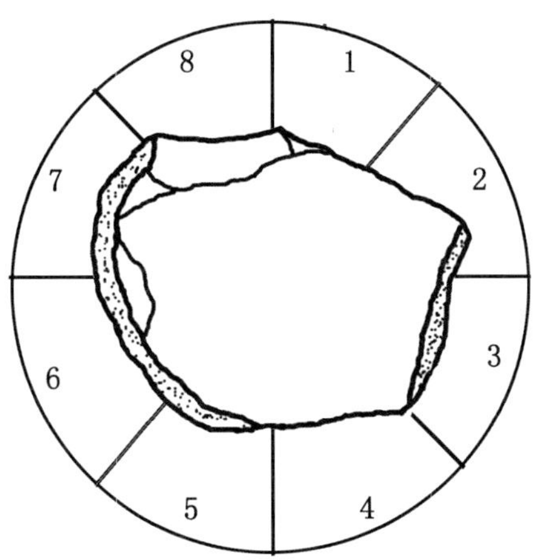

图 1.1　石制品“八分定位法”示意图

① Odell G. 1996. *Stone tools and Mobility in the Illinois Valley: from Hunter-Gather Camps to Agricultural Villages*. Michigan: International Monographs in Prehistory, pp. 35-37.

二、微痕分析要素

石器的微痕现象包括磨蚀和破损两大类①。磨蚀痕迹包括磨圆、光泽和条痕。磨圆是指石制品与加工对象接触，经过机械摩擦，由原来的锋利变为平滑圆钝，观察时按磨圆程度进行记录（磨圆程度分为严重磨圆、中度磨圆、轻度磨圆）。当工具划过其他材料时，工具表面的反光率会发生改变，光泽就是这样产生的。条痕是石器在运动摩擦中形成的直线形条纹，具有方向性，是判断运动方向的重要依据。由于本次研究主要采用低倍法，而光泽和条痕在高倍法下方能清楚地观察到，因此未将此二项列为重点观察项目。

破损痕迹主要指微小疤痕，观察内容包括微疤的大小、终端形态、分布形式和位置等，这也是低倍法主要的观察对象。微疤大小，即单个微疤的尺寸，根据放大倍数可分为大（10倍以下即可观察到）、中（10～20倍可观察到）、小（20～40倍）和极小（40倍以上方可观察到）。微疤的终端形态是指微疤远端的纵剖面形态，可分为羽翼状、卷边状、阶梯状和折断状四种②（见图1.2）。这一属性与来自加工对象的反作用力之传导有关，能够反映加工对象的硬度。微疤的分布形式多种多样，本文主要将之归类为连续分布、间隔分布、分散分布（微疤分布没有规律性）和层叠分布（多层微疤在与刃缘垂直的方向交替出现）（见图1.3）。

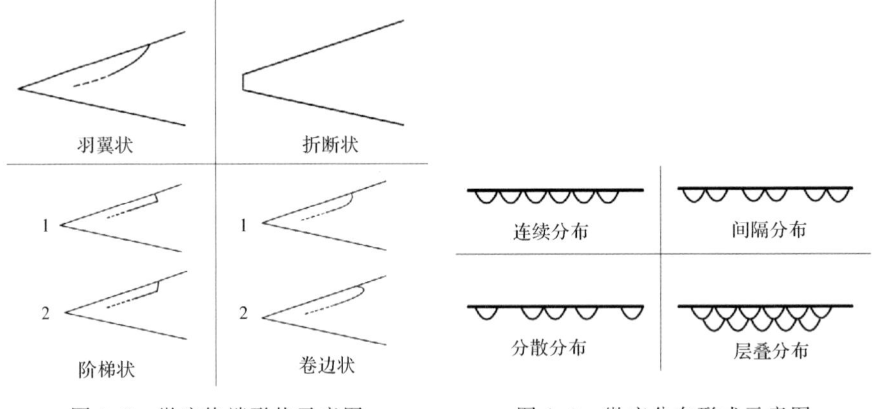

图1.2　微疤终端形状示意图　　图1.3　微疤分布形式示意图

---

① 陈虹：《华北细石叶工艺的文化适应性研究——晋冀地区部分旧石器时代晚期遗址的考古学分析》，浙江大学出版社2011年，第72-73页。

② Ho Ho Committee. 1979. The Ho Ho classification and nomenclature committee report. In: Hayden, B. *Lithic Use-wear Analysis*. London: Academic Press, PP. 133-135.

在具体分析中，除了将石制品个体作为分析的基本单位外，还将石制品所包含的功能单位(functional unit)作为分析的基本单位。功能单位，意指石器上可观察到确定任何改造痕迹的位置，不仅包括切割和刮削这样的使用部位，还包括手握或装柄等不是使用但留有改造痕迹的部位①。

第四节 研究程序

整个研究分为实验积累、考古分析、功能推测三个部分，具体如下。

一、模拟实验

1. 标本信息输入

在进行模拟实验之前，要仔细记录石制品标本的基本信息，例如：石制品类型、石料品种、颜色、质地颗粒等，标本的长/宽/厚/重/刃缘角度，以及是否经过二次加工等。

实验所使用的标本基本为直接打下来的石核或石片，一般不经过二次加工。在确定石制品的使用部位时，通常选择较锋利、较长的刃缘，或者较锐利的尖部等。

2. 实验前观察与记录

对实验标本进行草图线描也很重要，八分法便于记录使用部位。对标本整体外观拍照留底，并在显微镜下进行预观察。对即将进行实验操作的刃缘部分要详细记录并拍照，以便在之后的分阶段观察中进行对比。为了方便对比刃缘在使用前后的变化，在不影响标本使用刃缘的情况下，采用白色修正液在实验部位标记，确保整个实验过程中都能观察到标记刃缘的情况。

3. 实验过程要求

在明确运动方式和加工对象的基础上，在同一实验中，统一标本使用的

① Odell, G. 1996. *Stone Tools and Mobility in the Illinois Valley: From Hunter-Gatherer Camps to Agricultural Villages*. Michigan: International Monographs in Prehistory, p. 37.

方式与方法，确定单件标本的使用实验由同一人完成，固定使用部位、运动方式、操作姿势，以及用力的方向和程度，尽可能详细地记录标本的运动状态。

运动状态[①]包括单次动作长度、动作频率、动作耗时和动作次数。单次动作长度指标本每次使用后在实验对象上留下的长度，例如标本 A 在切新鲜羊肉时的单次动作长度是 6 厘米，那么运动 1000 次后，运动总长度为 6000 厘米。动作频率指标本在单位时间内的运动次数，例如标本 A 在切新鲜羊肉时每分钟平均运动 40 次，能反映出运动的持续性与力的大小。动作耗时指完成实验的总时间，本研究以“分钟”作为时间单位。动作次数指完成实验时标本被使用的总次数。

4. 实验中记录

实验开始前，需拍照记录操作者的执握方式。为确保操作者在实验中以相似的速率和力度进行操作，实验设计每 3 分钟为一个阶段，每完成一阶段即短暂停止，经片刻休息后再继续实验。

实验过程预设如下：标本在使用 3 分钟后暂停，记录使用次数、使用情况等并拍照；恢复使用 6 分钟后再次暂停，记录使用次数、使用情况等并拍照；在继续使用 9 分钟后再次暂停，记录使用次数、使用情况等并拍照；在继续使用 12 分钟后停止，再次记录使用次数、使用情况等并拍照。如果标本在其中某个阶段出现破损或其他现象，致其无法继续使用，则终止实验，观察记录截止破损时的动作次数并拍照。

5. 实验后观察与记录

标本经过使用实验后需要清洗与晾干，然后在显微镜下进行观察，记录微痕特征，完成实验记录表和微痕记录表。简单清洗时可采用白醋混合清水的方法，白醋的醋酸含量低，不会破坏标本刃缘上的残留物。为了更清晰地观察微痕，亦可采用超声清洗仪。

6. 分阶段实验

分阶段实验能够帮助分析者更清楚地观察到标本在不同阶段的具体破损情况。在分阶段实验中，可以在标本的实验部分涂抹一层颜料，这种颜料

---

① 方启：《吉林省东部地区黑曜岩石器微痕研究》，吉林大学博士学位论文，2009 年。

应该随着片疤的剥落而崩落，但不会对标本使用产生影响。指甲油是比较理想的辅助着色材料，普通洗甲水即可方便去除指甲油。分阶段实验以3分钟作为一个阶段，在开始每个阶段使用之前，将指甲油涂抹在使用部位，一个阶段结束后进行记录并拍照，再进行简单冲水清洗，然后在显微镜下观察，记录该阶段的刃缘破损情况。观察完毕后，去除指甲油并清洗，如此反复操作。这样，待一件标本的实验全部结束后，即可得到一组同一使用部位各阶段微痕的照片进行对比①。

二、考古标本观察与分析

对考古标本进行微痕观察和功能判断，进而探讨古人类的行为模式，是微痕分析的基本目标。本研究将在完成一系列实验工作后，以微痕实验数据为对照，对内蒙古乌兰木伦遗址出土的石英岩标本进行微痕观察，并推测其使用方式和加工对象。

三、遗址功能分析

旧石器时代遗址功能研究，主要依托出土的文化遗物，从不同角度进行研究，常用的研究方法有“操作链”分析、石制品剥片序列分析、石制品组合分析、石制品拼合研究、微痕分析、残留物分析、共生关系分析、民族考古学等。其中，石制品功能与遗址功能有着相当紧密的联系，因此研究石制品功能与其空间分布之间的关系成为遗址结构与功能分析的重要内容。

数据挖掘作为一种数据分析手段，可以有效地分析大量数据间潜在的关联性，并可通过对各组数据关联性的支持度和置信度的量化形式进行对比。对石制品的微痕观察数据与测量数据进行数据挖掘，在一定程度上可以更好地还原遗址结构以研究遗址功能。

---

① 陈虹、张晓凌、沈辰：《石制品使用微痕多阶段成形轨迹的实验研究》，《人类学学报》2013年第1期。

第五节　本书结构

全书共分四个部分，分别为绪论（第一章）、实验研究（第二、三章）、考古分析（第四章）、讨论与总结（第五、六章）。绪论介绍了研究背景、基本方法，以及主要的术语与概念，为读者进一步理解后续各章节做好铺垫。实验部分通过大量的实验，详细描述了石英岩石制品在采用不同运动方式、加工不同材料时产生的微痕情况，为开展考古标本的微痕分析提供了对照数据与图像。案例部分通过对乌兰木伦遗址出土石制品的微痕分析，以及对石器功能和遗址功能的推测，证明本次研究是十分必要且有效的。最后，与其他原料石制品进行对比，基本建立起一套有关石英岩石制品微痕分析的参考数据。

第二章
使用微痕的实验研究

2013年7月至8月，课题组开展了一系列关于石英岩石制品使用微痕的实验研究。此次实验是针对石英岩石制品使用微痕开展的专门研究，希望能够初步归纳总结出一些微痕特征，并与其他材质的石器进行比较，弄清石英岩石器使用微痕的鉴别特征。实验目的具体有这样几点：(1)了解石英岩石制品加工不同材料所产生的微痕特征；(2)了解不同运动方式对微痕的影响；(3)了解使用强度对微痕的影响，包括使用时间、动作次数以及用力大小等因素可能产生的影响；(4)了解石英岩石制品微痕的鉴别特征与规律。

石英岩是一种变质岩，其成岩受到不同的温度和压力作用，在结构、变晶程度、副产物、岩石共生组合及产状等方面有所差异，不同地区的石英岩变异性较大。为确保实验标本的岩性与考古标本相似，本次实验选择乌兰木伦遗址及其附近的石英岩作为原料，打制成石器并模拟史前使用方式①。石料的颜色主要有黑色、白色、黄褐色、红褐色，其中黑色与白色石英岩颗粒较小，而黄褐色及红褐色石英岩颗粒较大。实验标本均用硬锤打制而成，使用的剥片工具为石锤，剥片方法为直接锤击法，尺寸控制在一定范围内。所有标本均未经过修理及热加工，以避免修理疤痕或其他破损对使用痕迹造成干扰。

实验涉及四种基本运动方式，具体定义如下：(1)刮，指拟使用刃缘的长轴方向与运动方向垂直，朝向操作者运动，工具与加工对象间的夹角一般为

---

① 实验标本由当时在鄂尔多斯市文物与考古研究院工作的刘扬博士提供。

70°～80°;(2)切,指拟使用刃缘的长轴方向与运动方向一致,一般垂直于加工对象,做单向运动;(3)钻,尖部一般垂直于加工对象,做旋转运动,单向用力或往复用力;(4)砍砸,上下的强力运动,包括垂直砍和斜砍两种。此外还有一些特殊的运动方式,具体实验中会详细描述。

本系列实验主要采用光学体式显微镜进行观察,型号是 Olympus SZX16,放大倍数为 8.75×～143.75×。微痕照片则用 Nikon EOS 600D 数码相机拍摄完成。

第一节　加工骨质材料的微痕实验

加工动物骨骼是史前狩猎采集群最常见的行为方式之一。结合乌兰木伦遗址出土了较多碎骨、具有明显切割痕迹以及人工打片痕迹的骨化石与骨制品①,骨质材料被作为石英岩石器微痕实验的一种加工对象。

一、实验基本信息

考虑到骨质材料的硬度及现有实验室条件,这组实验使用的加工对象是从菜市场购买的新鲜牛骨,储存在冰柜中,每次实验前取出置于室外自然解冻。

黄蕴平在《小孤山骨针的制作和研究》一文中提到,制作骨针时可能涉及的加工方式包括切、刮、钻②。加上乌兰木伦遗址发现许多动物碎骨,考虑可能存在砍砸现象,因此本组实验的运动方式确定为切、刮、钻和砍砸,其中部分标本进行了分阶段实验(见表 2.1.1)。

---

① 王志浩、侯亚梅、杨泽蒙等:《内蒙古鄂尔多斯市乌兰木伦旧石器时代中期遗址》,《考古》2012年第7期。

② 黄蕴平:《小孤山骨针的制作和使用研究》,《考古》1993年第3期。

表 2.1.1　加工骨质材料实验标本的运动方式与加工对象

序号	标本编号	运动方式	是否分阶段	备注
1	BC7:14.1	切	/	刃缘毛糙
2	BC7:4.1	切	/	刃缘毛糙
3	BC8:9.1	切	是	刃缘毛糙
4	C25	刮	/	刃缘上有崩落片疤
5	C25:16.1	刮	/	刃缘毛糙
6	12EKAC3:19.1	刮	/	刃缘毛糙
7	BC7:1.1	刮	是	刃缘锋利
8	BC7:13.1	钻	/	/
9	12EKBC7-1:7.1	钻	是	右侧刃上有不规则分布的凹缺
10	C15:6.1	钻	/	/
11	C15:16.2	钻	是	/
12	C25:9.1	砍砸	/	刃缘上有小凹缺
13	C15:15.1	砍砸	/	刃缘毛糙，有大片疤
14	12EKBC7:石核	砍砸	/	/
15	BC8:石核	砍砸	是	/

在石制品模拟使用实验中，操作者的个体差异也是非常重要的数据。一名体重 100 千克的成年男性和一名体重 40 千克的老年女性在做同一组使用实验时得出的结果可能会相差很大，因此不同的操作者可能会导致结果有异。本组实验操作者共 4 名，具体信息见表 2.1.2。

表 2.1.2　加工骨质材料实验操作者信息

姓名	性别	年龄/岁	身高/cm	体重/kg	利手
汪　某	男	23	178	66	右手
连某茹	女	20	165	52	右手
方某霞	女	22	160	48	右手
李　某	男	29	176	90	右手

本组实验共设计标本 15 件(见表 2.1.3),包括切骨 3 件,刮骨 4 件,砍砸 4 件,钻骨 4 件。钻骨标本中有 2 件设计为分阶段实验,其余各实验均只设计 1 件标本进行分阶段实验。功能单位共计 15 个,图 2.1.1 显示了标本的整体情况,图中红色小圆点标示区域即使用部位。

表 2.1.3　加工骨质材料实验标本的基本信息

标本编号	长/mm	宽/mm	厚/mm	使用刃长/mm	刃角/°	重量/g
BC7:14.1	60.2	42.4	17.3	30.2	29	49
BC7:4.1	55.1	68.2	15	21.7	30	62
BC8:9.1*	86.5	64.3	16.3	30.6	19	105
C25	80.6	53.4	39.4	37.1	69	202
C25:16.1	37.5	67.5	19.1	34.2	48	45
12EKAC3:19.1	40.8	55.1	17.2	30	30	27
BC7:1.1*	57.3	90.1	19.6	33.9	37	82
BC7:13.1	59.3	28.8	11.2	/	37	18
12EKBC7-1:7.1*	69.4	40.5	14.2	/	34	/
C15:6.1	39.2	61.6	14.3	/	50	33
C15:16.2*	34.5	31.1	16.6	/	15	13
C25:9.1	95.4	77	37.7	46.6	42	213
C15:15.1	80.6	52.4	29.8	25.8	76	/
12EKBC7:石核	63.4	47.6	34.9	35.5	63	111
BC8:石核*	47.8	45.7	27.3	33.8	65	77

说明:带 * 标记者为分阶段实验标本。

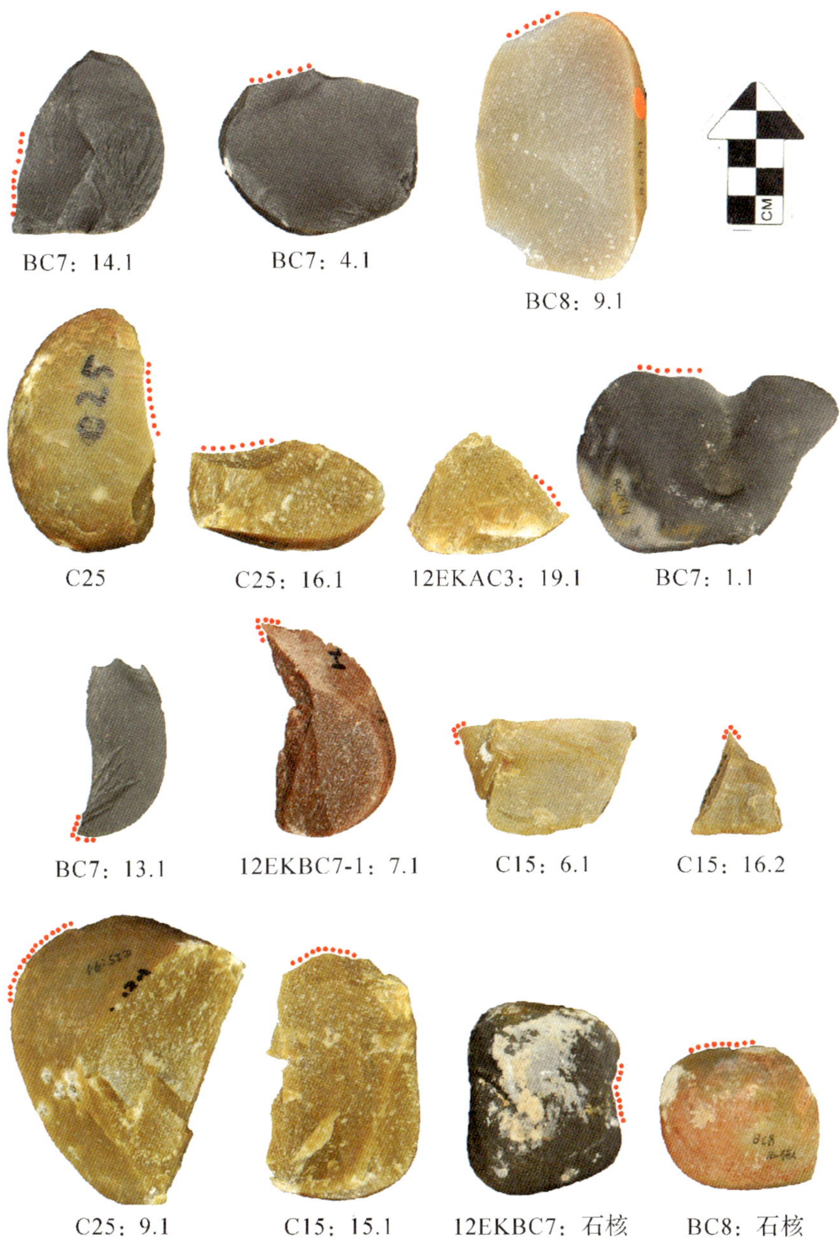

图 2.1.1　加工骨质材料实验标本整体情况及使用部位

二、实验结果

(一)切骨实验

标本 BC7:14.1

使用部位 PC6-7,使用刃长 30.2 毫米,刃角 29°。操作者:方某霞。

使用效率:标本使用 3 分钟后,有一块大片疤和许多小碎片崩落;6 分钟后刃缘变钝;9 分钟后刃缘出现明显大缺口,无法继续正常使用。单次动作长度为 0.5～1毫米,动作频率为 109 次/分钟,动作耗时 9 分钟,动作总次数为 982 次。

微痕描述(见图 2.1.2):使用前,刃缘较毛糙,有几处小凹缺。使用后,背面有连续、层叠分布的大片疤,内多嵌套小片疤,终端多为羽翼状;大片疤内部边缘嵌套阶梯状小片疤,方向朝左;有一个大片疤为阶梯状终端(朝 PC5 方向)。腹面有连续、层叠分布的羽翼状大片疤,有两处非常大的崩裂;大片疤内部边缘嵌套阶梯状小片疤,方向朝右;有一个大片疤内部边缘嵌套中片疤;刃缘上片疤交错分布,刃缘呈蜿蜒状,磨圆不明显。

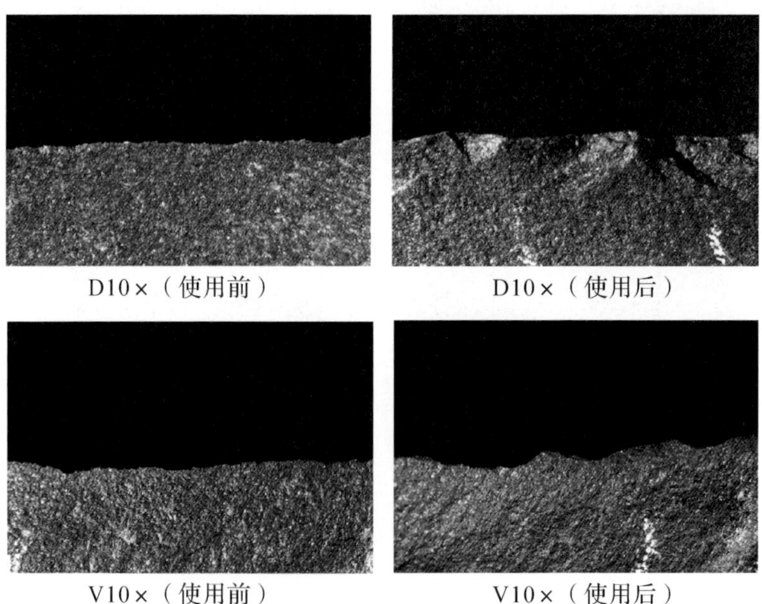

图 2.1.2　标本 BC7:14.1 的切骨微痕

标本 BC7:4.1

使用部位 PC7-8,使用刃长 21.7 毫米,刃角 30°。操作者:连某茹。

使用效率:使用 3 分钟后,背面边缘出现连续片疤;6 分钟后有小碎片崩落;9 分钟后腹面有片疤崩落,刃缘出现破损。9 分钟内在牛骨上留下许多深度大约为 3 毫米的切痕。单次动作长度 0.5～1 毫米动作频率为 76 次/分钟,动作耗时 9 分钟,动作总次数 680 次。

微痕描述(见图 2.1.3):使用前,刃缘毛糙,不规则分布小缺口。使用后,背面出现多处层叠分布的阶梯状大片疤,偶见阶梯状中片疤;大片疤周围有阶梯状小片疤,小片疤方向不一,中片疤方向朝左。腹面不连续分布小片疤,痕迹较少。刃缘磨圆中度。

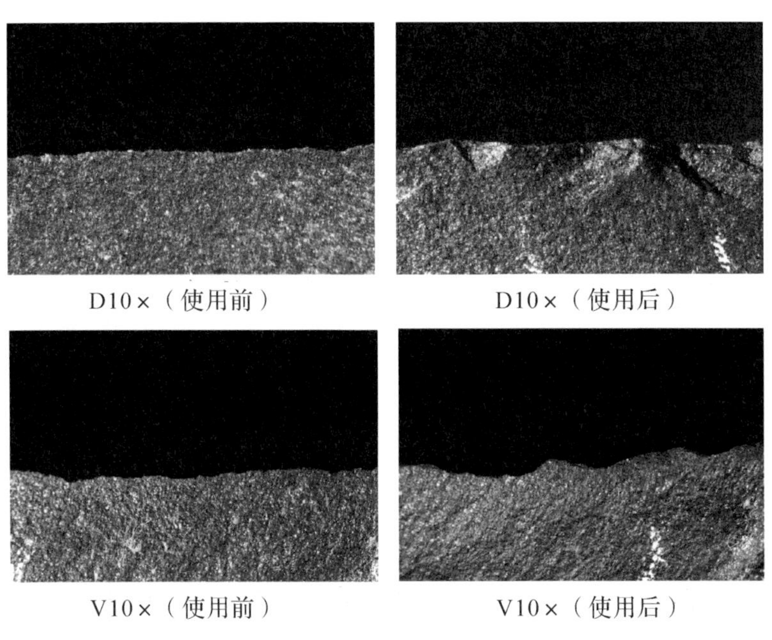

图 2.1.3　标本 BC7:4.1 的切骨微痕

标本 BC8:9.1*

使用部位 PC7-1,使用刃长 30.6 毫米,刃角 19°。操作者:连某茹。

使用效率:使用 2 分钟时,崩落一块大片疤;3～6 分钟内,有骨屑崩落,标本边缘崩落较多指甲油,使用效率较低;6～9 分钟内,刚开始就有大碎片崩落，刃缘几乎崩坏。标本使用效率低。单次动作长度 0.5～1 毫米，动作频率为 103 次/分钟，动作耗时 9 分钟，动作总次数 931 次。

微痕描述（见图 2.1.4）：使用前，刃缘薄且毛糙，有几处凸起。

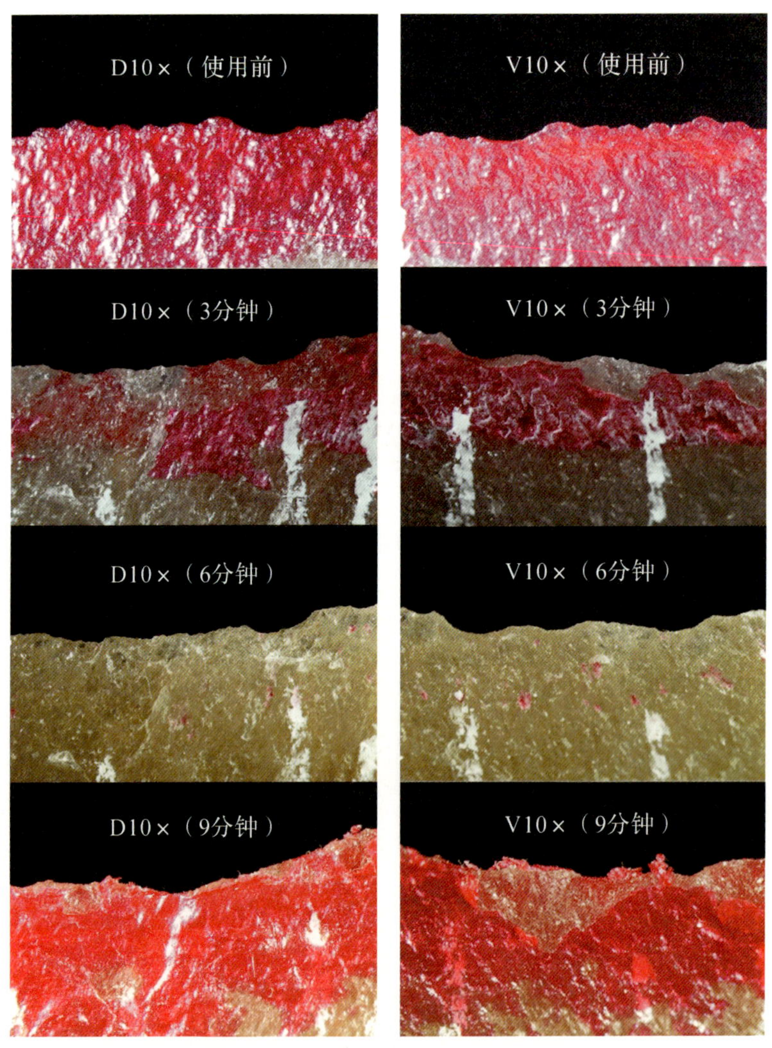

图 2.1.4　标本 BC8：9.1 的切骨微痕

使用 3 分钟后，背面有连续、层叠分布的大片疤，终端多为阶梯状，个别为羽翼状；片疤表现出方向性，朝 PC5 方向。腹面连续分布阶梯状大片疤，刃缘处有粉碎状晶体。刃缘片疤交错分布，磨圆不明显。

使用 6 分钟后，背面磨圆加重，腹面个别片疤变深。

使用 9 分钟后，背面边缘中间位置崩落一处大片疤；右侧出现三个羽翼状中片疤。腹面边缘中间位置出现两个羽翼状大片疤，其中一个内部边缘嵌套阶梯状中片疤。

(二)刮骨实验

标本 C25

使用部位 PC2-3，使用刃长 37.1 毫米，刃角 69°。操作者：汪某。

使用效率：使用 3 分钟后，有大片疤崩落。单次动作长度 8～9 厘米，动作频率为 131 次/分钟，动作耗时 9 分钟，动作总次数 1179 次。

微痕描述（见图 2.1.5）：使用前，刃缘较厚且平直，刃缘上已有少量片疤。使用后，背面有两个阶梯状大片疤，其中一个嵌套阶梯状中片疤；两个大片疤之间有一个阶梯状中片疤，嵌套阶梯状小片疤，片疤方向以垂直于刃缘为主。刃缘严重磨圆。腹面多了一个凹缺，应是背面片疤破裂所致，其他痕迹不明显。

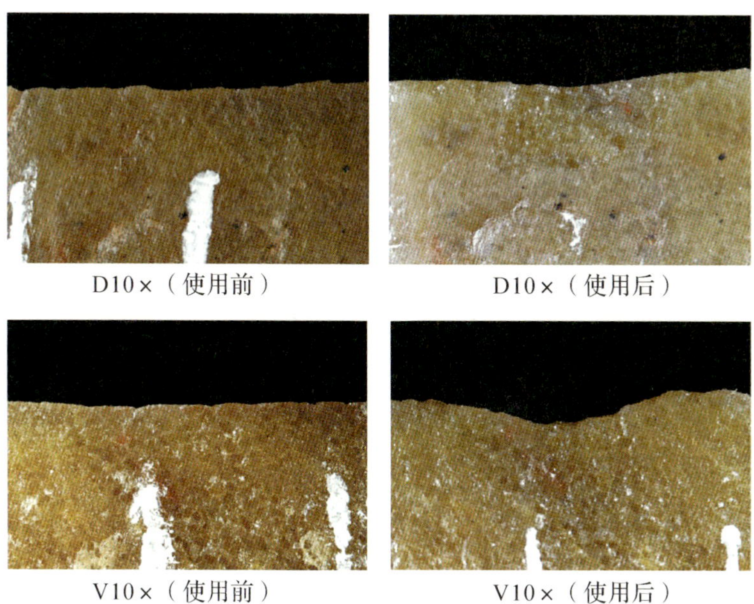

图 2.1.5 标本 C25 的刮骨微痕

标本 C25:16.1

使用部位 PC7-8,使用刃长 34.2 毫米,刃角 48°。操作者:方某霞。

使用效率:在骨上留下较深的痕迹。使用时经常发出类似石屑崩落的声音,6~9 分钟内刮出较多骨粉。单次动作长度 10~12 厘米,动作频率为 106 次/分钟,动作耗时 9 分钟,动作总次数 956 次。

微痕描述(见图 2.1.6):使用前,刃缘较厚且毛糙,无明显凹缺。使用后,背面边缘位置偶见较小破损。腹面连续分布阶梯状中片疤,片疤终端伴有粉碎状晶体,个别片疤内部边缘嵌套阶梯状小片疤,片疤方向以垂直刃缘为主。磨圆痕迹不明显。

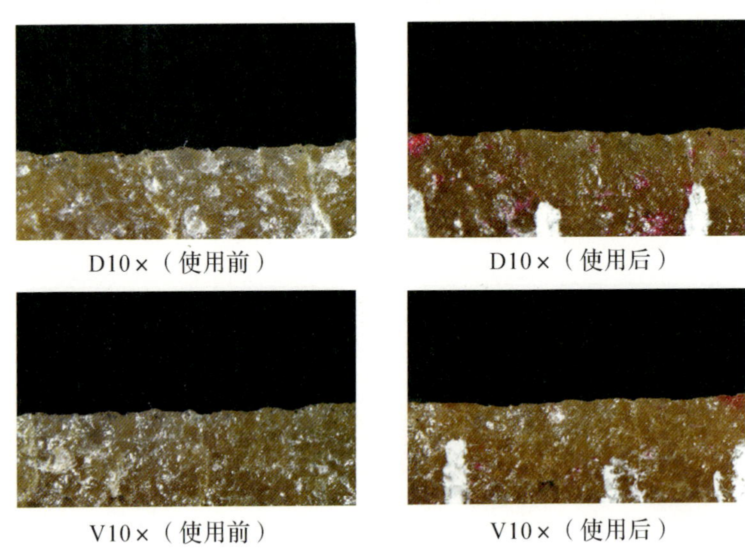

图 2.1.6 标本 C25:16.1 的刮骨微痕

标本 12EKAC3:19.1

使用部位 PC2-3,使用刃长 30 毫米,刃角 30°。操作者:汪某。

使用效率:前 6 分钟效率较高,后 3 分钟几乎失效。使用 3 分钟后,刃缘磨平;使用 4 分钟后,标本与牛骨间的摩擦很小;前 6 分钟刮下大量骨粉,6 分钟后刮下的骨粉很少。单次动作长度 10~12 厘米,动作频率为 117 次/分钟,动作耗时 9 分钟,动作总次数 1057 次。

微痕描述(见图 2.1.7):使用前,刃缘不平整。使用后,背面不连续分布羽翼状中片疤。腹面有一处羽翼状中片疤，方向与刃缘垂直，痕迹较少。刃缘磨圆严重。

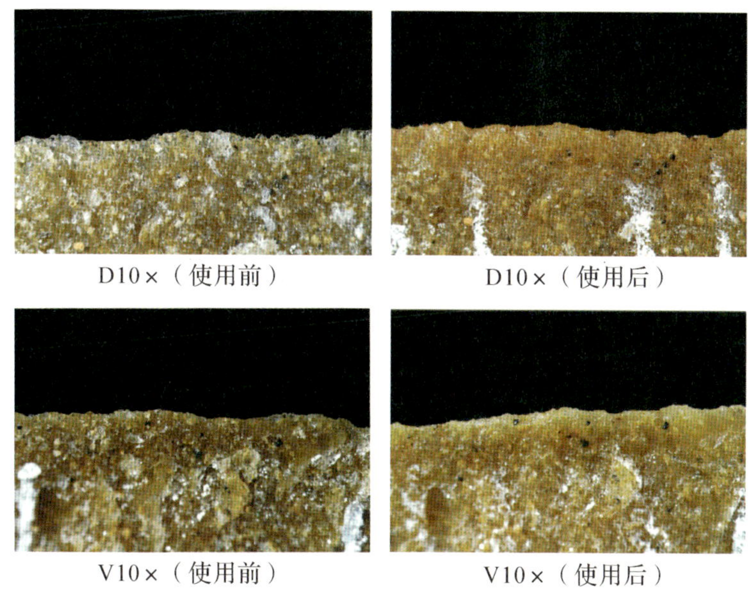

图 2.1.7　标本 12EKAC3:19.1 的刮骨微痕

标本 BC7:1.1*

使用部位 PC7-8，使用刃长 33.9 毫米，刃角 37°。操作者：连某茹。

使用效率：使用 3 分钟后有明显崩裂；3～6 分钟内，效率尚可；6～9 分钟内，有较大碎片崩落。单次动作长度 12 厘米，动作频率为 126 次/分钟，动作耗时 9 分钟，动作总次数 1134 次。

微痕观察（见图 2.1.8）：使用前：刃缘薄且平直。

使用 3 分钟后，背面有两处明显的中型片疤。腹面不连续分布大型片疤，有一处较大的崩裂，其内部边缘嵌套有中型片疤；连续分布羽翼状中片疤；靠近 PC7 处有多处层叠分布的中片疤；有一处肉眼可见的大型崩裂，其内部边缘嵌套有中片疤；边缘处连续分布羽翼状小片疤。刃缘凸起中度磨圆。

使用 6 分钟后，背面分散分布羽翼状中片疤；边缘凸起处偶见羽翼状小片疤。腹面左侧分散分布卷边状中片疤，右侧连续分布羽翼状中片疤，中度磨圆；右侧偶见阶梯状片疤。刃缘磨圆中度。

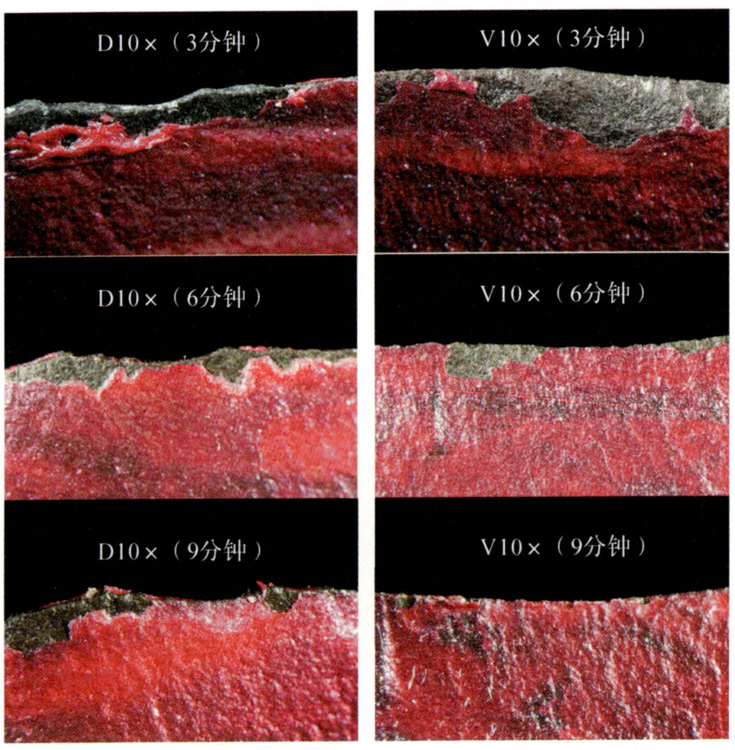

图 2.1.8　标本 BC7:1.1 的刮骨微痕

使用 9 分钟后，背面左侧凸起处变钝圆；中部有个别羽翼状中片疤，方向与刃缘垂直；左侧凸起处有两个羽翼状小片疤，方向与刃缘垂直。腹面分散分布羽翼状中片疤，方向与刃缘垂直；左侧有三个阶梯状大片疤。

（三）钻骨实验

标本 BC7:13.1

使用部位 PC5，刃角 37°。操作者：连某茹。

使用效率：顺时针单向旋转，使用 12 分钟仅在牛骨上钻出深约 3 毫米的浅坑。使用第 38 次和第 130 次时，有小片疤崩落；使用 9 分钟后，尖部变钝；使用 12 分钟后，标本背面和侧面片疤较多，腹面较少。单次动作长度接近 180°，动作频率 46 次/分钟，动作耗时 12 分钟，动作总次数 553 次。

微痕描述（见图 2.1.9）：使用前，无明显痕迹。使用后，尖部有一个羽翼状中片疤，其内部边缘疑似嵌套连续分布的小片疤，磨圆严重。背面有连续的两个羽翼状大片疤，并有大型崩损；左侧刃分散分布羽翼状中片疤，有一个卷边状中片疤，偶见羽翼状小片疤；右侧刃分散分布羽翼状中片疤；左侧刃的片疤比右侧刃相对多且密集，左刃比右刃磨损更为严重。侧面的右侧刃有连续分布的中片疤，并有大型崩损；右侧刃有两处层叠分布的中片疤，终端呈阶梯状，刃缘严重磨圆；腹面尖部有崩损；右侧刃原有凹缺中产生许多粉碎状晶体，有一处层叠分布的阶梯状中片疤；左侧刃磨圆较右侧刃严重，左侧刃分散分布几个羽翼状小片疤，方向与刃缘近垂直。

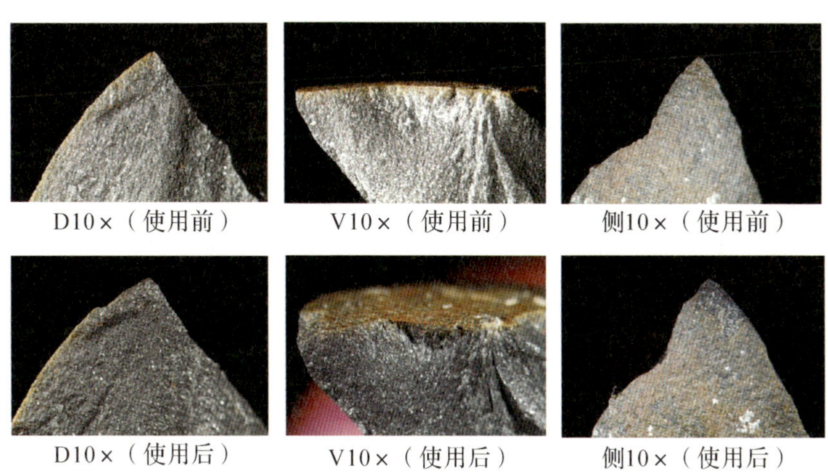

图 2.1.9 标本 BC7:13.1 的钻骨微痕

标本 12EKBC7-1:7.1*

使用部位 PC8，刃角 34°。操作者：汪某。

使用效率：顺时针单向旋转，使用 3 分钟仅钻出很浅的坑。使用 3 分钟后，尖部变钝；3～6 分钟内，效率极低，钻骨困难；6～9 分钟内，效率极低，几乎无法使用，尖部破损。单次动作长度接近 180°，动作频率 29 次/分钟，动作耗时 9 分钟，动作总次数 263 次。

微痕描述（见图 2.1.10）：使用前，侧面为自然面，右侧刃有不规则分布的小凹缺。

使用 3 分钟后，尖部背面磨损严重，严重磨圆，崩落一块大片疤。尖部腹面磨圆严重，出现粉碎状晶体；右侧刃有羽翼状大片疤；左侧刃严重磨圆。三条脊及尖部的大片疤经过多次崩裂，呈阶梯状和羽翼状终端，内套羽翼状小

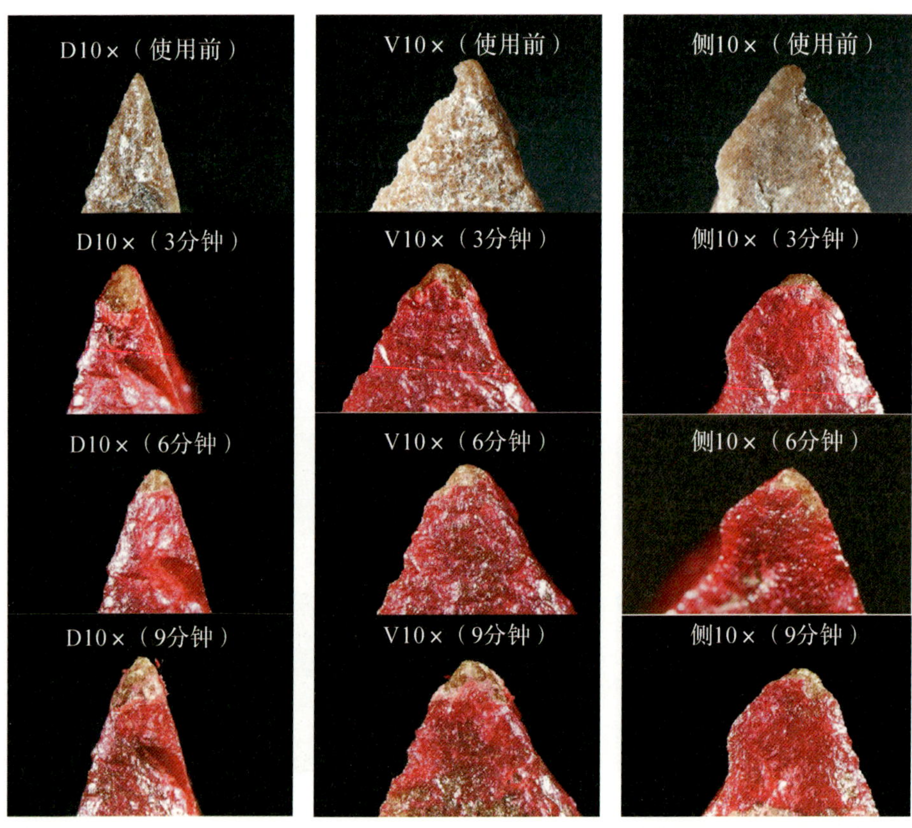

图 2.1.10　标本 12EKBC7-1:7.1 的钻骨微痕

片疤。

使用 6 分钟后，尖部崩裂更趋严重，伴有粉碎状晶体，磨圆严重。尖部背面有一处羽翼状中片疤；左侧刃有一羽翼状大片疤。

使用 9 分钟后，尖部变钝，粉碎状晶体增多，磨损严重，磨圆严重。背面出现大量粉碎状晶体，左侧刃新出现一较深的凹槽，靠近尖部处磨损严重。腹面左侧刃片疤变深，有大量粉碎状晶体，磨损严重，右侧刃新出现一个羽翼状小片疤。片疤主要出现在各面的右侧刃上。

标本 C15:6.1

使用部位 PC7，刃角 50°。操作者：汪某。

使用效率：双向往复旋转，使用 12 分钟仅钻入牛骨大约 2 毫米。使用 3 分钟后，尖部变钝；6 分钟后，标本接近失效；9 分钟后，尖部、背面出现层叠分布的片疤；使用12分钟后，背面出现极小片疤。单次动作长度单向旋转接近180°，动作频率106次/分钟，动作耗时12分钟，动作总次数1277次。

微痕描述(见图2.1.11)：使用前，腹面右侧刃上有不规则分布的小凹缺。使用后，背面右侧刃连续分布阶梯状大片疤，其内部边缘嵌套阶梯状中片疤，左侧刃边缘片疤在实验后变深，磨圆程度加深，为严重磨圆；右侧刃上有连续分布的羽翼状小片疤，有一处阶梯状大片疤，内部嵌套许多阶梯状中、小片疤，伴有粉碎状晶体；右侧刃比左侧刃片疤多且密，损耗较严重。腹面左侧刃严重磨圆，有一个羽翼状中片疤和两个羽翼状小片疤，方向背离尖部方向，与刃缘近垂直；右侧刃有一处层叠分布的阶梯状中片疤。侧面靠近尖部处严重磨圆，出现羽翼状大片疤。

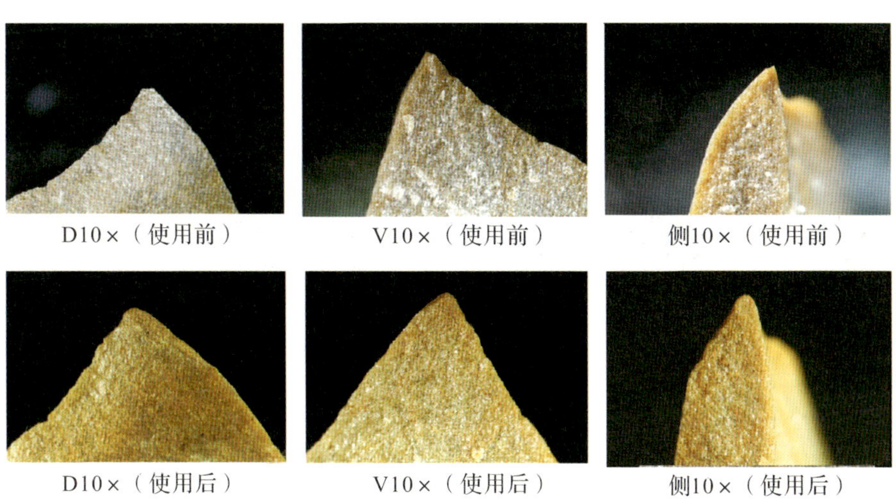

图2.1.11 标本C15:6.1的钻骨微痕

标本C15:16.2*

使用部位PC8-1，刃角15°。操作者：方某霞。

使用效率：双向往复旋转。使用3分钟后，尖部变钝，腹面出现片疤；3～6分钟后，执握困难，施力困难；6～9分钟后，变钝。单次动作长度单向旋转接近180°，动作频率67次/分钟，动作耗时9分钟，动作总次数602次。

微痕描述(见图2.1.12)：使用前，无明显痕迹。

使用3分钟后，尖部出现明显钝圆。侧面左侧刃靠近尖部出现两个大片

图 2.1.12　标本 C15:16.2 的钻骨微痕

疤，终端呈阶梯状，有粉碎状晶体；右侧刃连续分布中片疤，磨圆严重。腹面右侧刃有大片疤，似层叠分布，磨圆严重，连续分布有小片疤；右侧刃的大片疤中嵌套小片疤，阶梯状终端，有粉碎状晶体。背面右侧刃靠近尖部连续分布大片疤，磨圆严重。三个面上均有不规则分布的中小片疤。

使用 6 分钟后，尖部变钝。腹面左侧刃磨圆加重，左侧刃片疤内粉碎状晶体消失。

使用 9 分钟后，尖部损耗，但不明显，有粉碎状晶体。腹面靠近尖部破损，伴有粉碎状晶体。侧面靠近尖部处有一阶梯状中片疤，伴有粉碎状晶体。背面左侧刃破损，伴有粉碎状晶体，尖部处磨损加重。三条侧刃均严重磨圆。

(四)砍砸骨实验

标本 C25:9.1

使用部位 PC7,使用刃长 46.6 毫米,刃角 42°。操作者:李某。

使用效率:使用 12 分钟后,在牛骨上留下较深的痕迹,但标本已损坏。使用几下后由于执握处略锋利,操作者的手被割伤。后在执握处包上纸巾继续使用,但由于执握处边缘锋利,故每砍砸 10 次就需休息一会儿。使用 3 分钟后,有较大碎片崩落,牛骨上产生明显痕迹;6 分钟后,崩落大碎片和 6 片小片疤,刃缘出现明显大凹缺,骨头已有崩损;使用 11 分 13 秒后即 505 次时,标本失效,实验停止。动作频率 42 次/分钟,动作耗时 12 分钟,动作总次数 505 次。

微痕描述(见图 2.1.13):使用前,刃缘上有几处小凹缺。使用后,腹面出现多层分布的极大崩裂,终端有卷边状和阶梯状,靠近刃缘处有粉碎状晶体及大片疤,多为羽翼状;极大型片疤内有层叠分布的阶梯状中片疤,靠近边缘处有一个羽翼状中片疤。背面有两个羽翼状大片疤,可见粉碎状晶体。背面有两个羽翼状大片疤,片疤之间有连续分布的阶梯状中片疤,伴有粉碎状晶体,刃缘左侧的羽翼状大片疤内嵌套一个羽翼状中片疤,有粉碎状晶体。刃缘损坏严重。

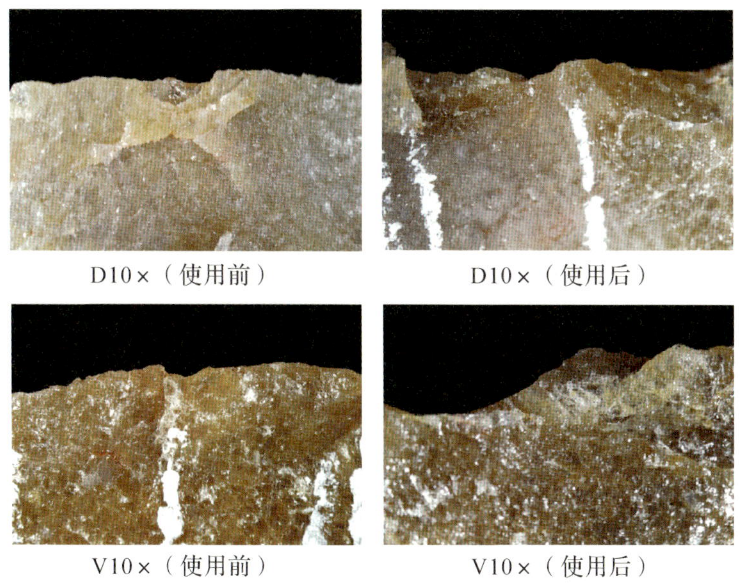

图 2.1.13 标本 C25:9.1 的砍砸骨微痕

标本 C15:15.1

使用部位 PC8-1,使用刃长 25.8 毫米,刃角 76°。操作者:汪某。

使用效率:使用 100 下之后,牛骨上出现较明显的痕迹并伴有骨屑,砸击时手部有痛感;6 分钟后,崩落两片大片疤;9 分钟后,执握处崩落一块碎片;12 分钟后,因手疼而戴上手套继续砍砸。动作频率 115 次/分钟,动作耗时 15 分钟,动作总次数 1731 次。

微痕描述(见图 2.1.14):使用前,刃缘厚且不平直。使用后,腹面出现极大崩裂,终端为阶梯状,有粉碎状晶体;大崩裂覆盖刃缘,其内嵌套许多层叠分布的中片疤,方向与刃缘垂直。背面有阶梯状终端的大片疤,沿刃缘出现多处层叠分布的阶梯状中片疤,无方向;磨圆严重。刃缘上可见严重磨圆。

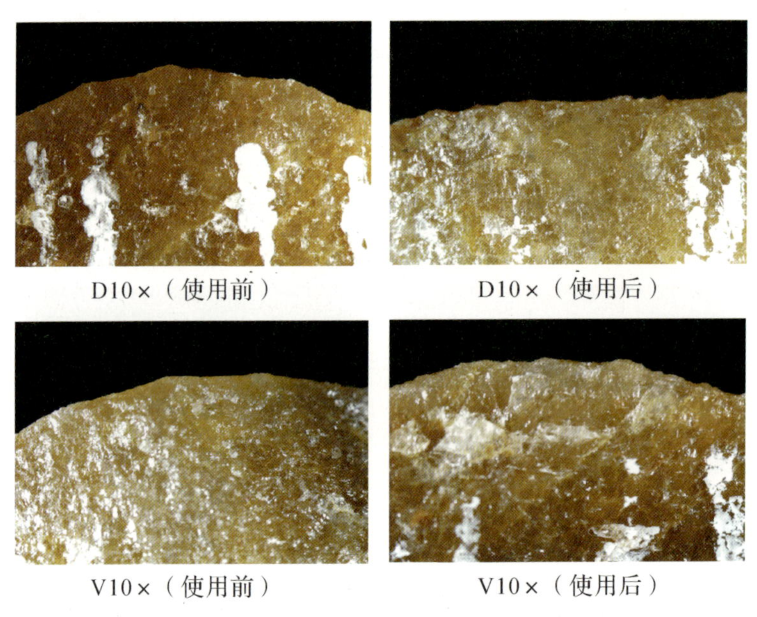

图 2.1.14 标本 C15:15.1 的砍砸骨微痕

标本 12EKBC7:石核

使用部位刃缘锋利处,使用刃长 35.5 毫米,刃角 63°。操作者:连某茹。

使用效率:12 分钟后砸出骨髓。前 50 次使用中崩落许多碎片,手有震感;3 分钟后,因手痛调整执握方式;6 分钟后,有一块大碎片崩落;9 分钟后,崩落一块碎片;12 分钟后,崩落一块大碎片,刃缘上有多处层叠分布的片疤。

动作频率 114 次/分钟，动作耗时 12 分钟，动作总次数 1371 次。

微痕描述(见图 2.1.15)：使用前，凸刃，刃缘较厚，无明显痕迹。使用后，腹面上有多处崩裂，层叠分布，有一处超大碎片崩落，刃缘呈凹状，多数片疤终端为阶梯状，有个别卷边状；连续分布大片疤，呈阶梯状终端，大片疤内层叠分布阶梯状中片疤，刃缘左侧连续分布三个卷边状大片疤，偶见个别卷边状中片疤，片疤内伴有大量粉碎状晶体。背面有两个阶梯状中片疤，有粉碎状晶体。刃缘磨圆严重。

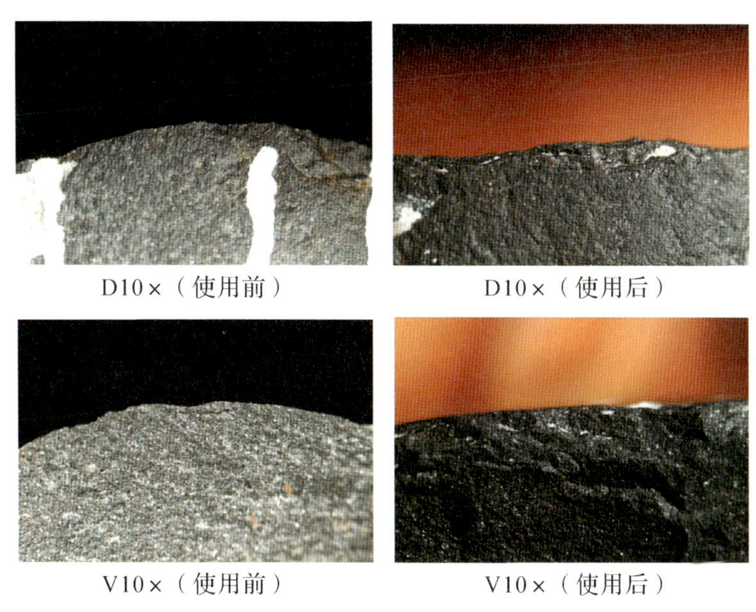
D10×（使用前） D10×（使用后）
V10×（使用前） V10×（使用后）

图 2.1.15 标本 12EKBC7：石核的砍砸骨微痕

标本 BC8：*石核**

使用部位刃缘较薄处，使用刃长 33.8 毫米，刃角 65°。操作者：汪某。

使用效率：使用 3 分钟后，腹面出现层叠状片疤，有明显崩落；3～6 分钟内，砸击时手有震感，有一次因震感太强，标本脱手，继续使用时掉落许多碎片；6～9 分钟内，标本崩落少量碎片，使用效率低。动作频率 41 次/分钟，动作耗时 9 分钟，动作总次数 368 次。

微痕描述(见图 2.1.16)：使用前，刃缘不是很平整，偶见几处小凹缺。

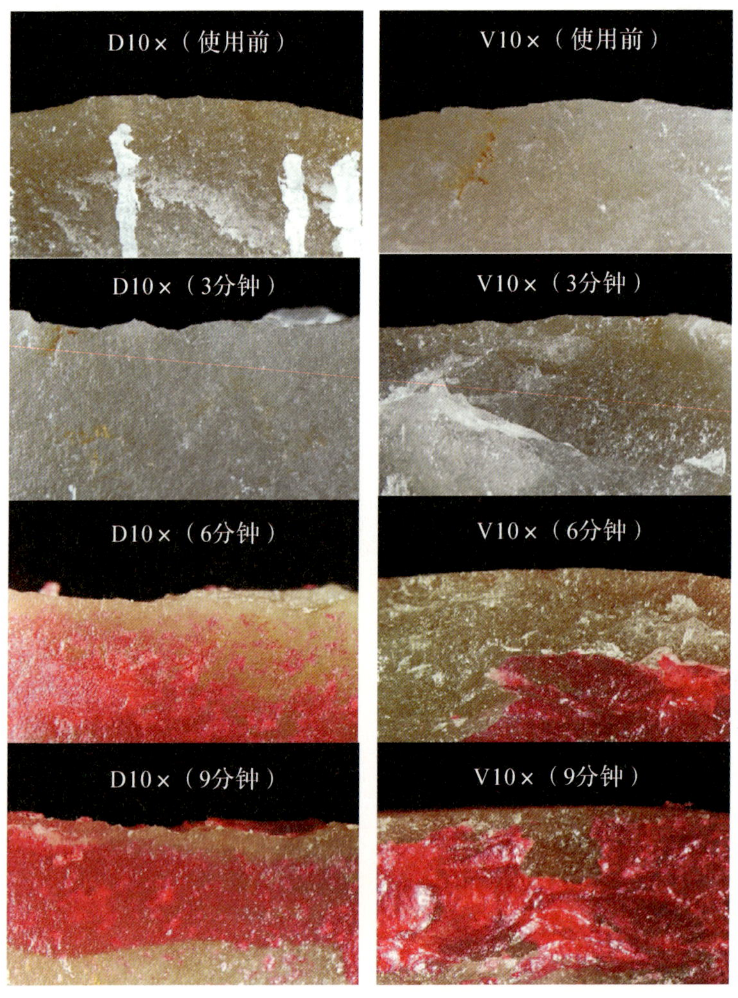

图 2.1.16　标本 BC8:石核的砍砸骨微痕

使用 3 分钟后,腹面上出现大崩裂,磨圆严重,片疤呈层叠分布,刃缘右侧有卷边状大片疤,内有粉碎状晶体;层叠分布大片疤,内嵌卷边状和阶梯状中片疤,其中,卷边状大片疤内嵌套卷边状中片疤。背面左侧有两个阶梯状大片疤,内有层叠分布的小片疤,右侧连续分布阶梯状大片疤,内有粉碎状晶体;左侧大片疤中的小片疤为阶梯状;个别小片疤为羽翼状。刃缘磨圆严重。

使用 6 分钟后,腹面指甲油几乎全部脱落,层叠分布阶梯状大片疤,个别片疤为卷边状,内嵌阶梯状片疤;大片疤内有粉碎状晶体,片疤方向与运动方向相反；大片疤内嵌套层叠分布的阶梯状小片疤。背面间隔分布羽翼状大片疤，方向与运动方向相反。刃缘凸起处磨圆严重。

使用9分钟后，背面边缘零星分布粉碎状晶体；边缘中间有两个阶梯状中片疤和一个羽翼状中片疤；中间大片疤内嵌套有少量羽翼状小片疤。腹面连续分布阶梯状大片疤，大片疤侵入度浅；部分大片疤内有层叠分布的阶梯状中片疤。刃缘上片疤集中处磨圆严重，且伴有粉碎状晶体。

三、石英岩石制品加工骨质材料的基本微痕特征

实验结果表明，加工硬性的骨质材料，会在石英岩石制品的使用部位留下比较明显的破损痕迹，部分痕迹能以肉眼识别（见表2.1.4）。

表2.1.4　加工骨质材料实验微痕观察情况

标本编号	运动方式	片疤破损				磨蚀痕迹	
		位置	尺寸	分布	终止	位置	磨圆
BC7:14.1	切	D/V	L/S	P/R	F/S	/	/
BC7:4.1		D/V	L/S/M	P/R	S	E	MR
BC8:9.1*		D/V	L/M	P/R	F/S	D	LR
C25	刮	D	L/M/S	Sd	S	E	HR
C25:16.1		V/D	M/S	R	S	/	/
12EKAC3:19.1		D/V	M	Sd	F	E	HR
BC7:1.1*		V/D	M/S/L	P/R	F/S/H	E/D	MR/LR
BC7:13.1	钻	/	M/S	Sd/P	S/F/H	E	HR
12EKBC7-1:7.1*		/	L/S/M	Sd	F/S	E	HR
C15:6.1		/	L/M/S	R/P	S/F	E	HR
C15:16.2*		/	L/M/S	R	S	E	HR
C25:9.1	砍砸	V/D	L/M	P/R	S/F/H	/	/
C15:15.1		V/D	M/L	P	S	E/D	HR
12EKBC7:石核		V/D	L/M	P/R	S/H	E	HR
BC8:石核*		V/D	L/M/S	P	S/H/F	E/V	HR

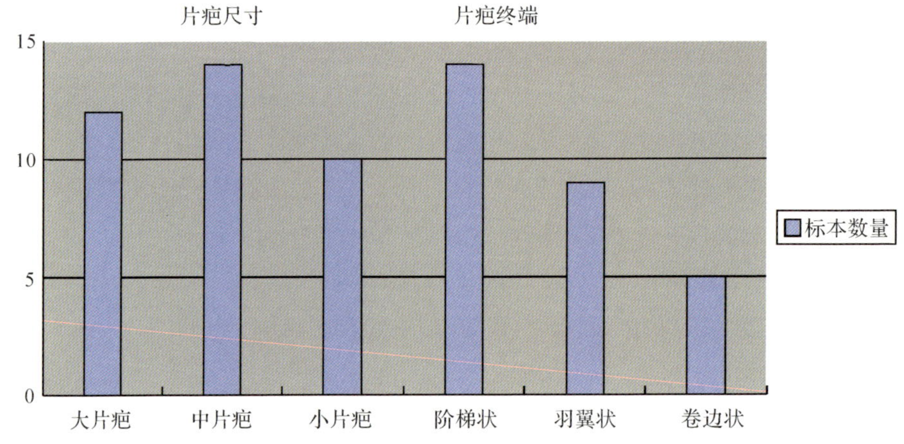

图 2.1.17　加工骨质材料微痕的片疤尺寸和片疤终端形态统计

从图 2.1.17 中可以发现，石英岩石制品加工骨质材料时，在使用部位留下的痕迹以大、中型片疤为主。15 件标本中，产生大型片疤的有 12 件，占总标本数的 80%；产生中型片疤的有 14 件，占总标本数的 93.3%；产生小型片疤的有 10 件，占总标本数的 66.7%。片疤终端形态以阶梯状为主，有少量羽翼状以及一小部分卷边状。15 件标本中，片疤终端为阶梯状的有 14 件，占总数的 93.3%；终端为羽翼状的有 9 件，占总数的 60%；终端为卷边状的有 5 件，占总数的 33.3%。片疤的分布形式主要以层叠分布为主，15 件标本中有 10 件出现层叠分布的片疤，占总数的 66.7%，其中有多件标本出现多处连续、层叠分布的片疤，故连续分布的片疤也是石英岩石制品加工骨质材料的一个特征。在磨蚀痕迹方面，本次实验只观察了磨圆情况，15 件标本中，有 3 件标本未能观察到明确的磨圆痕迹。磨圆痕迹以严重磨圆为主，共有 9 件标本磨圆严重，占总数的 60%，2 件标本为中度磨圆，1 件为轻度磨圆。磨圆位置主要出现在标本的刃脊上，15 件标本中共有 11 件的磨圆出现在刃脊上，占总数的 73.3%。另外，几乎所有标本均出现大量密集的粉碎状晶体，这是石英岩石制品加工骨质材料所特有的情况。

3 件砍砸标本的痕迹基本一致，刃缘均出现较大的崩裂，很容易用肉眼观察识别。总体呈现出以阶梯状为主，少量羽翼状及卷边状的大、中型片疤，片疤分布形式均表现为层叠分布，磨圆基本表现为严重磨圆。标本 C25:9.1，由于操作者力量偏大，加之标本本身的刃缘较薄，在实验过程中刃缘多次崩裂，最终导致使用部位完全损坏。标本 C15：15.1 与标本 C25：9.1 石料相同，但其使用效率却低很多，而且刃缘破损较小，这可能是操作者力量不同所致。而且标本 C25：9.1 的刃缘较标本 C15：15.1 的刃缘薄很多，致使其更容易因受力过大而损坏。因此，在使用方式和加工材料相同的情况下，某些因素的不同也会导致微痕差异，而这些差异能够帮助我们更具体地描述标本的使用情况。在砍砸骨的 4 件标本中，标本 C15：15.1 未见卷边状片疤，标本C25：9.1 仅见一处卷边状片疤，另两件标本则出现比较多的卷边状片疤，这可能是由于石料不同。标本 C25：9.1 和标本 C15：15.1 属于同一种石英岩，而标本 12EKBC7：石核及标本 BC8：石核是另外两种石英岩，不同性质的石英岩可能会对卷边状片疤的产生造成影响，具体原因或许是颗粒密度及硬度的差异。由于本次研究未对标本做岩性分析，故此处不作深入探讨，日后可进行详细研究。

3 件切骨标本的痕迹较为相似，破损均匀地分布在刃缘两侧，以阶梯状和羽翼状大片疤为主，还有一部分中、小片疤呈层叠分布或连续分布。片疤均表现出明显的方向性，片疤方向均与标本使用时的运动方向相反，与刃缘大致呈 45°。磨圆痕迹不太明显，标本 BC7：4.1 的刃脊上观察到中度磨圆痕迹，标本 BC8：9.1 的背面观察到轻度磨圆。标本 BC7：4.1 腹面的使用痕迹较少，仅能观察到不连续分布的阶梯状小片疤。造成这一差别的原因可能是标本的刃缘并非“V”字形，而是背面稍内凹、腹面稍外凸的浅弧形，操作者为了顺利切割骨头，遂将标本稍微倾斜，致其腹面接触骨头的面积减少。

4 件刮骨标本的痕迹基本接近，与加工材料接触的一面破损痕迹很少，而非接触面却有较多痕迹。以阶梯状和羽翼状的中型片疤为主，阶梯状终端多于羽翼状；大片疤和小片疤的数量明显少于中片疤，其分布较为分散。4 件标本的磨圆程度略有差异，标本 C25 与标本 12EKAC3：19.1 为严重磨圆，标本 BC7：1.1 刃脊表现出中度磨圆、背面呈轻度磨圆，标本 C25：16.1 的磨圆痕迹不明显。结合使用效率来看，标本 C25 的使用效率较低，呈严重磨圆；标本 C25：16.1 效率较高，磨圆痕迹不明显；标本 12EKAC3：19.1 在前 6 分钟效率较高，后 3 分钟效率降低，呈严重磨圆；标本 BC7：1.1 效率较高，呈中度磨圆。在刮骨实验中，出现严重磨圆的两件标本几乎都失效了，而磨圆痕迹不清晰且程度较低的两件标本尚能继续使用，如果继续使用直至效率变低，或许会出现明显的磨圆痕迹。

4 件钻骨标本表现出的特征也基本一致。片疤以阶梯状终端为主，有少量羽翼状片疤，仅有个别卷边状片疤。羽翼状片疤的分布没有规律，系单独出现或分散出现。阶梯状片疤以层叠或连续分布为主。大、中、小尺寸的片疤均有出现，以大片疤相对多一些。磨圆情况均为严重磨圆，4 件标本的尖部在使用过后变圆钝，实验结束后尖部有损坏的迹象，其中 3 件标本在使用 3 分钟后尖部即已变钝。结合运动情况分析，标本 BC7：13.1 和标本 12EKBC7-1：7.1 为单向旋转，每个表面的痕迹基本都出现在一侧；标本 C15：6.1 和标本 C15：16.2 为往复旋转，每个表面的两侧刃上均有痕迹。钻是三维运动方式，标本在运动中的受力情况要比砍砸、切、刮等二维运动复杂得多，刃脊上的痕迹及其规律没有二维运动那么明显。但是，钻的动作要求标本具有一个比较锐利的尖部，以上特征将有助于判断古人类使用钻具的方式。

第二节　加工肉质材料的微痕实验

肉类是史前人类最重要的食物来源之一，加工肉类常常与剔骨、刮皮、屠宰等行为结合在一起。肉类本身质地较软，在加工过程中，石器刃部可能会与骨头或是砧板等硬度较大的物质相接触，因此加工肉质材料形成的使用痕迹可能比较复杂。

一、实验基本信息

实验的主要加工对象为市场购买的新鲜牛肉和带肉羊骨，主要运动方式为切和剔，包括 2 件切肉标本和 6 件剔肉标本（见表 2.2.1）。

表 2.2.1　加工肉质材料实验标本的基本信息

标本编号	长/mm	宽/mm	厚/mm	使用刃长/mm	运动方式
BC8:12.1	40.3	61.8	10.7	23.3	切
BC8:10.1	53.1	68.5	15.8	24.1	切
12EKAC9:4.1	28.9	45	13.3	22.1	剔
12EKAC5:17.1	29.9	30.4	11.6	25.6	剔
BC7:3.1	48.9	38.9	9.8	30.4	剔
BC7:25.1	55.9	49.4	7.5	23.7	剔

二、实验结果

标本 BC8:10.1

黄褐色石英岩，刃缘处呈半透明状白色。加工对象为新鲜牛肉，加工方式为切，标本的刃缘方向与运动方向一致，做单向运动，任务是将牛肉切碎。

使用效率：加工总时长 18 分钟，运动总次数 2045 次，单次运动长度约 7 厘米。标本在操作过程中与砧板接触 130 次。

微痕描述（见图 2.2.1）：使用后，腹面与背面的刃缘均有零星小片疤，刃缘轻微磨圆。40 倍时可观察到背面有 1 个明显的阶梯状片疤，腹面有破损。

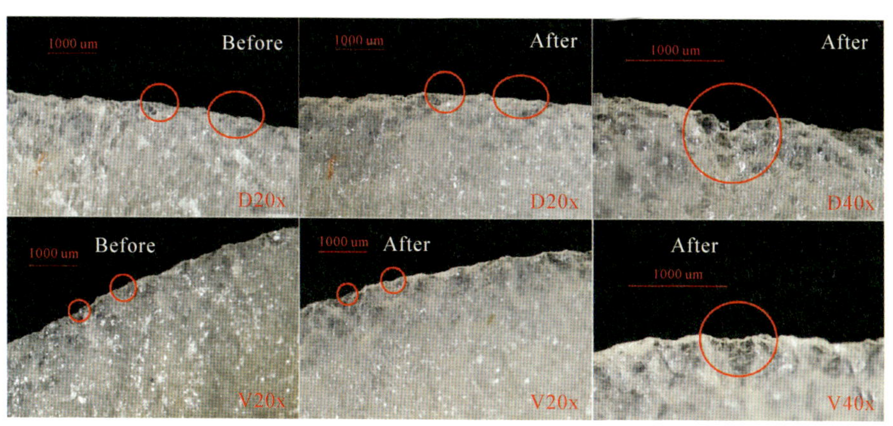

图 2.2.1　标本 BC8:10.1 的切肉微痕

标本 BC8:12.1

黄褐色石英岩,刃缘处呈半透明状白色。加工对象为新鲜牛肉,加工方式为切,标本的刃缘方向与运动方向一致,做单向运动,任务是将牛肉切碎。

使用效率:加工总时长 18 分钟,运动总次数 1794 次,单次运动长度约 7 厘米。标本在操作过程中与砧板接触 19 次。

微痕描述(见图 2.2.2):使用后,刃缘的腹面与背面均有明显崩损,刃缘轻微磨圆。背面有不连续分布的羽翼状小片疤,略有方向,轻微磨圆,靠近刃缘处有光泽,沿刃缘分布有白色线状物。

图 2.2.2　标本 BC8:12.1 的切肉微痕

标本 12EKAC5:17.1

黄褐色石英岩。加工对象为新鲜羊骨表面的肉层和黏膜状物质,加工方式为剔,标本的刃缘方向与运动方向垂直,运动方向与羊骨呈 30°或更小的角度,任务是将肉与骨分离。

使用效率:加工总时长 6 分钟,运动总次数 528 次,单次运动长度依羊肉与骨的情况而定,一般在 3～5 厘米。羊骨在实验前重 211 克,实验后重 47 克,减少 164 克。

微痕描述(见图 2.2.3):使用后,刃缘的腹面与背面均有轻微磨圆。背面连续分布羽翼状小片疤,偶见中片疤;腹面有 1 处崩损。

图 2.2.3　标本 12EKAC5:17.1 的剔肉微痕

标本 12EKAC9:4.1

白色石英岩，半透明。加工对象为新鲜羊骨表面的肉层和黏膜状物质，加工方式为剔，标本的刃缘方向与运动方向垂直，运动方向与羊骨呈 30°或更小的角度，任务是将肉与骨分离。

使用效率：加工总时长 9 分钟，运动总次数 373 次，单次运动长度依羊骨与肉的情况而定，一般在 3～5 厘米。羊骨在实验前重 236 克，实验后重 50 克，减少 186 克。

微痕描述（见图 2.2.4）：使用后，刃缘的腹面与背面均中度磨圆，刃缘较之前光滑。背面不连续分布羽翼状小片疤，偶见大片疤；腹面层叠、连续分布小片疤，有个别大片疤。

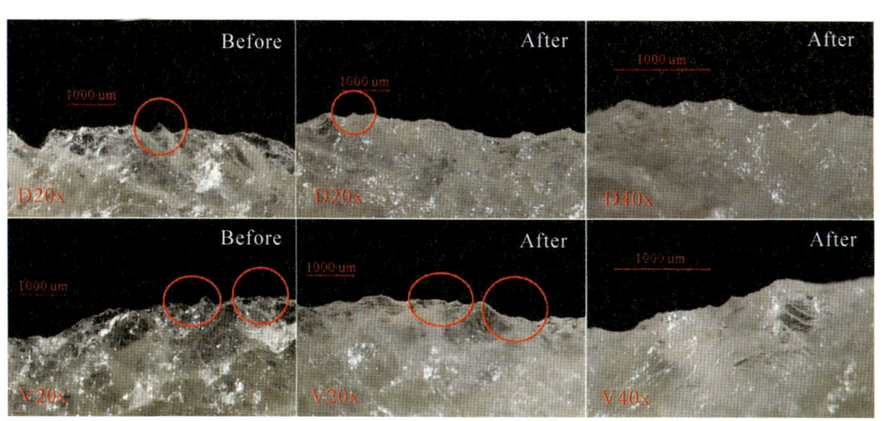

图 2.2.4　标本 12EKAC9:4.1 的剔肉微痕

标本 BC7:3.1

黑色石英岩,加工对象为新鲜羊骨表面的肉层和黏膜状物质(油多),加工方式为剔,标本的刃缘方向与运动方向垂直,运动方向与羊骨呈 30°或更小的角度,任务是将肉与骨分离。运动时手按着标本的背面,标本腹面完全接触骨头,运动方向不一,背离、面对操作者皆有,包括切、割、刮等动作。

使用效率:加工总时长 12 分钟,运动总次数 872 次,单次运动长度依羊骨与肉的情况而定,一般在 3～5 厘米。羊骨在实验前重 117 克,实验后重 39 克,减少 138 克。

微痕描述(见图 2.2.5):使用前,有方形连续痕迹。使用后,腹面有轻微磨圆;背面痕迹变深,原有痕迹上覆盖有连续分布的小片疤,有轻微磨圆。

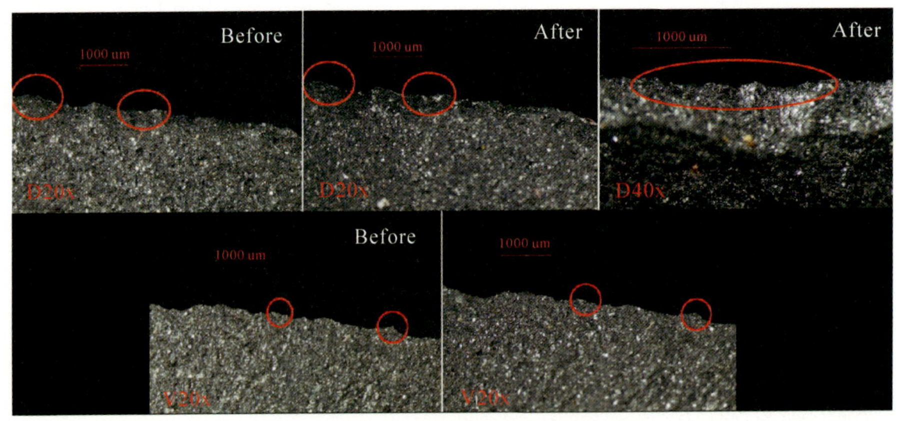

图 2.2.5　标本 BC7:3.1 的剔肉微痕

标本 BC7:25.1

黑色石英岩,加工对象为新鲜羊骨表面的肉层和黏膜状物质,加工方式为剔,标本的刃缘方向与运动方向垂直,运动方向与羊骨呈 30°或更小的角度,任务是将肉与骨分离。

使用效率:加工总时长 12 分钟,运动总次数 567 次,单次运动长度依羊骨与肉的情况而定,一般在 3～5 厘米。羊骨在实验前重 256 克,实验后重 51 克,减少了 205 克。标本在实验过程中大量接触羊油,切割并分离骨头 43 次,触碰砧板 2 次。

微痕描述(见图 2.2.6):使用后,腹面连续分布大、中片疤,小片疤层叠分布、嵌套其内,中度磨圆。背面连续分布羽翼状中小片疤,靠近尖部有大片疤,中度磨圆。

图 2.2.6　标本 BC7:25.1 的剔肉微痕

三、分析与讨论

(一)其他学者对同类微痕的描述

Aranda 等人曾经实验用一件石英岩石器切肉 15 分钟后,利用扫描电子显微镜在石器刃缘观察到了微小的表面微形态变化,这些变化仅限于刃部附近的晶体上,没有向石器表面的内部延伸。此外,他们还观察到晶体脊部的轻微崩损和轻微磨圆①。

Chabot 等人使用不同来源的 2 件石英岩石器分别进行了 60 分钟加工肉类的实验,并使用金相显微镜进行低倍(20～60 倍)和高倍(100～500 倍)观察。他们在第一件石英岩石器上观察到非常轻微的擦痕和破损、轻微的光泽、刮痕和磨圆,以及一些无规律的浅条痕、线性条痕和刻痕。在第二件石英岩石器上则观察到一些很浅的破损和擦痕、不连续的浅条痕、刻痕,以及轻微的磨圆和变形现象②。

---

① Aranda, V., Canals, A., Ollé, A. 2014. Experimental program for the detection of use-wear in quartzite. *Proceedings of the International Conference on Use-wear Analysis*, *Use-wear* 2012. Cambridge Scholars Publishing Newcastle upon Tyne, pp. 45-54.

② Chabot, J., Dionne, M. M., Paquin, S. 2015. High magnification use-wear analysis of lithic artefacts from Northeastern America: Creation of an experimental database and integration of expedient tools. *Quaternary International*, 427(B): 25-34.

Igreja 用一件石英岩石器处理狍子的尸体，并采用反射光显微镜在 50 倍、100 倍和 200 倍的放大倍数下进行观察，发现很难与切肉的痕迹区分开来，只是切肉时会产生油脂光泽①。

Aubry 等人在用于剔动物软组织的石英岩石器表面观察到刃部磨圆②，Lemorini 等人则在同类实验中观察到分散的浅条痕和黯淡光泽③。

(二)石英岩石制品加工肉质材料的基本微痕特征

磨圆是加工肉类石英岩石器表面出现的主要磨损特征，主要表现为轻度磨圆，有时为中度磨圆。擦痕也是石英岩石器加工肉类微痕的一种主要磨损特征，以轻度擦痕为主。此外，加工肉类的石英岩石器表面会出现光泽，主要为轻微光泽，偶尔有黯淡光泽和油脂光泽。这些磨损特征一般出现在刃部，偶尔出现在非刃部的接触面(见图 2.2.7)。

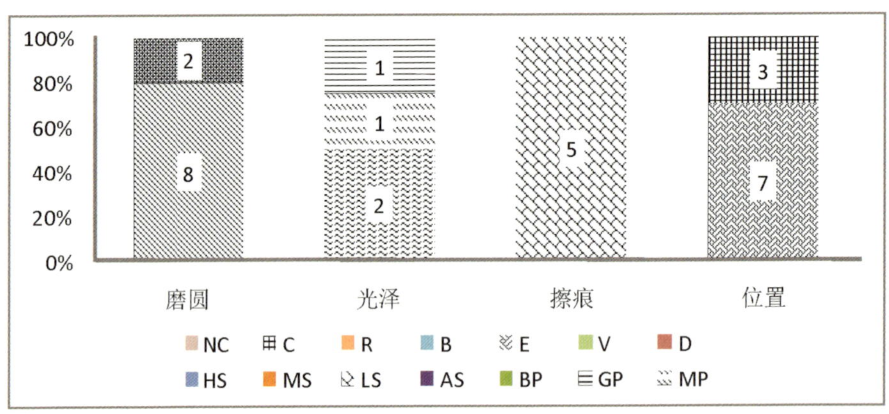

图 2.2.7 加工肉类微痕磨损特征统计图

① Igreja, M. 2009. Use-wear analysis of non-flint stone tools using DIC microscopy and resin casts: a simple and effective technique. Recent functional studies on non flint stone tools: methodological improvements and archaeological inference. sn, Lisbon, 2009: http://www. workshop -traceologia-lisboa2008. com/artigos/De_Araujo_Igreja_USE_WEAR_ANALYSIS. pdf.

② Aubry, T., Igreja, M. 2008. Economy of lithic raw material during the Upper Paleolithic of the Côa Valley and the Sicó Massif (Portugal): technological and functional perspectives. In: *Proceedings of the Workshop Functional Studies of Non Flint Stone Tools: Methodological Improvements and Archaeological Inferences*. Lisbon, pp. 23-25.

③ Lemorini, C., Plummer, T. W., Braun, D. R., et al. 2014. Old stones' song: use-wear experiments and analysis of the Oldowan quartz and quartzite assemblage from Kanjera South (Kenya). *Journal of Human Evolution*, 72: 10-25.

实验结果统计显示，尽管数量很少，但微疤仍是石英岩石制品加工肉质材料使用微痕的表现之一。基本特征为：微疤位置基本一致，均出现在标本的刃部；微疤的终端形态以羽翼状为多，偶见阶梯状；多数微疤的尺寸极小，少数微疤为中小型（见图 2.2.8）。

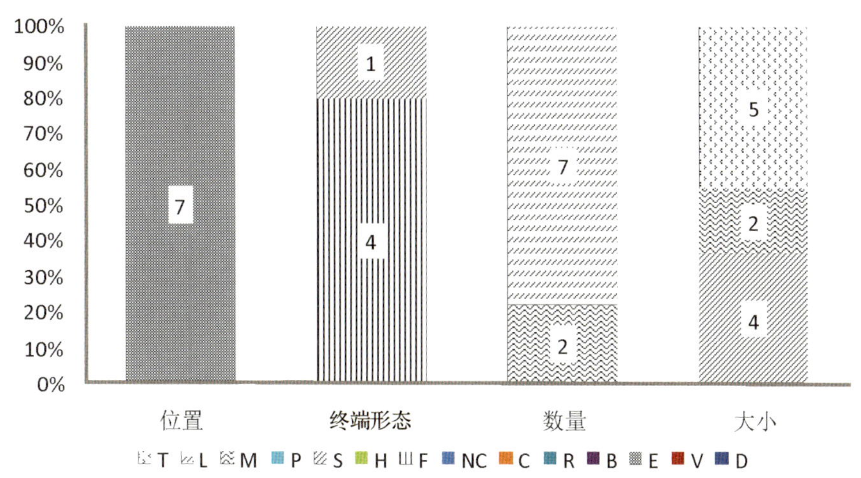

图 2.2.8　加工肉类微痕破损特征统计

根据观察结果得知，切肉的痕迹较为微弱，而剔肉动作由于可能与骨头接触，所以痕迹相对明显。石英岩石制品切肉所产生的微疤和磨损都出现在刃部，微疤终端包括羽翼状和阶梯状两种形态，微疤数量较少，尺寸极小，会出现轻度磨圆。石英岩石制品剔肉所产生的微痕主要分布在刃部，磨损有时也会出现在非刃部接触面，微疤终端以羽翼状为主，微疤数量多于切肉微痕，尺寸也比切肉微痕大，表现为轻度磨圆或中度磨圆，可能观察到轻微擦痕。

第三节　加工软皮材料的微痕实验

根据国内外民族学材料，对皮革的加工和利用是古人的常见行为，包括刮皮、切皮等，皮质材料可以是厚实的皮革（如牛皮），也可以是轻薄的皮革（如鹿皮和狍子皮）①。在皮革制作过程中，刮皮去油以及鞣皮等行为都可以使皮革软化并方便利用。

一、实验基本信息

共挑选8件石英岩石片为实验标本，加工对象是购自菜市场的新鲜猪皮，带有少量脂肪，平均厚度约为3毫米。实验操作者共4名（见表2.3.1）。

表2.3.1　加工软皮材料实验操作者信息

姓名	性别	年龄/岁	身高/cm	体重/kg
汪　某	男	21	178	66
连某茹	女	20	165	52
方某霞	女	21	160	47
包　某	男	30	176	90

表2.3.2　加工软皮材料的实验情况

标本号	单次作用长度/cm	总加工次数	总加工时间/min	操作者
BC8:4.1	25	1145	15	汪　某
BC7:3.2	10	1405	15	汪　某
BC7:6.1	15	1443	15	方某霞
BC8:3.1	13～14	1976	15	连某茹
12EKAC6:12.1	7～10	1292	15	汪　某
12EKAC5:10.1	5	1536	15	方某霞
BC7:15.1	7	1617	15	包　某
C15:2.2	4-	1398	15	连某茹

---

① Beyries, S., Rots, V. 2008. The contribution of ethnoarchaeological macro-and microscopic wear traces to the understanding of archaeological hide-working processes. *Congress "prehistoric Technology: 40 Years Later"*. Functional Studies and the Russian Legacy, pp. 21-28.

二、实验结果

(一)刮皮实验

标本 BC8:4.1

使用部位 PC8-1,使用后刃角角度未发生变化,为 56°。

使用效率:使用 3 分钟以内刮下许多油;使用至 15 分钟时,石器与猪皮摩擦很厉害,基本无油脂。

微痕描述(见图 2.3.1):使用前与使用后新增痕迹不明显,40 倍时可见个别痕迹。在腹面(接触面)有分散分布的羽翼状小片疤,轻度磨圆。在背面的刃缘右侧有分散分布的羽翼状小片疤,轻度磨圆,左侧有连续分布的羽翼状小片疤,轻度磨圆。

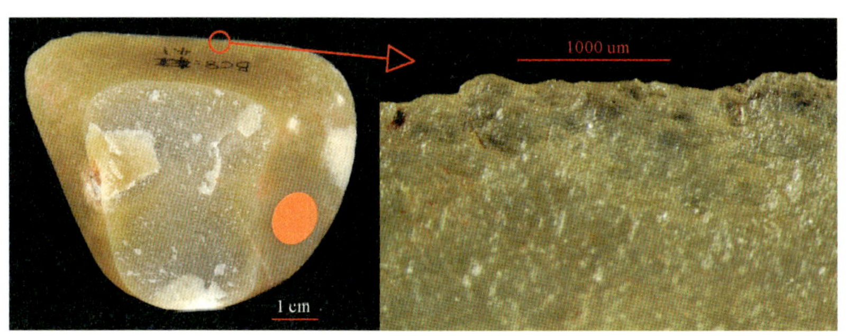

图 2.3.1　标本 BC8:4.1 的刮皮微痕(40×)

标本 BC7:3.2

使用部位 PC6-7,使用后刃角角度刃角从 44°变为 53°。

使用效率:3 分钟以内使用效率较高,有小石片崩落;在 9~12 分钟时皮已接近刮穿;到 15 分钟时已将油脂清理干净。

微痕描述(见图 2.3.2):可见背面(接触面)刃缘左侧轻度磨圆,多处疑似中、小片疤,呈羽翼状终端,其中一个片疤为阶梯状,刃缘中部分散分布有小片疤。腹面刃缘中部有连续分布的小片疤,右侧刃有分散分布的小片疤,轻度磨圆。刃缘左右两侧中度磨圆,中间轻度磨圆。

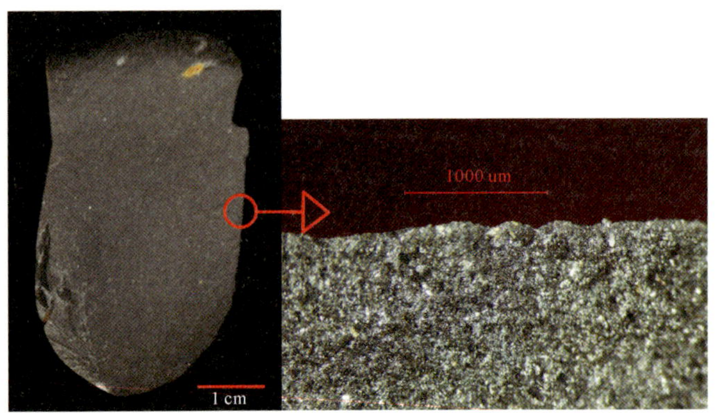

图 2.3.2　标本 BC7:3.2 的刮皮微痕(40×)

标本 BC7:6.1

使用部位 PC8-1,使用后刃角角度由 45°变为 53°。

使用效率:刮至 9 分钟后,出油量大大减少;至 12 分钟,刮的阻力增加;至 15 分钟,皮几近刮穿。

微痕描述(见图 2.3.3):此标本为微痕痕迹最为明显的标本之一。在背面(接触面)刃缘右侧有连续分布呈平行四边形的折断状中片疤,中部多处有小缺口,系腹面片疤剥离造成的缺口,有零星羽翼状小片疤,左侧轻度磨圆。腹面刃缘右侧有连续分布的羽翼状中片疤,石器有明显崩损,轻度磨圆,靠近中部有阶梯状大片疤,有两个羽翼状中片疤,刃缘左侧有一阶梯状大片疤。两侧磨圆较中部更为明显。

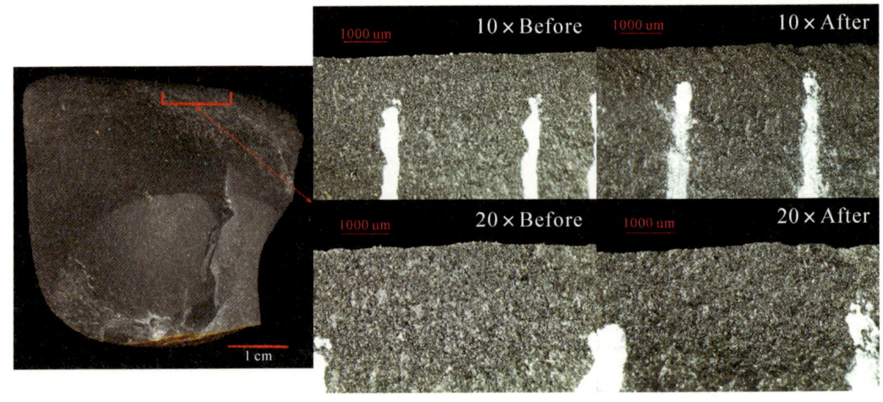

图 2.3.3　标本 BC7:6.1 的刮皮微痕

标本 BC8:3.1

使用部位 PC8-1,使用后刃角角度由 39°变为 69°。

使用效率:在 6 分钟之前,出油量较多;在 6～12 分钟时出油量较之前减少;在 15 分钟时已基本无油脂。

微痕描述:在 40 倍以下痕迹不明显。腹面(接触面)有分散的个别羽翼状小片疤,轻度磨圆。背面刃缘左侧凸起处有连续分布的羽翼状小片疤,右侧有间隔分布的羽翼状小片疤。

(二)切皮实验

标本 12EKAC6:12.1

使用部位 PC1-2,使用后刃角角度由 27°变为 42°。

使用效率:3 分钟前效率尚可;6～9 分钟时刃缘疑似钝化;到 12 分钟石制品不再出现变化,效率降低。

微痕描述:使用前后新增痕迹不明显。在背面右侧刃有间隔分布的小型羽翼状片疤,刃缘中部有分散分布的小片疤,左侧刃有两个羽翼状小片疤,轻度磨圆。在腹面右侧刃偶见分散分布的羽翼状小片疤,刃缘下方有疑似片疤的痕迹。

标本 12EKAC5:10.1

使用部位 PC7-8,使用后刃角角度由 23°变为 40°

使用效率:使用较费力;3 分钟前需 20 多下才能切穿;6 分钟时需 100 多下才能切穿;9～12 分钟较费力。

微痕描述:由于该石料有石皮,实验前已有中度磨圆,实验后磨圆相差不明显,片疤也不明显。在背面和腹面有分散分布的个别羽翼状小片疤。

标本 BC7:15.1

使用部位 PC7-8,使用后刃角由 24°变为 47°。

使用效率:使用 3 分钟尖部崩裂小碎片;3 分钟后效率较低,操作者感觉劳累。

微痕描述:痕迹不明显。在背面有极个别分散分布的小片疤,呈羽翼状终端。腹面刃缘中部有两个羽翼状小片疤,刃缘左侧有连续分布的羽翼状极小片疤。

标本 C15:2.2

使用部位 PC4-5,刃角从 54°变为 57°。

使用效率:操作中操作者感觉劳累;3 分钟以前效率尚可;总体而言效率一般。

微痕描述(见图 2.3.4):在背面刃缘左侧有分散分布的小片疤,刃缘右侧有不连续分布的羽翼状小片疤,右侧磨圆较使用前加重。腹面刃缘右侧有连续分布的羽翼状小片疤,刃缘左侧有连续分布的羽翼状小片疤。刃缘磨圆较使用前加重。

图 2.3.4 标本 C15:2.2 的切皮微痕

三、石英岩石制品加工软皮材料的基本微痕特征

总的来说,石英岩加工软质皮革材料的效率较高。在低倍法观察下,石英岩加工皮质材料的微痕特征总体而言不太明显。

在刮皮的动作中,石英岩石器为新鲜皮质去除油脂的效率较高,在12～15分钟内基本能够很好地完成任务。使用完毕后,石器刃角基本在53°以上。而使用前角度超过50°的石器在使用中角度也基本不会再变化。因此,在实际考古微痕研究中,50°及以上的刃角也许可作为判断刮削器刮制新鲜皮质行为的辅证。

刮软质皮革材料的微痕不太明显。主要的微痕痕迹是轻至中度的磨圆和分散分布及个别处连续分布的羽翼状小片疤。并且,非接触面的痕迹比接触面的痕迹更为明显。有一件标本出现了阶梯状的大片疤,与其他标本的特征均不一致,但和石英岩加工硬质材料的微痕特征类似,因此判断这件标本可能在实验中磕碰了坚硬物质如桌面等。

石英岩石器切软质皮的效率在前3分钟效率均较好,但在6分钟后使用者的疲惫感迅速上升。除一件使用前刃角已超过50°的标本之外,其他标本在切湿皮后刃角均在40°左右。

切软猪皮的石英岩石器痕迹相较于刮更不明显,需要在40倍以上才能较好地判断片疤。主要特征是分散分布的羽翼状小片疤。标本观察中偶尔可见磨圆的变化,但由于部分石英岩本身磨圆较严重,具体的磨圆判断要与非使用刃的情况进行比对才可判断。

第四节　加工木质材料的微痕实验

一、实验基本信息

考虑到古人对木质材料可能采取的行为,实验加工对象选择了乌兰木伦遗址附近的新鲜杨树枝和康巴什的干柳树枝。本次实验标本共6件,分为刮、

钻和砍砸3种运动方式，每种运动方式涉及标本各2件(见表2.4.1)。

表2.4.1 加工木质材料实验标本的基本信息

标本编号	类型	颜色	长/mm	宽/mm	厚/mm	使用刃形态	使用刃长/mm	运动方式	加工对象
12EKAC6:81.1	石片	土黄	27.4	21.2	3.5	凸刃	13.9	刮	新鲜杨树枝
C15:1.2	石片	土黄	25.4	21.9	4.8	直刃	24	刮	新鲜杨树枝
AC5:19.1	石片	土黄	25.8	16.7	8	尖部	—	钻	新鲜杨树枝
BC7:5.2	石片	黑色	41.5	30.3	9.9	尖部	—	钻	新鲜杨树枝
12EKBC7-1	石核	棕红	63.7	54.6	37.5	凸刃	15.1	砍砸	干柳树枝
BC7:9.1	石片	黑色	54.8	66.3	19.5	直刃	19	砍砸	干柳树枝

二、实验结果

(一)刮木实验

标本12EKAC6:81.1

使用部位PC2-3，刃角18°～19°。

使用效率：平行于树干双向运动，单次动作长度7厘米，动作频率511次/分钟，动作总耗时15分钟，动作总次数7667次。

微痕描述(见图2.4.1)：标本刃缘处出现明显钝圆，刃脊处可见中度磨圆，刃缘两侧皆分布半月形凹缺和个别阶梯状片疤，背面连续分布羽翼状小片疤，腹面丛簇分布羽翼状中片疤，其内部嵌套羽翼状小片疤。

标本C15:1.2

使用部位PC3，刃角36°～40°。

使用效率：平行于树干双向运动，单次动作长度10厘米，动作频率351次/分钟，动作总耗时14分钟，动作总次数4016次。两件刮木标本在实验过程中皆没有发生较明显的变化，一件标本的工作效率很低，另一件标本在工作14分钟后使木干变光滑。

微痕描述：标本刃缘处出现明显钝圆，刃脊处可见中度磨圆，刃缘两侧连

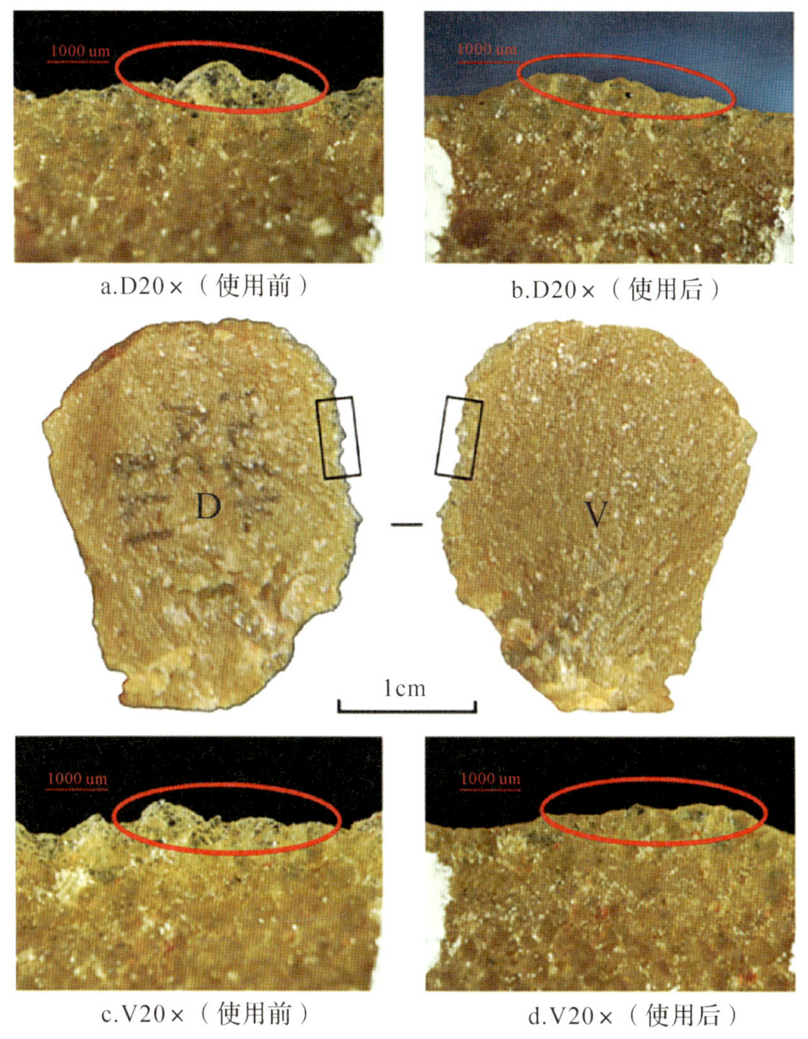

图 2.4.1　标本 12EKAC6:81.1 的刮木微痕

续分布羽翼状和阶梯状小片疤，其中腹面羽翼状片疤相对较多，偶见从背面向腹面的“翻越状”片疤①，从背面看呈半月形。

---

① “翻越状”片疤一般被认为是石器加工木质材料的典型微痕特征之一。参见陈福友、曹明明、关莹等：《木质加工对象实验与微痕分析报告》，载高星、沈辰主编：《石器微痕分析的考古学实验研究》，科学出版社 2008 年，第 41-60 页。

(二)钻木实验

标本 AC5:19.1

使用部位尖部,刃角 85°。

使用效率:垂直于树干顺时针单向旋转,单次动作角度接近 180°,动作频率 52 次/分钟,动作总耗时 15 分钟,动作总次数 774 次。

微痕描述(见图 2.4.2):尖部和右侧刃磨圆严重,尖部有羽翼状小片疤崩落。右侧刃缘形成明显的连续大锯齿刃状,腹面和背面都分布羽翼状中片疤,背面较多,呈连续分布。左侧刃仅腹面靠近尖部处有连续分布的羽翼状小片疤。背脊的背面也有连续分布的羽翼状小片疤。

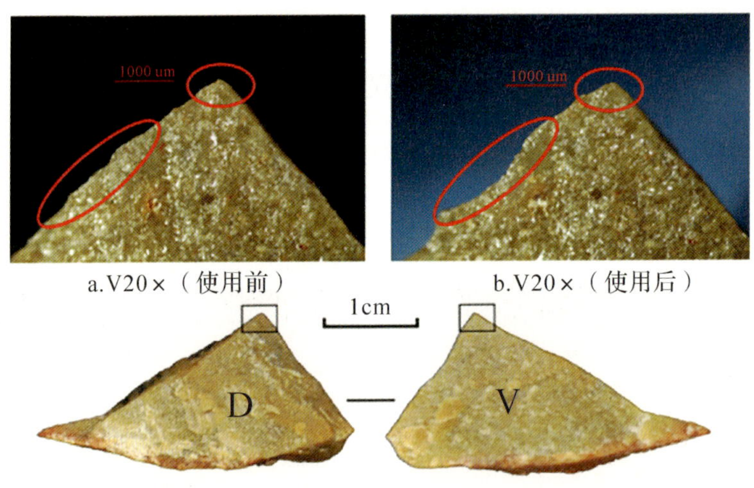

图 2.4.2 标本 AC5:19.1 的钻木微痕

标本 BC7:5.2

使用部位 PC8,刃角 50°。垂直于树干往复旋转,单次动作旋转角度接近 180°,动作频率 59 次/分钟,动作总耗时 3 分钟,动作总次数 178 次。两件标本在钻木时的效率都较高,操作者徒手执握石片钻木时,感觉十分疲惫。

微痕描述:使用过程中,尖部每转 50 多次左右即有片疤崩落,并伴随着木屑的不断洒落;使用 3 分钟后,尖部断裂。背脊背面近刃缘处有连续分布的羽翼状小片疤,还有一个羽翼状大崩裂,其内部嵌套羽翼状小片疤。尖部左侧刃中度磨圆,背面零星分布羽翼状小片疤。

（三）砍砸木实验

标本 12EKBC7-1

使用部位 PC8，刃角 70°。垂直于树干单向运动，动作频率 73 次/分钟，动作总耗时 15 分钟，动作总次数 1097 次。两件标本的使用效率尚可，其中一件标本砸断直径为 15 厘米的树枝 3 次。操作者砍砸树枝时有明显的震手感。

微痕描述（见图 2.4.3）：刃缘变平滑，严重磨圆。刃脊上可见个别“翻越状”小片疤，从背面延伸至腹面。背面刃缘处连续分布小片疤，多为羽翼状，个别为阶梯状，偶见中片疤（为“翻越状”片疤的起端）。腹面连续分布羽翼状和阶梯状中片疤，以阶梯状为多。

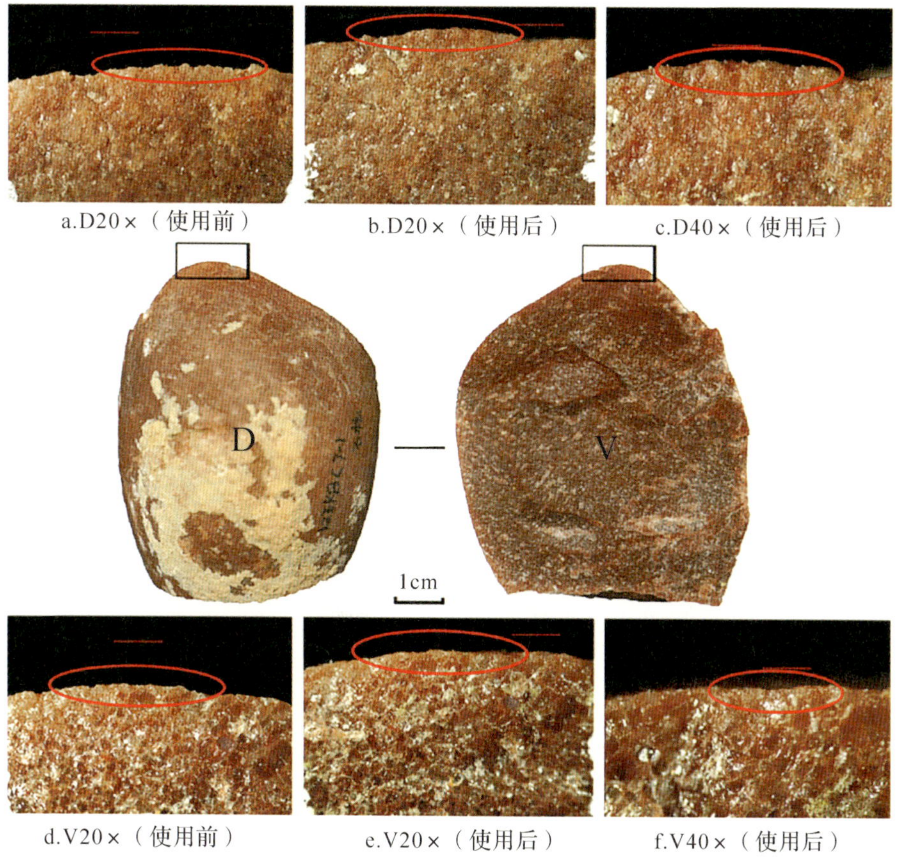

图 2.4.3　标本 12EKBC7-1：石核的砍砸木微痕

标本 BC7:9.1

使用部位 PC8,刃角 28°。

使用效率:垂直于树干单向运动,动作频率 96 次/分钟,动作总耗时 13 分钟,动作总次数 1249 次。

微痕描述:刃缘明显变光滑,背面和刃脊的突起处可见中度磨圆。背面刃缘处连续分布中小片疤,多为羽翼状,偶见"翻越状"和阶梯状,中片疤内嵌套有小片疤。腹面零星分布羽翼状小片疤,还可见"翻越状"小片疤的起端。

三、石英岩石制品加工木质材料的基本微痕特征

实验结果表明,石英岩石制品加工木质材料会产生较为明显的破损痕迹。6 件标本中,4 件标本出现中度磨圆,2 件标本出现严重磨圆。每件标本在加工木质材料后都出现了小片疤,其中 4 件标本还产生了一定数量的中片疤。羽翼状片疤最为常见,几乎每件标本上都有分布,其次为阶梯状片疤和"翻越状"片疤。

石制品表面的破损痕迹在一定程度上受到运动方式的影响。2 件刮木标本的刃缘都出现了明显钝圆,产生的破损多为连续分布的羽翼状小片疤,个别为阶梯状和"翻越状"。用于砍砸干木的标本刃缘在使用之后都变平滑了,产生的片疤多为连续分布的羽翼状中、小片疤,阶梯状和"翻越状"片疤的数量明显比刮木标本的多。而钻木标本在使用后,尖部都出现了崩裂现象,仅有羽翼状片疤生成。

石英岩石制品在加工木质材料后都出现明显的磨蚀现象,主要表现为中度和严重磨圆,在不同的运动方式中出现的位置和程度有所不同。刮木实验标本的磨圆仅出现在刃脊处。砍砸木实验标本的磨圆主要出现在刃缘的突起处,可能与砍砸的垂直运动方式或标本的刃缘形态有关。钻木的磨蚀程度较前两种运动方式严重,其中往复旋转的运动方式对标本的磨蚀更为严重。

第三章
装柄微痕的实验研究

给石器装柄，将独立的工作刃和手柄组合在一起的工具被称为复合工具。这种工具可以提高工具的效能和石料的利用率，它要求生产者对于工具的制作具有预先的设计性，同时，从选择制作复合工具的捆绑或黏接材料、对石器和装柄材料进行组合，到对工具进行维修，延长复合工具的生命周期体现了古人类对复杂任务的执行能力，反映了人类较为进步的认知和行为能力。因此，从人类演化的角度讲，装柄和复合工具通常被认为是现代人（晚期智人）行为的重要特征[①]，也是旧石器研究的重要内容。

一般而言，复合工具的手柄主要由木头和骨头等材料制成，这类有机质在考古遗址中不易保存下来，目前仅个别遗址中有木柄或骨柄留存。因此，在缺乏直接证据的情况下，如何分辨装柄行为成为旧石器研究的难点之一。

目前学界广泛采用的方法是借助民族考古学对装柄工具的研究，进行模拟装柄实验，并在此基础上，采用微痕分析的方法，结合类型学和残留物分析等手段，对保存在考古标本上的装柄痕迹进行观察和辨认。

与使用微痕同理，石制品经过装柄后，其表面或边缘的微观形状可能会因装柄有所变化，并且形成不同于使用微痕的特定痕迹，被称作“装柄微痕”。

Odell 在 1978 年就对装柄痕迹有所关注，认为小型磨光点、固定位置的破

---

① Klein, R. G. 2000. Archaeology and the evolution of human behaviour. *Evolution Anthropology*, 9(1):17-36.

损及擦痕可能是装柄的痕迹证据。在实验的基础上，他辨识出了美国伊利诺斯流域6000余件标本上312个清晰的装柄功能区，并指出了装柄痕迹和手握痕迹的不同①。

为了进一步弄清燧石石器的执握痕迹特征，Rots制作了400件执握标本（手握、捆绑、装柄），开展了一次系统的执握微痕实验，进而提出执握痕迹的具体形态及分布与石器的装柄方式有直接关系②。之后，Rots又通过盲测证明了微痕分析技术在分辨装柄行为方面的有效性，并再次证明综合使用低倍法与高倍法是最为合适的研究方法③。Rots于2006年在苏丹8-B-11遗址出土的石制品上，观察到距今20万年的石器装柄痕迹，为考古学家理解古人装柄行为提供了宝贵资料④。

2008年，Lombard为了验证石器标本作为矛头使用的有效性，对南非Howiesons Poort遗址出土的距今5.5万～7万年的琢背石器开展了模拟实验，涉及四种装柄方式⑤。2004年及2011年，Lombard对南非6万年前的Sibidu洞穴遗址出土的16件石英岩细石叶琢背工具进行了微痕分析及残留物分析，明确辨认出装柄痕迹，并认为该遗址可能使用麻线作为捆绑材料，同时出现了弓箭技术⑥。2012年，Charrié-Duhaut等人对该遗址出土石英岩石片上的装柄黏合物进行高分子分析，确认黏合物系由香槐混合石英岩颗粒和

---

① Odell, G. H. 1994. Prehistoric hafting and mobility in the North American Midcontinent: Examples from Illinois. *Journal of Anthropological Archaeology*, 13(1): 51-73.

② Rots, V. 2004. Prehensile Wear on Flint Tools. *Lithic Technology*, 29(1): 7-32.

③ Rots, V., Pirnay, L., Pirson, Ph., *et al*. 2006. Blind tests shed light on possibilities and limitations for identifying stone tool prehension and hafting. *Journal of Archaeological Science*, 33(7): 935-952.

④ Rots, V., Philip, V. p. 2006. Early evident of complexity in lithic economy: core-axe production, hafting and use at Late Middle Pleistocene site 8-B-11. Sai Island (Sudan). *Journal of Archaeological Science*, 33: 360-371.

⑤ Lombard, M., Pargeter J. 2008. Hunting with Howiesons Poort segments: pilot experimental study and the functional interpretation of archaeological tools. *Journal of Archaeological Science*, 35(9): 2523-2531.

⑥ Lombard, M. 2005. Evidence of hunting and hafting during the Middle Stone Age at Sibidu Cave, KwaZulu-Natal, South Africa: A multi-analytical approach. *Journal of Human Evolution*, 48(3): 279-300.

碎骨组成[①]。

2011 年,Pawlik 等人对 11.8 万～12.5 万年前的德国 Micoquian 遗址展开分析,综合采用低倍法、高倍法分析以及残留物分析,发现桦木树脂被作为装柄黏合剂[②]。2012 年,Rots 在法国 Biache-Saint-Vaast 遗址距今 20 万年以上的地层中,辨认出石器的装柄痕迹,并在一些非必要装柄的工具上也发现了装柄痕迹,说明了该遗址的装柄技术十分成熟[③]。同年,Wilkins 报告了在南非 Kathu Pan 1 遗址的尖状器上发现了距今 50 万年装柄行为的证据,引起学界新的关注[④]。

在中国,自 2004 年开始,考古学者也开始关注装柄微痕的研究。在 2004 年由中国科学院古动物与古脊椎所主办的微痕分析培训研讨班中,学员设计开展了一组燧石石器的装柄实验。实验结果表明,装柄痕迹有其自身规律和组合特征,装柄痕迹的产生是一个动态过程,受到装柄和使用两个过程的影响[⑤]。2009 年,方启在《吉林省东部地区黑曜岩石器微痕研究》中也开展了石叶装柄实验研究,不过主要关注装柄工具的使用痕迹,而非装柄痕迹本身[⑥]。2010 年,崔天兴等人采用环境扫描电镜和 X 射线能谱方法,对北京平谷上宅遗址出土的骨柄石刀进行分析,发现石刃背缘部位覆盖有胶层,并含有均匀分布的钡盐和锌盐等,推测与史前居民制胶工艺有关;研究者进而判断这件石刀是一件处理肉类的工具,在使用期间与骨质发生了接触[⑦]。

---

① Charrié-Duhaut, A., Porraz, G. et al. 2013. First molecular identification of a hafting adhesive in the Late Howiesons Poort at Diepkloof Rock Shelter (Western Cape, South Africa). *Journal of Archaeological Science*, 40(9): 3506-3518.

② Pawlik, A. F., Thissen, J. P. 2011. Hafted armatures and multi-component tool design at the Micoquian site of Inden-Altdorf, Germany. *Journal of Archaeological Science*, 38(7): 1699-1708.

③ Rots, V. 2013. Insights into early Middle Palaeolithic tool use and hafting in Western Europe. The functional analysis of level IIa of the early Middle Palaeolithic site of Biache-Saint-Vaast (France). *Journal of Archaeological Science*, 40(1): 497-506.

④ Wilkins, J., Schoville, B. J., Brown, K. S., 2012. Evidence for early hafted hunting technology. *Science*, 338(6109): 942-946.

⑤ 高星、沈辰主编:《石器微痕分析的考古学实验研究》,科学出版社 2008 年。

⑥ 方启:《吉林省东部地区黑曜岩石器微痕研究》,吉林大学 2009 年博士学位论文。

⑦ 崔天兴、杨琴、郁金城等:《北京平谷上宅遗址骨柄石刃刀的微痕分析:来自环境扫描电镜观察的证据》,《中国科学:地球科学》2010 年第 6 期。

第一节　第一期装柄实验

一、实验基本信息

第一期实验开展于 2013 年 7 月，共选取 9 件石质标本进行装柄实验。

(一)实验材料

基于孢粉分析结果，李小强等人在《内蒙古鄂尔多斯乌兰木伦遗址 MIS 3 阶段的植被与环境》①中指出，乌兰木伦遗址上部地层是以禾本科植物为主的典型草原(或干草原)植被景观，伴生不同数量的中旱生杂草，混生旱生灌木或半灌木，离水源较近的地段生长有小乔木或灌丛。用于制绳制纸或制人造棉的树皮纤维，主要来自乔灌木。同时在上部文化层的第 7 层、第 6 层和第 2 层中，云杉属花粉含量峰值可达 3.6%，不排除存在并使用松香的可能。同时，乌兰木伦遗址出土过披毛犀、普氏野马、大角鹿和牛等哺乳动物化石，动物资源丰富②，皮革可能是一种常见的材料。

因此，本组实验决定使用草绳作为捆绑材料，木柄作为装柄材料。草绳购于农贸市场，由现代麻绳制法制成，宽度为 3 毫米左右，质地粗糙。木柄取自乌兰木伦遗址附近新鲜杨木枝以及康巴什当地的干柳树枝。作为初步实验，为了更清晰地观察装柄痕迹，此次实验暂不涉及松香等黏合剂，骨质装柄原料也留待下次实验。

(二)装柄方式

一般而言，装柄方式与装柄材料有关。骨柄一般因为有孔洞适合插入式，而木柄一般适合倚靠式或嵌入式③，同时以绳索或/和胶水进行固定。倚

① 李小强、高强、侯亚梅等:《内蒙古鄂尔多斯乌兰木伦遗址 MIS 3 阶段的植被与环境》,《人类学学报》2014 年第 1 期。

② 王志浩、侯亚梅、杨泽蒙等:《内蒙古鄂尔多斯市乌兰木伦旧石器时代中期遗址》,《考古》2012 年第 7 期。

③ Rots, V. 2003. Towards an understanding of hafting: the macro-and microscopic evidence. *Antiquity*, 77(298): 805-815.

靠式指依据工具的大小将木柄一端抠掉一小块，将木柄靠在剩下的那一部分，然后再用麻绳捆绑。嵌入式是将木柄一端从中间纵向劈裂，将工具楔入裂隙当中，再用麻绳捆绑，又可分为纵向嵌入（标本长轴与木柄平行）、横向嵌入（标本长轴与木柄垂直）、斜交嵌入（标本长轴与木柄斜交）。主要的捆绑方式有平行捆绑和交叉捆绑（见图 3.1.1）。

图 3.1.1　石器装柄方式与捆绑方式：倚靠式、嵌入式、平行捆绑、交叉捆绑（由左至右）

（三）实验设计

根据孢粉分析结果，乌兰木伦遗址有一定的乔灌木资源，所以木质材料也可能是当地古人类的加工对象。本实验以木质材料作为主要加工对象，借鉴《木质加工对象实验与微痕分析报告》一文中提及的木质加工方式①，选择刮、钻和锯三种加工方式为实验动作（见表 3.1.1）。

表 3.1.1　第一期装柄实验标本的基本信息

标本号	长/mm	宽/mm	厚/mm	装柄方式	捆绑方式	运动方式
12EKAC1-1：27.3	26.3	16.3	6.8	嵌入式	平行	无
AC1-1：9.1	26	20.2	9.3	倚靠式	平行	无
BC17-1：11.2	26.4	20.6	10.4	倚靠式	平行	无

① 高星、沈辰主编：《石器微痕分析的考古学实验研究》，科学出版社 2008 年。

续表

标本号	长/mm	宽/mm	厚/mm	装柄方式	捆绑方式	运动方式
BC7:19.1	46.8	31.1	12.5	嵌入式	平行	钻
BC8:15.2-1	30	16.6	7	嵌入式	平行	钻
AC5:14.2	22.9	20.7	8.2	倚靠式	平行	刮
12EKAC6:9.2	27.9	17.2	5.4	倚靠式	平行	刮
12EKAC5:12.2	25.4	32.5	6.6	嵌入式	交叉	刮
BC10:17.2	25.2	29.9	5.2	嵌入式	平行	刮

本实验设计了两类项目:第一类是装柄后未经使用类,即标本捆绑后不经过使用就将木柄和捆绑物拆除,直接观察装柄部位的变化;第二类是装柄后经过使用类。

本组实验标本共计 9 件(见图 3.1.2),其中 3 件只装柄不使用,用于观察捆绑过程中产生的装柄微痕,另 6 件装柄后使用,运动方式分别为刮、钻以及锯,其中刮 3 件、钻 2 件、锯 1 件。实验操作者共 3 名,详细资料见表 3.1.2。

图 3.1.2　第一期装柄实验标本整体情况及使用部位

表 3.1.2　第一期装柄实验操作者信息

姓名	性别	年龄	身高/cm	体重/kg
连某茹	女	21	165	52
汪　某	男	23	178	66
马某翼	男	22	180	80

二、实验结果:第一期装柄后未经使用组

标本 12EKAC1-1:27.3

土黄色石片,嵌入式,平行捆绑。操作者:汪某。

微痕描述(见图 3.1.3):底部腹面和背面均有轻度磨圆,有小凸起被磨平。右侧刃有小凸起被磨平,轻度磨圆。

右侧刃 D10×(装柄前)

右侧刃 D10×(装柄后)

图 3.1.3　标本 12EKAC1-1:27.3 的装柄微痕

标本 AC1-1:9.1

土黄色石片,倚靠式(腹面倚靠),平行捆绑。操作者:汪某。拆除时操作失误,拔断刃缘,致标本落地,崩落一片疤。

微痕描述(见图 3.1.4):右侧刃出现分散分布的小凹缺,片疤方向由背面至腹面。右背脊有少量零星分布的小凹缺。左侧刃有个别凸起处被磨平。

标本 BC17-1:11.2

棕红色石片,倚靠式(背面倚靠),平行捆绑。操作者:汪某。

微痕描述:痕迹不明显。

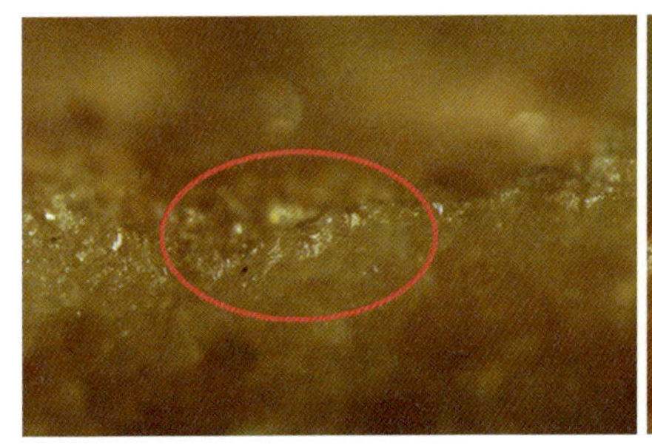
右侧刃 R40×（装柄后）

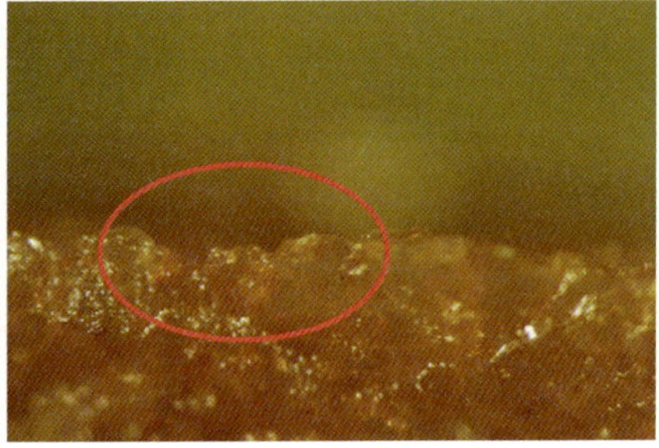
右背脊 D40×（装柄后）

图 3.1.4　标本 AC1-1:9.1 的装柄微痕

三、实验结果:第一期装柄后经过使用组

(一)装柄 & 刮

装柄之后用于刮的标本共 3 件,加工对象均为中硬性植物材料。对 3 件标本上 5 个可能的装柄痕迹产生区域进行微痕观察,观察单位合计 15 个。

标本 12EKAC5:12.2

土黄色石片,嵌入式,交叉捆绑。操作者:马某翼。

使用效率:第 9 分钟石器有崩落现象,9 分钟后石器效率降低,操作者有疲惫感。

微痕描述(见图 3.1.5):底部腹面有一片疤崩落,呈深 V 状。不见原有白色晶体。右侧刃背面可见一勒痕片疤,方向由背面至腹面;腹面有不均匀分散分布的羽翼状小片疤,略有方向性,朝 PC1 方向。左侧刃腹面有一翻越刃脊的片疤痕,由背面至腹面,有中度磨圆,靠近底部断裂处有两个羽翼状小片疤。

标本 12EKAC6:9.2

黄褐色石片,倚靠式,平行捆绑。操作者:马某翼。

使用效率:第 5 分钟石片崩落,失去效率。

微痕描述(见图 3.1.6):底部背面左侧崩落一部分;腹面突起刃缘处略有磨圆。右侧刃可见一处绳索压痕,位于刃缘凸起处;沿刃缘可见不均匀分布的半月形小凹缺。

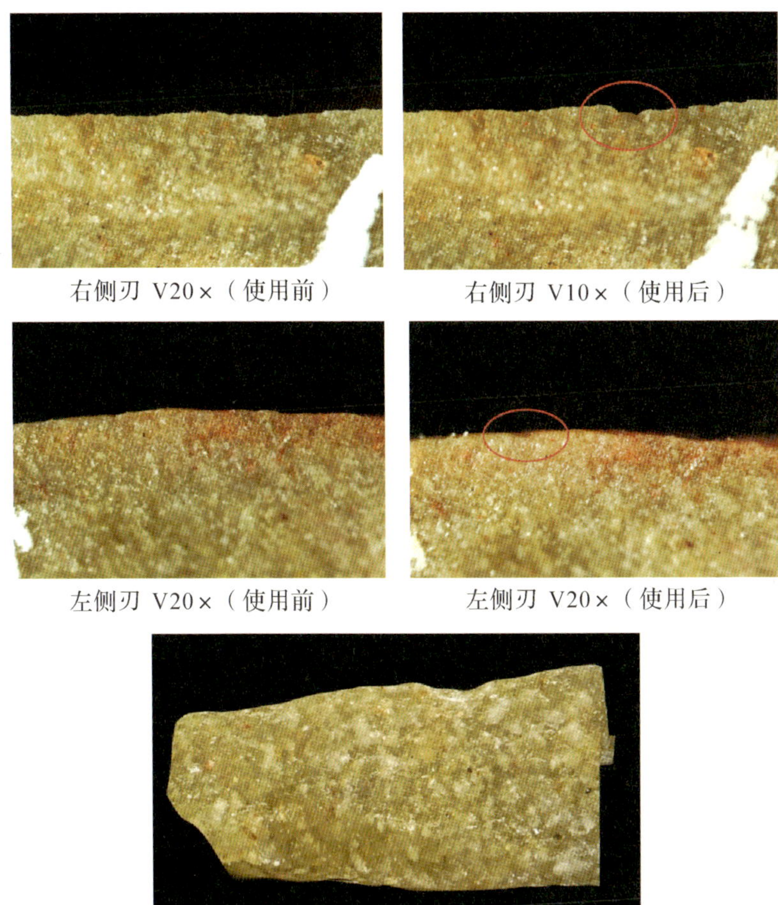

右侧刃 V20×（使用前）　右侧刃 V10×（使用后）

左侧刃 V20×（使用前）　左侧刃 V20×（使用后）

左侧刃 V50×（使用后）

图 3.1.5　标本 12EKAC5:12.2 的装柄微痕

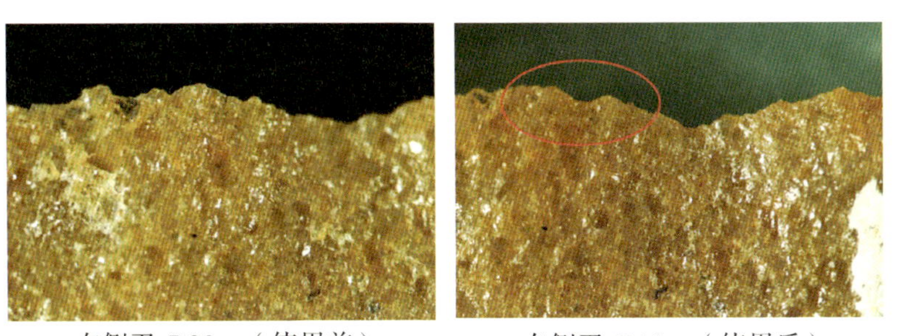

右侧刃 D20×（使用前）　右侧刃 D10×（使用后）

图 3.1.6　标本 12EKAC6:9.2 的装柄微痕

标本 AC5:14.2

土黄色石片,倚靠式,平行捆绑。操作者:马某翼。

使用效率:第 3 分钟石片有崩落,第 9 分钟失去效率。

微痕描述(见图 3.1.7):底部背面有轻度磨圆,靠近尖部有疑似压痕。右侧刃有中度磨圆;腹面不均匀分布羽翼状小片疤,有半凹状小凹缺,有一处压痕,有一个中片疤羽翼状,在背面可见起端;背面有个别不均匀分布的羽翼状小片疤,略有方向性,朝向 PC4 方向。左侧刃刃缘凸起处有轻度磨圆,似有不均匀分布的压痕,方向为由腹面至背面;腹面略有磨圆。

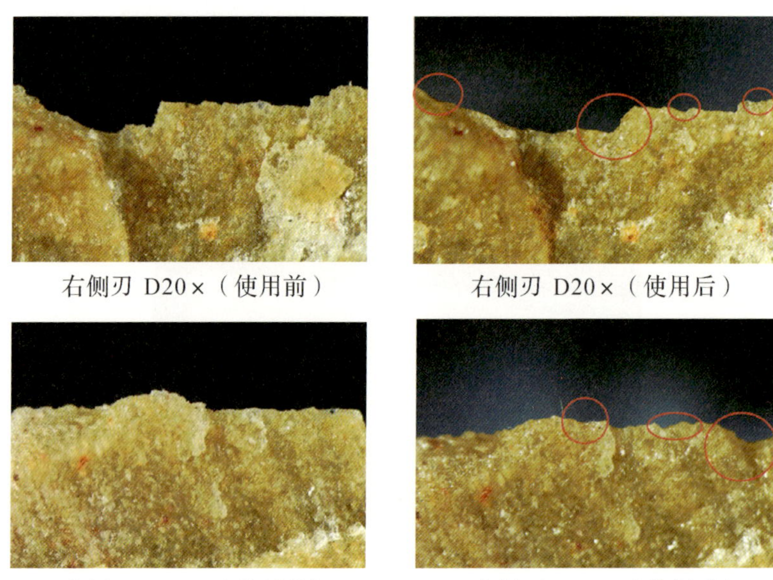

图 3.1.7 标本 AC5:14.2 的装柄微痕

(二)装柄 & 钻

装柄之后用于钻的标本共 3 件,加工对象均为中硬性植物材料。对 3 件标本上 4 个可能的装柄痕迹产生区域进行微痕观察,观察单位合计 12 个。

标本 BC7:19.1

黑色石片,嵌入式,平行捆绑。操作者:汪某。

使用效率:手握木干,单向顺时针对树干做旋转运动。第 4 分钟时尖断,石片失去效率。

微痕描述(见图 3.1.8):右侧刃发现一个压痕,方向由背面至腹面,羽翼状终端。左侧刃腹面有三个羽翼状小片疤,方向由背面至腹面。

图 3.1.8　标本 BC7:19.1 的装柄微痕(左侧刃 50×)

标本 BC8:15.2-1

白色石英岩,嵌入式,平行捆绑。操作者:连某茹。

使用效率:双手搓木柄,来回对树干做旋转运动。使用者较少感觉疲惫,第 9 分钟时标本略有移位,第 15 分钟时标本不断移位,后无法使用。

微痕描述(见图 3.1.9):右侧刃痕迹不明显,有轻度磨圆。左侧刃背面刃缘可见由背面至腹面的羽翼状小片疤,不均匀单个分布。

左侧刃 D20×(使用前)

左侧刃 D10×(使用后)

图 3.1.9　标本 BC8:15.2-1 的装柄微痕

(三)装柄 & 锯

加工方式为锯的标本仅 1 件,原因是完成标本 BC10:17.2 的实验后,实验者发现装柄的石英岩石器并不适合锯硬质植物性材料,因此停止该动作。

标本 BC10:17.2

白色石英岩,嵌入式,平行捆绑。操作者:连某茹。

使用效率:效率较低,标本持续崩落,第 10 分钟时标本损坏。

微痕描述(见图 3.1.10):底部腹面有中度磨圆,石料透明光泽改变。右侧刃背面有疑似压痕的片疤。左侧刃背面有个别羽翼状小片疤,刃缘变平滑。

图 3.1.10　标本 BC10:17.2 的装柄微痕(左侧刃 50×)

四、分析与讨论

(一)装柄后未经使用的装柄微痕基本特征

装柄后未经使用的 3 件标本上共产生 5 处痕迹,约占被观察单位的 41%。实验结果显示,装柄行为可以在石英岩石器上产生痕迹,并且在使用之前装柄痕迹即已产生。装柄痕迹集中出现在与捆绳相接触的背部左右侧刃,以及与木柄相接触的背部和腹部的底部。装柄痕迹并不一定出现于所有的接触区域,换言之,装柄痕迹的产生具有一定的偶然性。装柄痕迹在未经使用的情况下不太明显,有一件标本几乎完全观察不到装柄痕迹,部分标本也只是对比装柄前后的显微照片时才能发现细微变化。

(二)装柄后经过使用的装柄微痕基本特征

用于刮的3件装柄标本上共产生8处装柄痕迹,约占被观察单位的66%。与装柄后未经使用者相似,其装柄痕迹主要集中出现在两侧刃缘和底部,即与木柄或捆绳接触的部位,而不见于背脊。与未经使用组相比,用于刮的标本上装柄痕迹明显增多,可推测工具的使用过程会加剧装柄痕迹的形成。底部装柄微痕的特征是有大片疤崩落,伴有轻度磨圆及疑似压痕,这可能源自木柄施加给标本底部的压力,即所谓的"崩损疤痕"①。两侧刃装柄微痕的特征是有不均匀分布的羽翼状小片疤或桂叶形小凹缺,伴有轻度至中度磨圆,偶见羽翼状中片疤,片疤略呈方向性。

2件用于钻的装柄标本上共观察到4处装柄痕迹,约占被观察单位的33%。痕迹集中出现于两侧刃,底部和背脊处皆不见。装柄微痕的特征为不均匀分布的少量羽翼状小片疤,偶有轻度磨圆。用于钻的标本上装柄痕迹较少,可能与这两件标本的厚度较大(分别为10.4毫米和12.5毫米,为所有石器中最厚)导致底部不容易产生崩裂有关;也可能是因为在钻的过程中,绳索与木柄施加给标本的作用力不够大。

在用于锯的装柄标本上,装柄痕迹集中出现在两侧刃和底部,痕迹相对较少。底部装柄微痕的特征是出现中度磨圆和石料光泽的变化,两侧刃装柄微痕的特征是有少量羽翼状小片疤。

综上所述,通过第一期关于石英岩石制品装柄痕迹的实验,可以得到以下几点认识:

第一,石英岩石制品的装柄痕迹是有规律的,而且能够被低倍法所观察和分析。

第二,装柄的过程本身会产生痕迹,但这些痕迹不太明显,在后期的使用过程中会得到加强。

第三,两侧刃有不均匀分布的羽翼状小片疤或桂叶形小凹缺,以及与木柄接触的石器底部有"崩损疤痕"和磨圆,是石英岩石制品装柄微痕的主要鉴定特征。

---

① 高星、沈辰主编:《石器微痕分析的考古学实验研究》,科学出版社2008年。

第四，用于刮的装柄工具的装柄痕迹比用于钻或锯的工具更为明显，可能是由于前后往复的绳索摩擦加深加重了装柄痕迹，也可能与石器本身的形态特征有关，例如刃缘角度、厚薄等。

第二节　第二期装柄实验

一、实验基本信息

为进一步完善实验，在总结第一期实验和成果后，于 2014 年 5 月开展了第二期石英岩石制品装柄微痕实验。第二期实验的过程及要求与第一期基本相似，但在如下几个方面对实验内容做出调整：

第一，延长使用时间。第一期实验在进行木质加工时，鉴于标本崩坏严重，实验仅持续 3～12 分钟。考虑到装柄工具作为史前人类长期携带并使用的高耗时耗能产品，它的使用寿命应该比普通石器更长，维修次数也比普通石器更加频繁[①]。因此，第二期实验将使用时间延长至 25～30 分钟。

第二，改进装柄材料。第二期实验仍采用草绳作为捆绑材料，木柄作为装柄原料。购买直径 1 毫米和 2 毫米的两种麻绳，较第一次的草绳更细、更耐用，也更利于捆绑痕迹的产生。木柄则选取与乌兰木伦遗址中发现的乔木云杉属更为接近的水杉树枝。

第三，调整原料。此次实验的石制品原料系采自乌兰木伦遗址第十地点石英岩，由鄂尔多斯文物与考古研究所工作人员打制并提供。使用的剥片工具为石锤，直接锤击而成。为减少石料性质差异对装柄微痕的影响，并且便于对比和分析，第二期实验的所有标本均来自同一坯材，为黄褐色石英岩。同时，采选的装柄标本较普通打制石器更小、更薄。

第四，调整加工对象。第一期实验以木质材料为主要加工对象，对石器的损坏较为严重，影响后续实验。为了更贴近装柄行为可能的加工对象，第

① Rots, V. 2003. Towards an understanding of hafting: the macro-and microscopic evidence. *Antiquity*, 77(298): 805-815.

二期实验将加工对象调整为中软性动物物质，系购自杭州农贸市场的猪肉和猪皮。

第五，调整运动方式。第一期实验的运动方式为切、刮、钻，对这些动作行为的装柄方式并未进行统一。为深入探究不同运动方式对装柄痕迹的影响，第二期实验拟依据上下、左右、前后、上下＋左右的装柄作用力方向（见图3.2.1），分别将运动方式分为穿刺、削、刮、切四大类，并据此采用相应的装柄方式进行模拟实验。

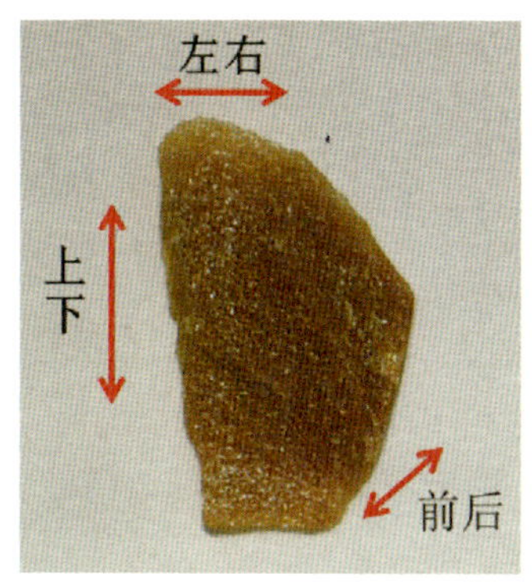

图 3.2.1　加工方式方向

运动方式具体定义如下：(1)穿刺，尖部垂直于加工对象，做上下往复运动；(2)削，刃缘的长轴方向与运动方向垂直，一般与加工对象平行，做单向向下运动；(3)刮，刃缘的长轴方向与运动方向垂直，朝向操作者运动，工具与加工对象间的夹角一般为 70°～90°，做单向运动；(4)切，刃缘的长轴方向与运动方向一致，做单向运动。

(6)采用新仪器。在采用 Nikon SMZ800 光学显微镜(10～63×)的同时，采用 Keyence 超景深三维显微镜 VHX-2000 进行观察与拍照，倍数为 50～100×。

第二期实验涉及 10 件标本，其中 2 件为装柄不使用，8 件为装柄后使用（见表 3.2.1）。

表 3.2.1　第二期装柄实验标本数据及装柄情况

标本号	长/mm	宽/mm	厚/mm	装柄方式	捆绑方式	运动方式
S01	34.87	19.67	5.7	嵌入式	平行	无
S02	30.8	32.86	5.74	倚靠式	平行	无
S03	32.33	25.6	9.98	倚靠式	交叉	穿刺
S04	30.51	14.17	6.06	嵌入式	平行	穿刺
S05	43.8	42.21	8.7	倚靠式	平行	刮
S06	46.75	42.7	8.11	嵌入式	平行	刮
S07	18.94	30.88	5.87	倚靠式	交叉	削
S08	25.31	28.47	5.71	嵌入式	交叉	削
S09	27.04	15.81	4.72	嵌入式	平行	切
S10	55.44	66.2	18.13	嵌入式	平行	切

实验标本整体情况及使用部位如图 3.2.2 所示。实验操作者信息见表 3.2.2。

图 3.2.2　第二期装柄实验标本整体情况及使用部位

表 3.2.2 第二期装柄实验操作者信息

姓名	性别	年龄	身高/cm	体重/kg
连某茹	女	21	165	52
汪　某	男	23	178	66
刘某颖	女	22	156	49

二、实验结果:第二期装柄后未经使用组

共有 2 件标本在装柄 24 小时后未经使用直接拆除装柄。对其上 3 个可能的装柄痕迹产生区域进行观察,合计 6 个观察单位。

标本 S01

嵌入式,平行捆绑(逆时针方向)。操作者:连某茹。

微痕描述(见图 3.2.3):右侧刃腹面沿刃缘分散分布有小片疤(约 18 个),形状为半圆形小凹缺,片疤大小相似,片疤方向无规律;背面可见凹缺,但无片疤,磨圆不明显,但与使用之前相比,刃缘变光滑。左侧刃背面可见半圆形凹缺截面;腹面不均匀分布有小凹缺,痕迹较原料原有痕迹小且深。腹脊有疑似压痕,片疤方向是由左侧刃至右侧刃(逆时针方向)。

标本 S02

倚靠式,平行捆绑(逆时针方向)。操作者:连某茹。

微痕描述(见图 3.2.4):右侧刃背面有较多半圆形浅凹缺,不均匀分布。磨圆变化不明显,片疤无明显方向;腹面有分散分布的半圆形浅小凹缺,基本与背面相似,片疤方向朝腹面。左侧刃腹面有不均匀分布的浅小凹缺;背面偶见半圆形浅凹缺。

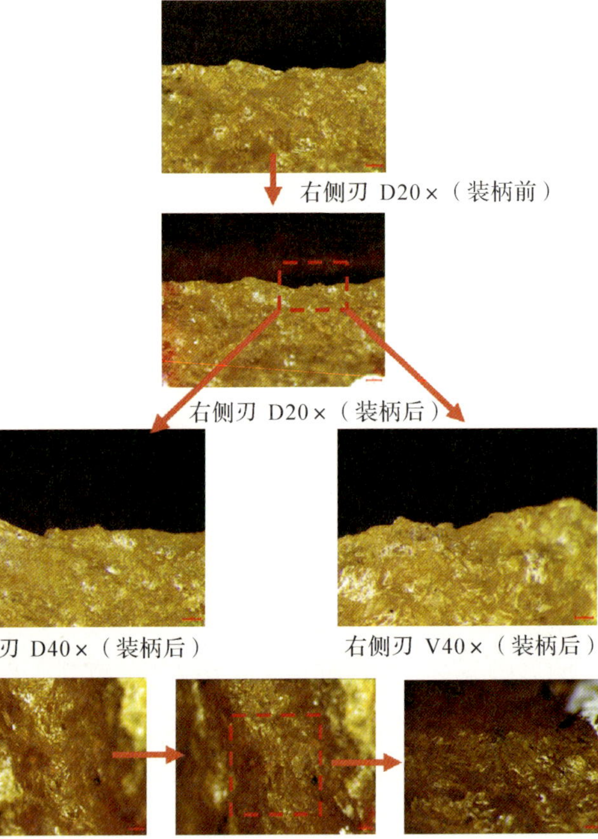

图 3.2.3　标本 S01 的装柄微痕

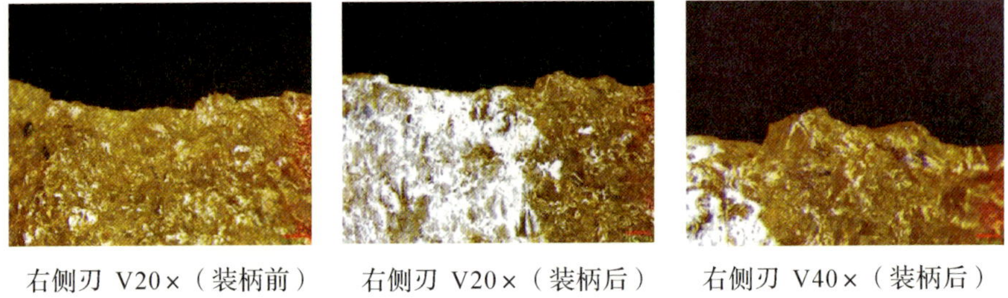

图 3.2.4　标本 S02 的装柄微痕

三、实验结果：第二期装柄后经过使用组

(一)上下运动——穿刺

标本 S03

倚靠式，交叉捆绑，穿刺带皮的肉。操作者：汪某。

使用效率：5 分钟时，石器略有移位，效率很好。10 分钟时，绳子卡在石头里，觉得有肉眼可见的痕迹。15 分钟时，石器变钝。

微痕描述（见图 3.2.5）：左侧刃腹面痕迹相对明显，有不均匀浅凹缺；背面可见一中型凹缺，有零星小凹缺，方向不明。右侧刃背面片疤方向为斜向下，有不均匀浅凹缺；腹面痕迹较不明显。底刃背面有较连续的浅小凹缺；腹面痕迹较不明显。

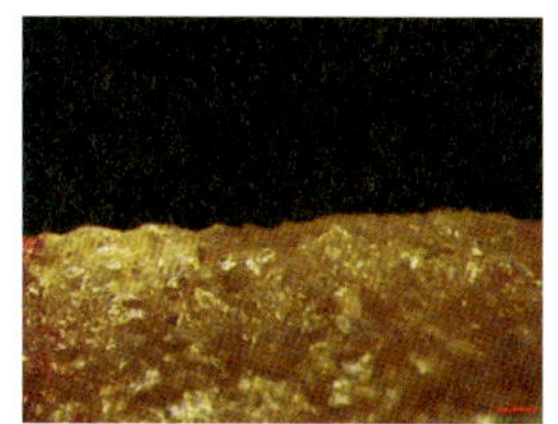
左侧刃 V20×（装柄前）

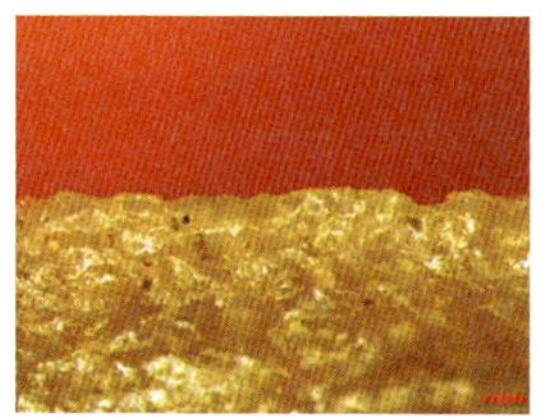
左侧刃 V20×（装柄后）

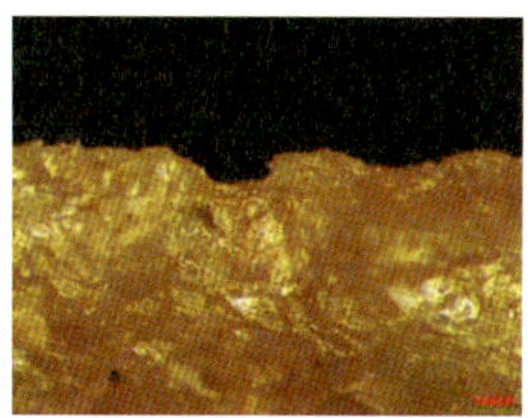
左侧刃 V40×（装柄后）

左侧刃 R100×（装柄后）

底刃 D40×（装柄后）

图 3.2.5 标本 S03 的装柄微痕

标本 S04

嵌入式，平行捆绑，穿刺带皮的肉。操作者：连某茹。

使用效率：5 分钟时，石器似乎变钝，但效率仍然较高。10 分钟时，效率

仍然较高。

微痕描述(见图 3.2.6):左侧刃腹面有不均匀分布的小浅凹缺,方向不明显;背面痕迹不明显,偶见半圆形浅凹缺。右侧刃背面和腹面痕迹都不明显,偶见小凹缺,磨圆不明显。

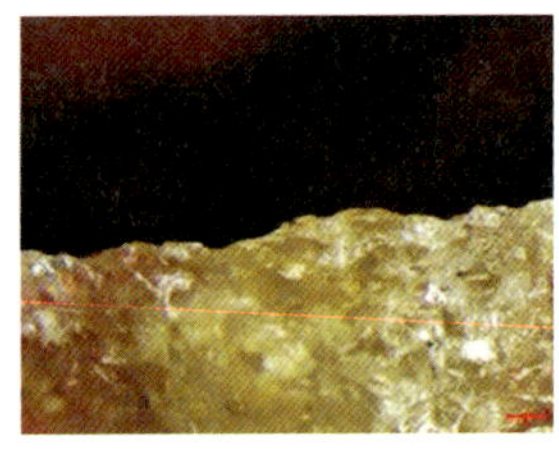

左侧刃 V20×(装柄前)

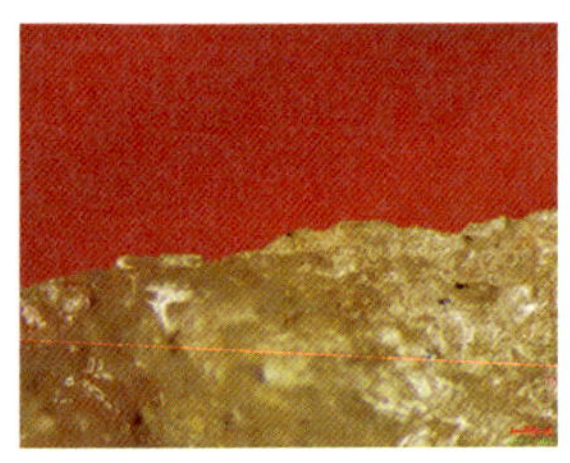
左侧刃 V20×(装柄后)

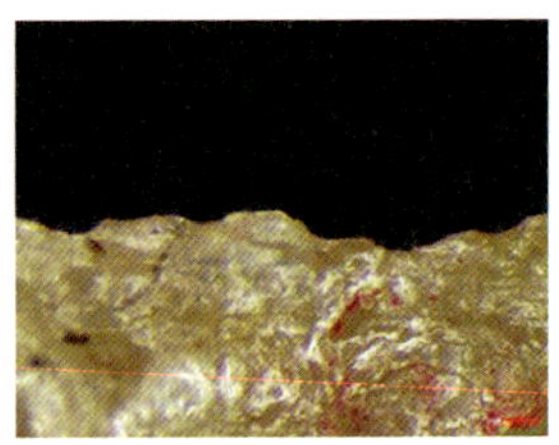
左侧刃 V40×(装柄后)

图 3.2.6　标本 S04 的装柄微痕

(二)前后运动——刮

标本 S05

倚靠式,平行捆绑(逆时针方向),刮猪皮。操作者:汪某。

使用效率:石器无移位。

微痕描述(见图 3.2.7):左侧刃痕迹不明显。右侧刃背面有极零星的小凹缺,方向不明;腹面有极零星的小凹缺,方向向下。

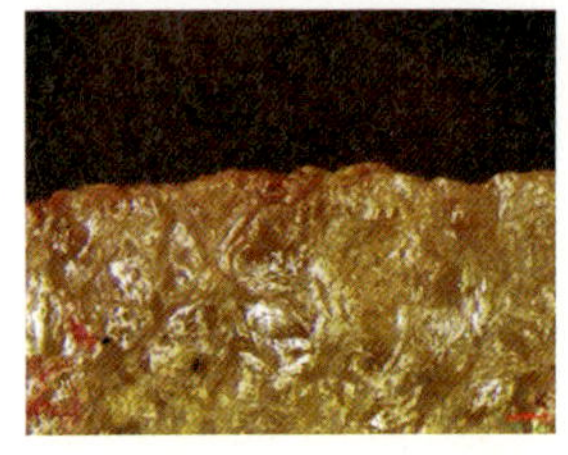
右侧刃 V20×(装柄前)

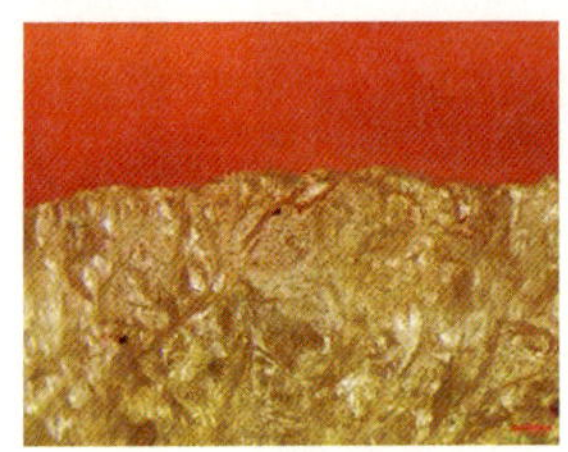
右侧刃 V20×(装柄后)

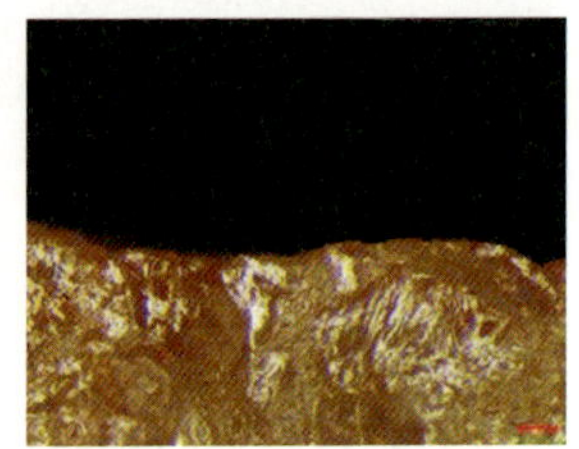
右侧刃 V40×(装柄后)

图 3.2.7　标本 S05 的装柄微痕

标本 S06

嵌入式,平行捆绑(顺时针方向),刮猪皮。操作者:连某茹。

使用效率:石器无移位。

微痕描述(见图 3.2.8):左侧刃腹面有较连续不均匀分布的小凹缺,可见凹缺截面;背面有较连续不均匀分布的小凹缺,片疤朝背面,个别有方向。右侧刃背面有较多不均匀分布的小凹缺,片疤朝向不固定,朝腹面者较多。腹面与背面相似,但片疤方向不一,向上向下的比例相近。腹脊磨圆加深,中度磨圆,刃缘遍布明显压痕。

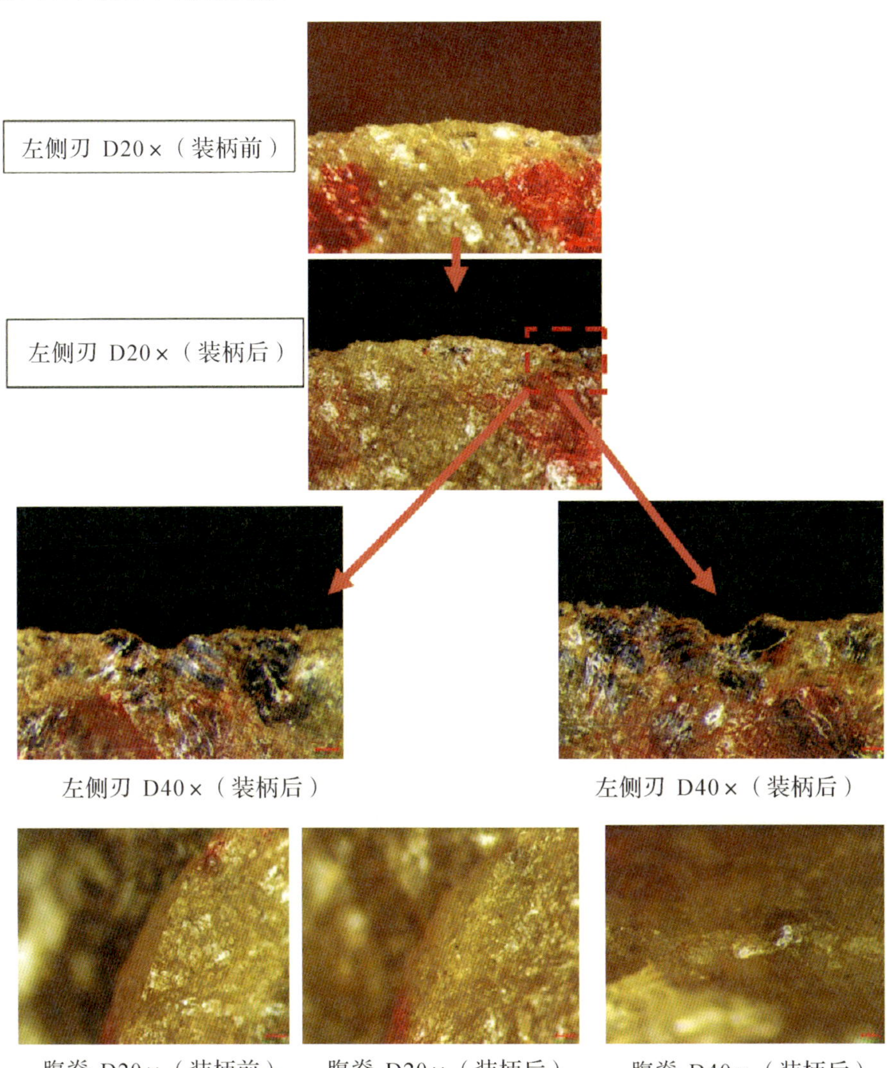

图 3.2.8 标本 S06 的装柄微痕

(三)左右运动——削

标本 S07

倚靠式,交叉捆绑,削带肉的骨。操作者:刘某颖。

使用效率:效果尚可。

微痕描述(见图 3.2.9):左侧刃腹面偶见浅小凹缺,不均匀分布,痕迹不明显。背面底部痕迹不明显(刃缘过厚),片疤向背面,沿刃缘不均匀分布有浅小凹缺。右侧刃背面可见半圆形小缺口,不均匀分布,数量较多,片疤方向基本垂直于石器刃缘,有一中型羽翼状片疤,较多片疤朝背面有个别朝腹面;腹面片疤无明显方向(方向任意,上下皆有),可见多处半月形浅凹缺,不均匀分布。

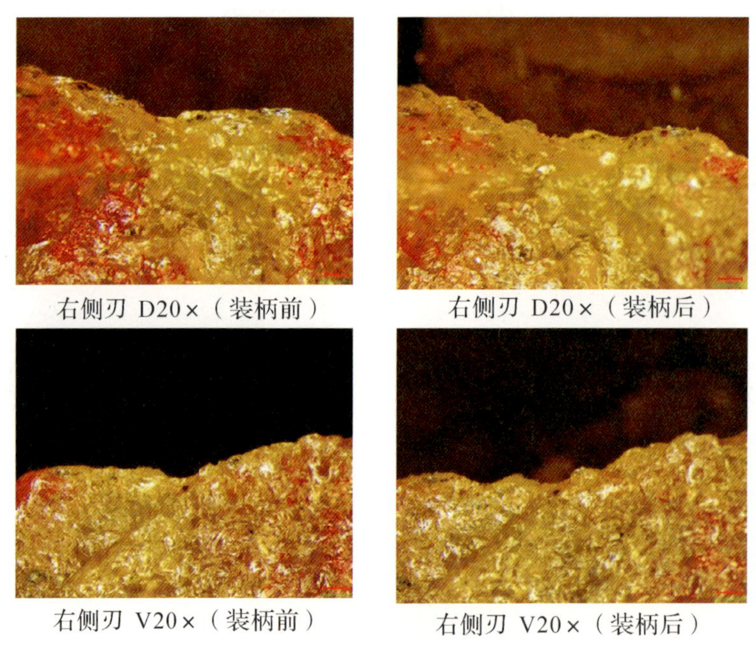

图 3.2.9　标本 S07 的装柄微痕

标本 S08

嵌入式,交叉捆绑(自腹面向背面逆时针捆绑),削带肉的骨。操作者:连某茹。

使用效率:采用平行捆绑石器很快掉落,改用交叉捆绑。石器露出部分较少，效果一般。

微痕描述（见图 3.2.10）：左侧刃腹面较连续分布有浅小凹缺，片疤朝腹面，方向性不明显；背面不均匀分布浅小凹缺，可见凹缺截面。右侧刃背面有零星小凹缺。腹面不均匀分布浅小凹缺，方向朝腹面。腹脊有较连续的疑似压痕，轻度磨圆。

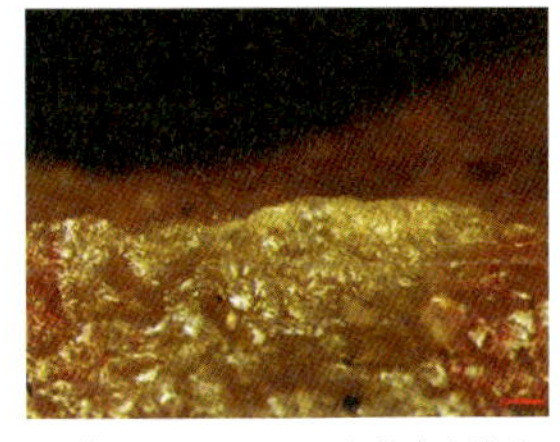

左侧刃 D20×（装柄前）

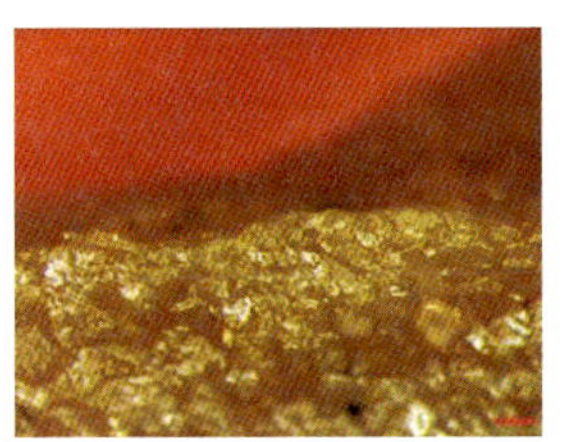
左侧刃 D20×（装柄后）

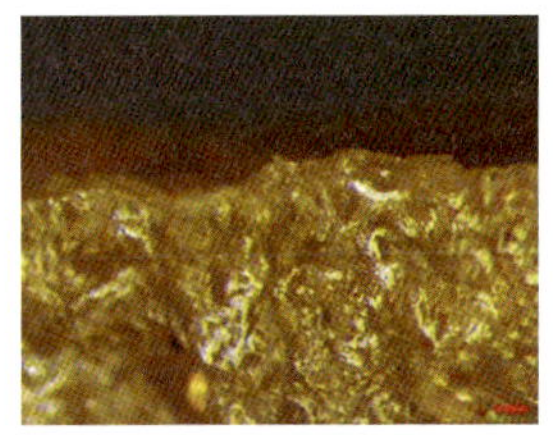
左侧刃 D40×（装柄后）

图 3.2.10　标本 S08 的装柄微痕

（四）上下＋左右运动——切

标本 S09

嵌入式，平行捆绑，切带皮的肉。操作者：连某茹。

使用效率：5 分钟时，石器向后移位，约 23 下切开 3.5 厘米厚的皮和脂肪。10 分钟时，石器脱离木柄，掉落，无破损。

微痕描述（见图 3.2.11）：左侧刃（装柄中左刃部分掉落）不均匀分布有小凹缺，方向朝背面。右侧刃沿刃缘不均匀分布有极小片疤，偶见小片疤，数量较多，多数片疤朝腹面，个别朝背面，片疤方向不明。

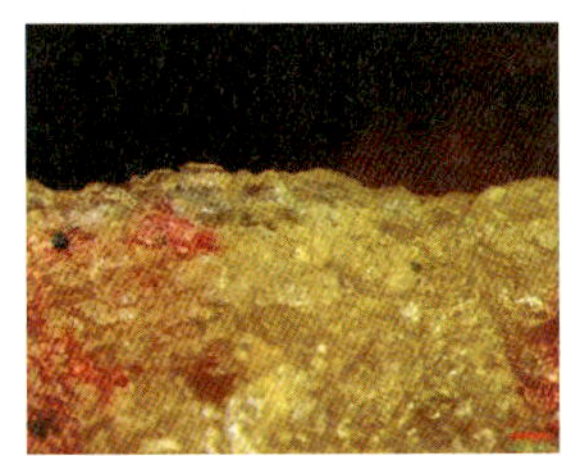
右侧刃 D20×（装柄前）

右侧刃 D20×（装柄后）

右侧刃 D40×（装柄后）

图 3.2.11　标本 S09 的装柄微痕

标本 S10

嵌入式，平行捆绑(自腹面向背面逆时针捆绑)，削带肉的骨。操作者：汪某。

使用效率：较为高效，来回 20 多下即把 3.5 厘米厚的皮切开。12 分钟时，石器略有移位，但不影响使用。

微痕描述(见图 3.2.12)：左侧刃腹面疤痕较少，偶见；背面不均匀分布有小浅平凹缺及半月形小凹缺，片疤朝向不明显。右侧刃背面不均匀分布有小片疤，部分片疤有方向；腹面痕迹较不明显，偶见浅小平凹缺。

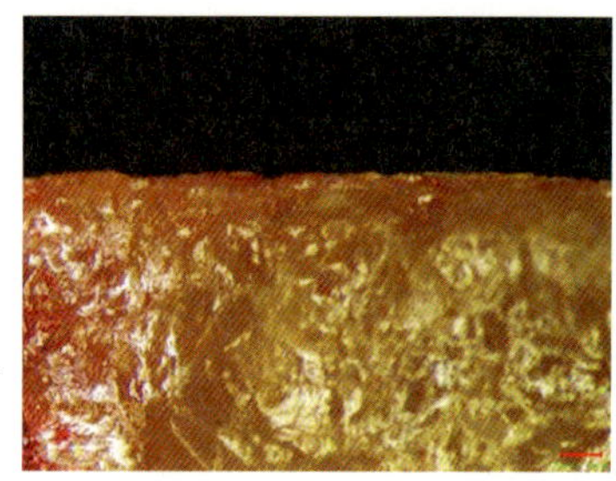

右侧刃 V20×（装柄前）

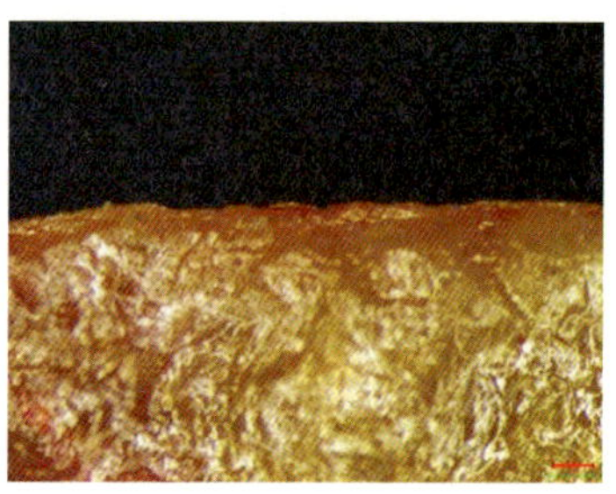

右侧刃 V20×（装柄后）

图 3.2.12　标本 S10 的装柄微痕

四、分析与讨论

(一)装柄后未经使用的装柄微痕基本特征

装柄后未经使用标本的装柄痕迹主要集中出现于两侧刃，表现为不均匀分布或分散分布的小片疤或小凹缺，片疤大小相似，方向无特定规律。片疤朝向与捆绑方向无直接联系。

第一期的实验中，在标本的背脊或腹脊上并未发现痕迹。但是在第二期实验中，在一件嵌入式标本的腹脊上发现了较为明显的压痕，说明石英岩石制品与木柄相接触的凸起处可能产生痕迹变化。痕迹产生与否可能与石器本身的形态特征有关，例如背脊的位置、突起程度以及装柄方式等。

与第一期装柄未经使用者相比，第二期实验标本的痕迹明显更多，约占被观察项目的 83%。第二期实验中，片疤更多更明显，磨圆却相对减少。这可能与捆绑材料的改变有关，第一期采用的麻绳较粗，利于磨圆产生但不利于片疤生成；第二期采用的麻绳较细，更易产生小片疤。

（二）装柄后经过使用的装柄微痕基本特征

装柄后经过使用的石器的装柄痕迹主要集中在两侧刃或底部与绳索接触的部位，以不均匀分布的小凹缺为主，具体表现略有差异。

在用于穿刺的装柄石器中，有一件标本的片疤略有方向，或许可以指示装柄时作用力的方向。在穿刺动作中，同一刃上的片疤在其中一面相对明显，另一面则不太明显，这是否与捆绑方向直接有关尚不明确。与第一期实验中的钻组类似，上下作用的穿刺动作产生的装柄痕迹也比较少。

在用于刮的两件装柄石器中，标本 S05 痕迹较少，S06 痕迹较多。这可能与标本自身的形态特征有关，前者的两侧刃较厚，而后者的两侧刃较薄，更易产生装柄痕迹。与装柄后未经使用的标本相似，用于刮的嵌入式标本 S06 在腹脊上有明显痕迹，并且较未使用的标本 S01 更为明显，磨圆也更深。S05 和 S06 两件标本均出现略带方向性的片疤，但似乎并未表现出与石器运动方向的直接关联。

在用于削的装柄石器的装柄部位，片疤方向不明显，基本垂直于石器刃缘，与左右运动施加的作用力方向基本一致。标本 S08 在腹脊上出现疑似压痕，但痕迹和磨圆没有标本 S06 明显，可能是由于 S06 的运动方式为前后运动，木柄对突出的脊部产生更多更大的压力和摩擦力。片疤朝向与捆绑方向之间似乎没有特定规律。

在用于切的装柄石器上，装柄部位的部分片疤有方向，但片疤朝向和捆绑方向之间的规律并不明显。

第四章
乌兰木伦石英岩石制品微痕的考古学分析

第一节　乌兰木伦遗址的研究概况

乌兰木伦遗址，位于内蒙古自治区鄂尔多斯市康巴什区的乌兰木伦河北岸(见图 4.1.1)，是鄂尔多斯高原继 20 世纪 20 年代发现萨拉乌苏[①]和水洞沟[②]遗址后又一处重要旧石器遗址[③]。自 2010 年 5 月发现以来，中国科学院古脊椎动物与古人类研究所、鄂尔多斯青铜器博物馆、鄂尔多斯文物考古研究院联合对该遗址进行了连续数次发掘，对于遗址年代、文化面貌与文化性质等都有比较好的了解。乌兰木伦遗址是一处由多个地点构成的地点群，目前已确认三处重要地点。

根据地质堆积、动物化石及出土石制品等，光释光测年结果推测该遗址年代为距今 6.5 万～5 万年[④]，地质时代属于第四纪晚更新世中期，考古时代

---

① Boule, M., Brfuil, H., Licent, E., Teilhard de Chardin, P. 1928. Le Paleolithique de la Chine (Paleontologie). In: *Archives de Institut de Paleontologie Humaine*, *Memoire* 4. Paris, pp. 1-36.

② Teihard de Chardin, P., Licent, E. 1924. On the discovery of a Paleolithic industry in Northern China. *Bulletin of Geological Society of China*, 3(1): 45-50.

③ 王志浩、侯亚梅、杨泽蒙等:《内蒙古鄂尔多斯市乌兰木伦旧石器时代中期遗址》,《考古》2012年第 7 期。

④ Rui, X., Zhang, J. F., Hou, Y. M. et al. 2015. Feldspar multi-elevated-emperature post-IR IRSL dating of the Wulanmulun Paleolithic site and its implication. *Quaternary Geochronology*, 30: 438-444.

属于旧石器时代中期。目前已出土人工打制石器超过 2 万件①,古动物化石万余件,以及由大量灰烬、木炭、烧骨等组成的用火遗迹等②。

整个剖面显示出 20 多个湖沼相沉积旋回,说明自晚更新世后期末次间冰期以来,前期环境温和湿润,后期则可能受到冬季风影响,进入沙质荒漠时期。动物群属于萨拉乌苏动物群③,以大型食草类动物和小型啮齿类动物为典型④。遗址中存在大量碎骨,以及具有明显切割痕迹和人工打片痕迹的骨化石与骨制品。

乌兰木伦遗址出土了丰富的石制品。原料以石英岩为主,其次为石英、燧石等,调查基本确认原料主要来自遗址附近 2 公里处的白垩系红基岩砾石层,比较容易获得⑤。石制品类型多样,组合表现出典型的旧石器时代中期特色⑥,各类刮削器和锯齿刃器、凹缺器发达,与我国华北地区小石器工业传统相似⑦。

为了解乌兰木伦遗址出土石器中某些类型的功能与用途,推测该遗址人群的行为方式,进而研究晚更新世生活在鄂尔多斯地区的古代人群的生计模式,2012—2016 年,我们尝试对乌兰木伦发掘出土的部分石器进行了微痕分析⑧。由于出土石制品数量庞大,石料多为石英岩,质地不如燧石等细腻,因此选择低倍法技术。分析过程使用 Olympus SZX16 体式显微镜(放大倍数为

---

① 刘扬、侯亚梅、杨泽蒙等:《试论鄂尔多斯乌兰木伦遗址第 1 地点的性质和功能》,《北方文物》2018 年第 3 期。

② 侯亚梅、王志浩、杨泽蒙等:《内蒙古鄂尔多斯乌兰木伦遗址 2010 年 1 期试掘及其意义》,《第四纪研究》2012 年第 2 期。

③ Dong, W. Hou, Y. M., Yang, Z. M., Zhang, L. M., Zhang, S. Q. 2014. Late Pleistocene mammalian fauna from Wulanmulun Paleolithic Site, Nei Mongol, China. *Quaternary International*, 347: 139-147.

④ 李小强、高强、侯亚梅等:《内蒙古鄂尔多斯乌兰木伦遗址 MIS 3 阶段的植被与环境》,《人类学学报》2014 年第 1 期。

⑤ 刘扬、侯亚梅、杨泽蒙等:《鄂尔多斯乌兰木伦遗址石制品原料产地及其可获性》,《人类学学报》2017 年第 2 期。

⑥ 刘扬、侯亚梅、杨泽蒙:《鄂尔多斯乌兰木伦遗址的工具类型与修理技术初探》,《人类学学报》2016 年第 1 期。

⑦ 王志浩、侯亚梅、杨泽蒙等:《内蒙古鄂尔多斯市乌兰木伦旧石器时代中期遗址》,《考古》2012 年第 7 期。

⑧ Chen, H., Hou, Y-M., Yang, Z. M. et al. 2014. A preliminary study on human behavior and lithic function at the Wulanmulun site, Inner Mongolia, China. *Quaternary International*, 347: 133-138.

8.75～143.75×)，共计4期，涉及石器483件，观察集中在使用石片、刮削器、石刀、矛头、尖状器(钻器等)、凹缺器、锯齿刃器、鸟喙状器等类型。

第二节　乌兰木伦石制品使用微痕的分析结果

一、微痕统计结果

对乌兰木伦石制品的微痕观察显示，277件标本上发现微痕，约占观察样本的57.3%。202件标本明确观察到微痕，其中34件观察到2处以上微痕，75件标本观察到疑似微痕，其余206件标本未发现微痕。共计335处使用单位，确定微痕237处，不确定微痕98处。使用率较高的类型依次为石刀、刮削器、使用石片、钻器和尖状器，达到50%及以上；而数量较大的凹缺器和锯齿刃器的使用率相对较低，为50%以下(见表4.2.1)。

表4.2.1　观察标本的微痕结果统计

类型	观察标本/件	有微痕的标本/件	百分比/%
使用石片	48	32	66.7
刮削器	43	31	72.1
石刀	30	22	73.3
尖状器	38	23	60.5
凹缺器	54	21	38.9
锯齿刃器	118	57	48.3
钻器	48	31	64.6
其他	104	60	57.7
总计	483	277	57.3

石器的使用方式有很多种，按照运动方向可分为垂直运动、纵向运动和横向运动。目前从具有明确微痕的202件标本上共识别出7种使用方式，分别为切(锯、割)、剔(片、剥)、刮、刻、钻、穿刺和其他。其中，切与锯的区别在

于前者为单向运动，后者是双向运动；切与剔的区别在于前者是垂直运动，后者是斜向运动。在这7种使用方式中，切（锯、割）的频率最高，其次是剔（片、剥）和刮（见图4.2.1）。

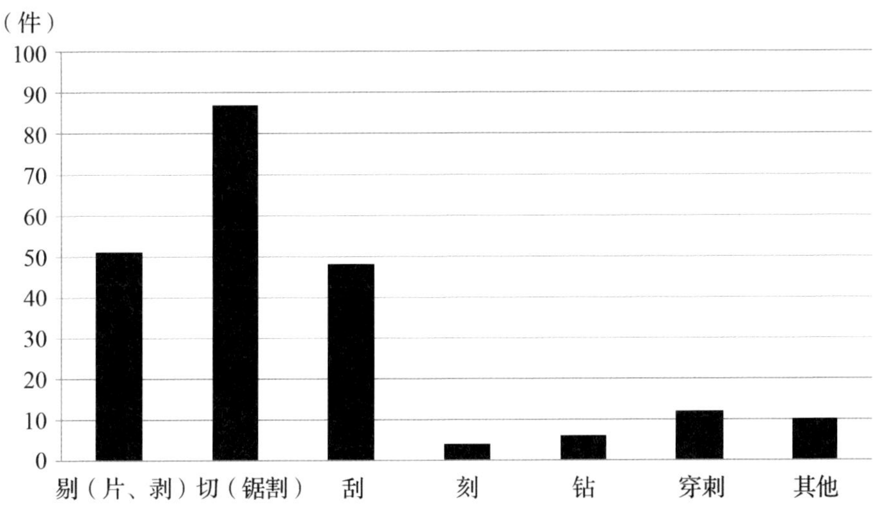

图4.2.1 石制品使用方式统计

根据材料的硬度，一般可将加工对象分为软性植物类（草、根茎等）、软性动物类（肉、新鲜皮革等）、中软性物质（鲜木、鱼鳞等）、中硬性物质（干木、冻肉等）、硬性动物类（骨、干皮革等）、特硬性动物类（干骨、角等）、硬性无机物（岩石等）①。根据本组标本的微痕特征，目前可识别加工对象的类型比较相近，主要是动物性物质，硬度略有差异，包括肉、皮、骨等。以下将选择一部分具有明确使用微痕的标本，详细描述其微痕特征。

二、加工肉质材料的微痕

加工肉类的明确微痕有117处，占全部明确微痕的49.7%，其主要方式包括切、剔、刮、钻等。

---

① 高星、沈辰主编：《石器微痕分析的考古学实验研究》，科学出版社2008年。

标本 OKW-c5

琢背修理石刀，长 46.87 毫米，宽 28.42 毫米，厚 12.56 毫米，左侧使用刃长 19.63 毫米，右侧使用刃长 14.6 毫米，使用刃角 40°。

微痕描述(见图 4.2.2)：尖部破损，背面有零星极小片疤。左侧刃背面，不连续分布有中片疤，个别小片疤位于中片疤内边缘处，使中片疤的凹缺剖面呈折断状，靠近尖部连续分布有小片疤，羽翼状为多，有卷边状。左侧刃腹面，中度磨圆。连续分布有极小片疤，有方向。右侧刃背面，连续分布有小片疤，磨圆轻到中度，偶尔有中片疤，也有方向。刃脊中度磨圆，有几处片疤呈粉碎状。——推测使用尖部和侧刃斜向剔肉，其中两侧刃以尖部为轴上下 180°翻转使用。

图 4.2.2　标本 OKW-c5 的使用微痕 40×：(左上)腹面；(右上、右下)背面

标本 KBS②B243

凸刃锯齿刃器，长 35.12 毫米，宽 20.67 毫米，厚 7.88 毫米，使用刃长 16.8 毫米。

微痕描述（见图 4.2.3）：左侧刃背面，边缘连续分布小波浪状缺口，片疤破裂不明显，无方向。PC8 处，有 2～3 个小片疤，由腹面向背面破裂。左侧刃腹面，在修理片疤内侧紧贴边缘处连续分布极小片疤，由腹面向背面破裂，方向不明显，中度磨圆。刃脊中度磨圆。——推测其功能为剔肉。

图 4.2.3　标本 KBS②B243 的使用微痕 20×：腹面

标本 11KW④a940

自然背石刀，长 38.4 毫米，宽 24.7 毫米，厚 9.8 毫米，使用刃长 36.5 毫米，使用刃角 53°。

微痕描述（见图 4.2.4）：PC2 处，背面连续分布小型片疤，均为羽翼状，带方向，偶见中型片疤，边缘为带方向锯齿状，片疤很浅，轻度磨圆。腹面边缘较背面更为平滑，略显小锯齿状，不连续分布小型羽翼状片疤，个别呈卷边状，片疤很浅。刃脊中度磨圆。PC3 处，背面零星分布小型月牙状凹缺。腹

图 4.2.4　标本 11KW④a940 的使用微痕 25×：（右上）背面；（右下）腹面

面边缘呈带方向锯齿状，片疤由腹面向背面破裂，见零星小型片疤，羽翼状。刃脊凸起处中度磨圆。——推测其功能为剔肉。PC2 与 PC3 非连续使用刃，中途可能因需要改变着力位置与方向。PC3 处，背面边缘有零星绿色光泽点，疑为动物油脂残留物。

标本 11KW②a-D14：1920

刮削器，长 29.8 毫米，宽 45.6 毫米，厚 15.6 毫米，修理刃长 45.4 毫米，修理刃角 75°。

微痕描述（见图 4.2.5）：PC7-8 处，背面边缘呈不规则锯齿状缺口，略有方向。腹面边缘呈锯齿状，略带方向，片疤不明显。刃脊轮廓略呈浅波浪状，轻度磨圆。——推测为剔肉（或筋）。

图 4.2.5　标本 11KW②a-D14：1920 的使用微痕：
（上）20×腹面；（左下）腹面 25×；（右下）刃脊 40×

背脊处，背面边缘较平滑，丛簇分布中片疤，羽翼状，浅平，略有方向。腹面边缘呈锯齿状，略带方向，片疤不明显。刃脊轻度磨圆，轮廓近直线。——推测为剔肉或筋。

标本 11KW③a273

锯齿刃器，右侧刃为修理刃，长 50.9 毫米，宽 29.4 毫米，厚 19.7 毫米，上使用刃长 16.0 毫米，使用刃角 48°，下使用刃长 15.1 毫米，使用刃角 48°，修理刃长 48.8 毫米，修理刃角 66°。

微痕描述（见图 4.2.6）：PC8 处，背面丛簇式分布中小片疤，羽翼状为多，有方向，边缘呈不规则锯齿状，突起处轻度磨圆。腹面边缘呈连续不规则小锯齿状。刃脊刃缘形状呈小波浪形，中度至严重磨圆。——推测为剔肉，中途触碰骨。

PC5-6 处，背面边缘呈锯齿状，刃缘轻度磨圆，凸起处中度磨圆，无明显片疤。腹面边缘锯齿状较背面平直，刃缘轻度磨圆，无明显片疤。PC6 处有一凹缺，其内部连续分布中小片疤，羽翼状。刃脊中度磨圆。——推测为切带骨的肉，PC6 处凹缺可能系使用中触碰骨所致。

标本 KBS10②397

石刀，长 56.09 毫米，宽 41.72 毫米，厚 18.74 毫米，PC6-7 处使用刃长 41.35 毫米，使用刃角 45°，PC8 处使用刃长 27.10 毫米，使用刃角 42°。

微痕描述（见图 4.2.7）：左侧刃，PC6-7 处，背面连续分布中小片疤，以羽翼状为多，中度磨圆，局部出现破损，刃缘呈不规则波浪状，片疤略有方向性。腹面连续分布小片疤，羽翼状为多，个别卷边状，中度磨圆，有方向，个别片疤破裂点清晰。刃脊破损比较严重，凸起部分磨圆较严重，有零星的点状光泽。——推测为切肉，中途触碰骨。

PC8 处，背面连续分布有中小片疤，羽翼状，有方向，凸起部分中度磨圆。腹面与背面相似，但片疤较少。刃脊轻度磨圆。——推测为切肉。

标本 11KWH13②a2401

刮削器，长 38.3 毫米，宽 20.9 毫米，厚 14.2 毫米，使用刃长 5.1 毫米，使用刃角 56°。

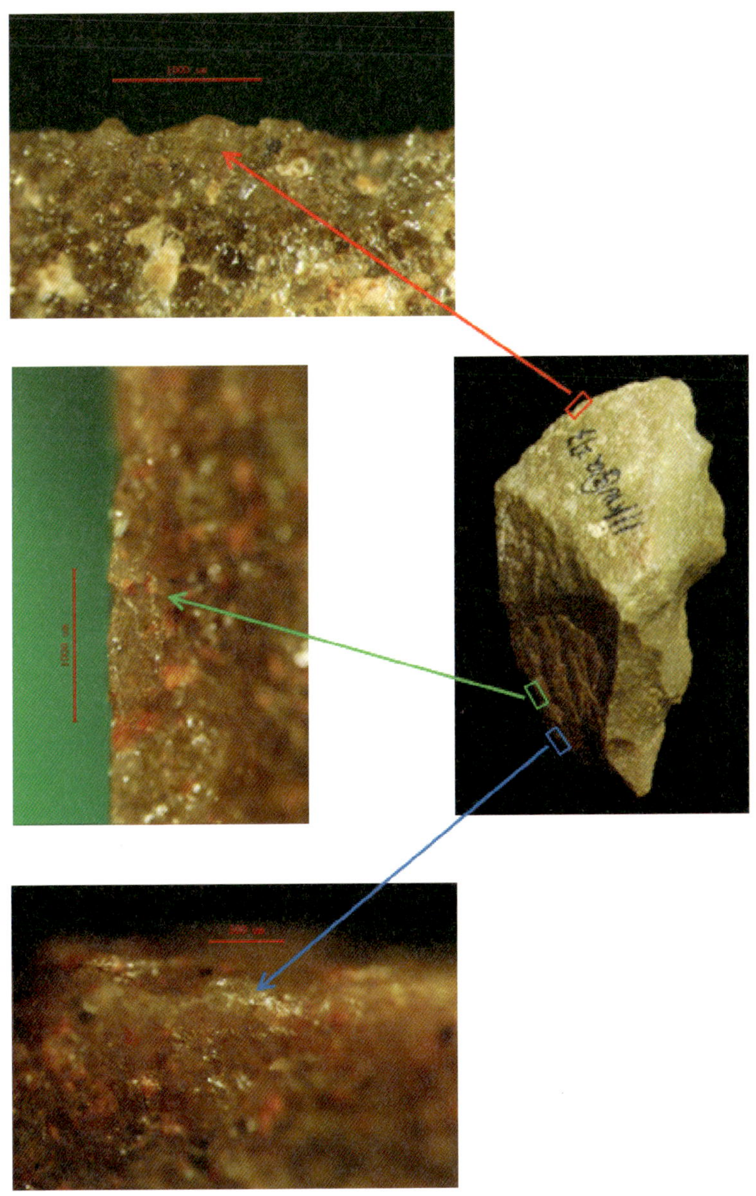

图 4.2.6　标本 11KW③a273 的使用微痕 40×:(左上)背面;(左中)腹面;(左下)刃脊

图 4.2.7　标本 KBS10②397 的使用微痕：

(右上、左下)腹面 40×；(左上)背面 40×；(左中)背面 25×

微痕描述(见图 4.2.8)：PC1 处，背面间隔分布 2 个大缺口。腹面间隔分布 2 个羽翼状大片疤，左侧片疤侵入度较深，刃缘呈凹缺状，片疤有方向。刃脊轻到中度磨圆，靠近 PC8/1 处可见折断状断面，其片疤尾端位于刃脊上，破裂方向与刃脊有一定角度。——推测为切肉且触及软骨。

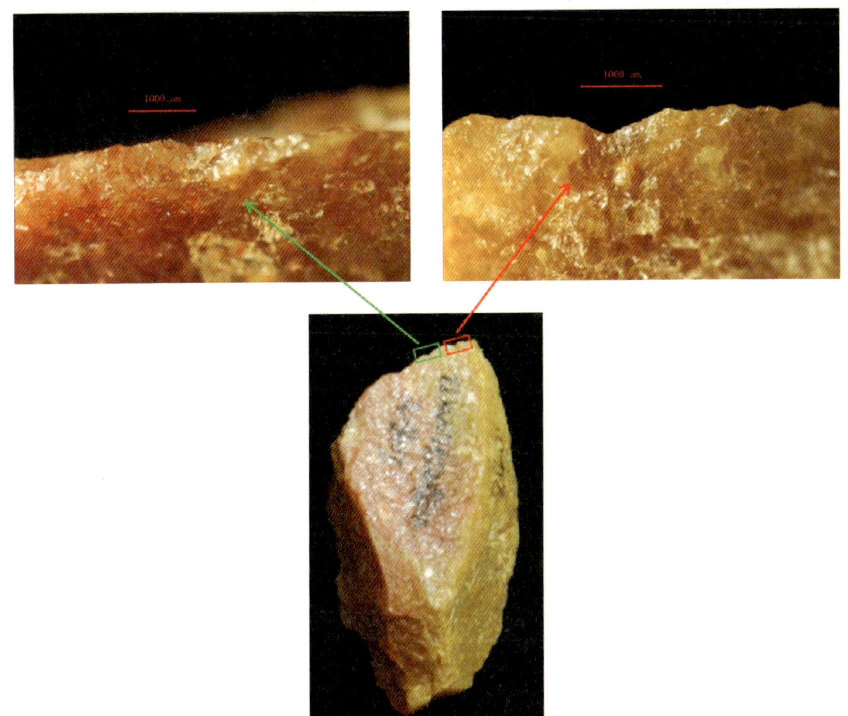

图 4.2.8　标本 11KWH13②a2401 的使用微痕:(左上)刃脊 20×;(右上)腹面 25×

标本 OKW⑧S11

使用石片,长 35.2 毫米,宽 25.6 毫米,厚 10.1 毫米,上使用刃长 15.1 毫米,使用刃角 49°,下使用刃长 26.3 毫米,使用刃角 45°。

微痕描述(见图 4.2.9):PC1 处,背面边缘平滑,轮廓呈浅平大锯齿状,偶见片疤,略有方向。腹面,连续分布浅平羽翼状小片疤,略有方向。刃脊中度磨圆,PC8/1 处破损严重。——推测为切肉或皮,中途触碰骨。

PC2-3 处,背面边缘呈浅平大波浪状,内套小锯齿状,有方向,偶见羽翼状小片疤。腹面,锯齿状凹缺更加明显,略有方向,偶见羽翼状小片疤。刃脊轻到中度磨圆。——推测为切肉或皮。

图 4.2.9　标本 OKW⑧S11 的使用微痕：(左上)刃脊 10×；(右上、右下)背面 40×

标本 OKW⑦6-1

端刮器，长 9.07 毫米，宽 16.53 毫米，厚 6.71 毫米，使用刃长 13.5 毫米，背面全为自然面。

微痕描述(见图 4.2.10)：PC8-1 处，背面紧贴边缘处有连续小片疤，刃缘形状、方向等其他同上，边缘突起部分有轻微磨圆，有初始光泽，锯齿尺寸较大。腹面边缘丛簇分布中小片疤，多为羽翼状终端，有卷边状，边缘小锯齿状，略有方向，多数小片疤较浅平，有几片片疤为长方形，有个别中片疤。侧刃中度磨圆，片疤剖面近四边形，有一定方向性，突起部分磨圆略为明显。——推测功能为刮肉或片肉。

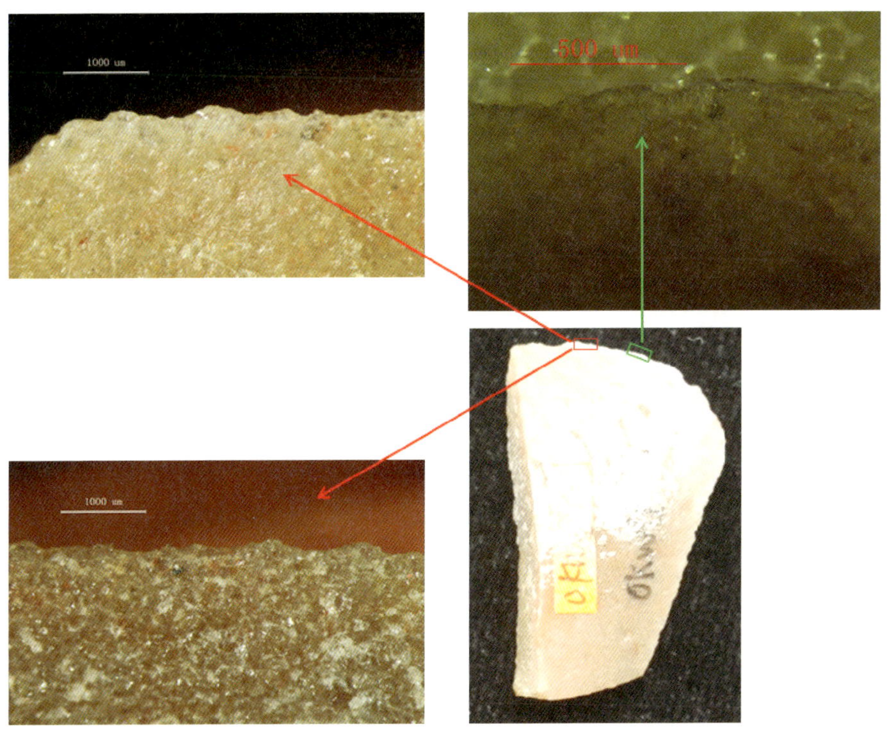

图 4.2.10　标本 OKW⑦6-1 的使用微痕:(左上)背面 25×;(左下)腹面 25×;(右上)

标本 OKW⑥12-3

端刮器,长 31.2 毫米,宽 29.0 毫米,厚 26.7 毫米,左侧使用刃长 13.1 毫米,使用刃角 55°,右侧使用刃长 26.6 毫米,使用刃角 79°。

微痕描述(见图 4.2.11):左侧刃 PC7 处,背面连续分布中片疤,羽翼状为多,有 3 个卷边状,无明显方向,片疤平面形状为椭圆形。腹面边缘平滑,轮廓呈浅平大锯齿状。刃脊中度磨圆。右侧刃,背面边缘平滑,连续分布小片疤,浅平,无方向,羽翼状,轻度磨圆。腹面边缘平滑,呈浅平大波浪状,边缘内套浅平小锯齿状。刃脊中度磨圆,凸起处严重磨圆。——推测为从骨上刮肉,PC7 处刮骨严重。

标本 OKW④S58-1

锯齿刃器,长 32.9 毫米,宽 21.8 毫米,厚 8.2 毫米,使用刃长 24.2 毫米,使用刃角 62°。

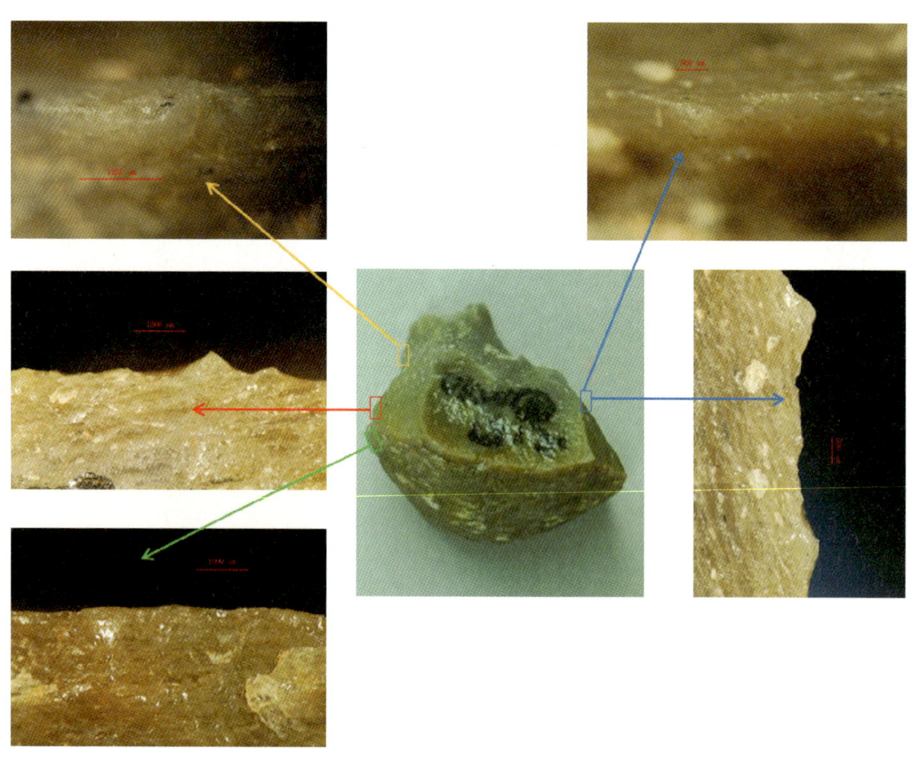

图 4.2.11　标本 OKW⑥12-3 的使用微痕：
（左上、右上）刃脊 32×；（左中、右下）腹面 20×；（左下）背面 20×

微痕描述（见图 4.2.12）：PC6 处，背面边缘平滑呈大锯齿状，无明显片疤，缺口无方向。腹面，连续分布浅平中片疤，平面形状呈半圆形，靠近边缘，连续分布有极小片疤，无明显方向，均为羽翼状。刃脊中度磨圆。PC7-8 有加工痕迹，无明显使用痕迹。——推测为从鲜骨上刮肉。

标本 11KW②c144

凹缺器，长 41.8 毫米，宽 41.2 毫米，厚 15.7 毫米，修理刃长 14.8 毫米，修理刃角 80°，凹缺长 16.8 毫米，凹缺角 62°。

微痕描述（见图 4.2.13）：PC8 处，背面丛簇分布小片疤，羽翼状，略有方向，边缘平直，零星分布卷边状中片疤。腹面边缘呈浅波浪状，略有方向，片疤不明显。刃脊中度磨圆。——推测为切肉，中途触碰骨。

PC3（凹缺）处，背面凹缺内侧边缘近连续分布小片疤，多为羽翼状，浅平，

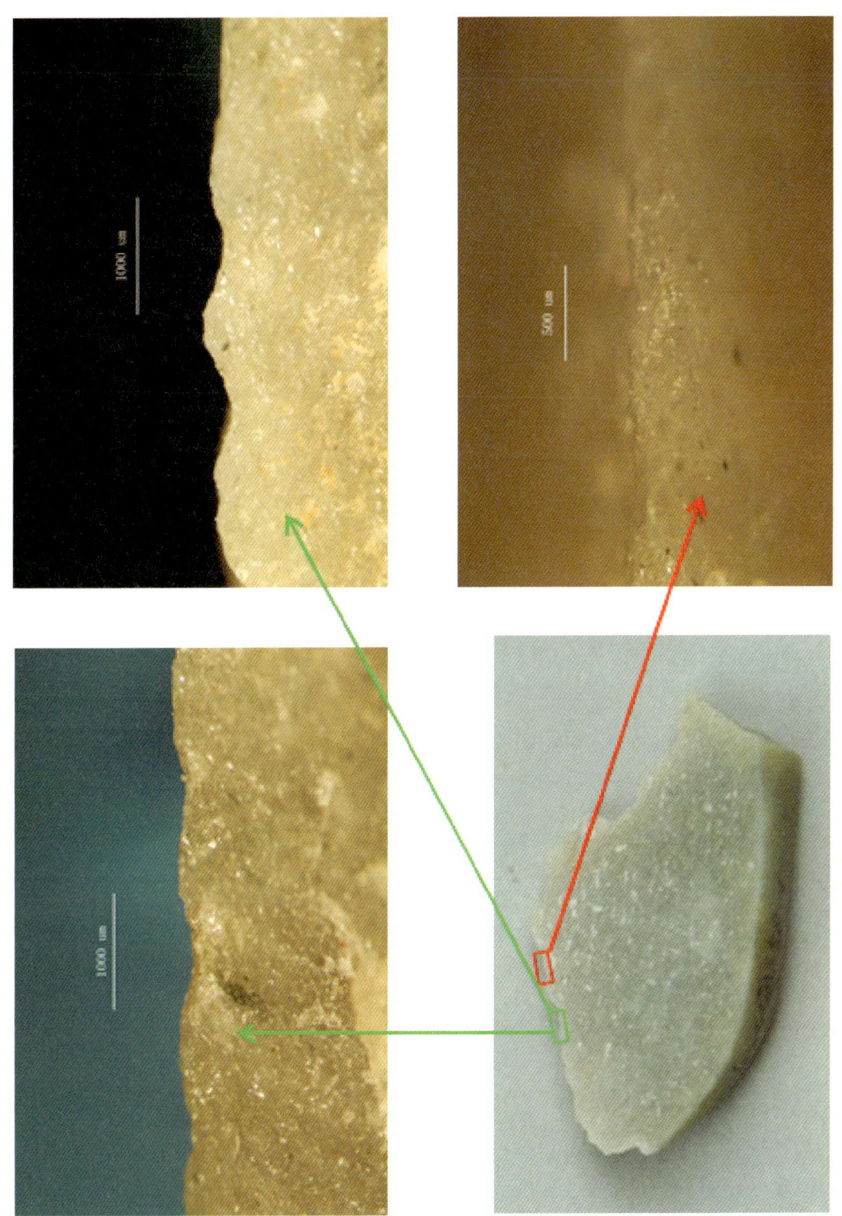

图 4.2.12　标本 OKW④S58-1 的使用微痕：(右上)刃脊 40×；(左上)背面 25×；(左下)腹面 25×

个别中片疤有方向。腹面边缘分散分布小缺口，偶见羽翼状浅平小片疤，略显方向。刃脊轻度磨圆。——推测为切筋。

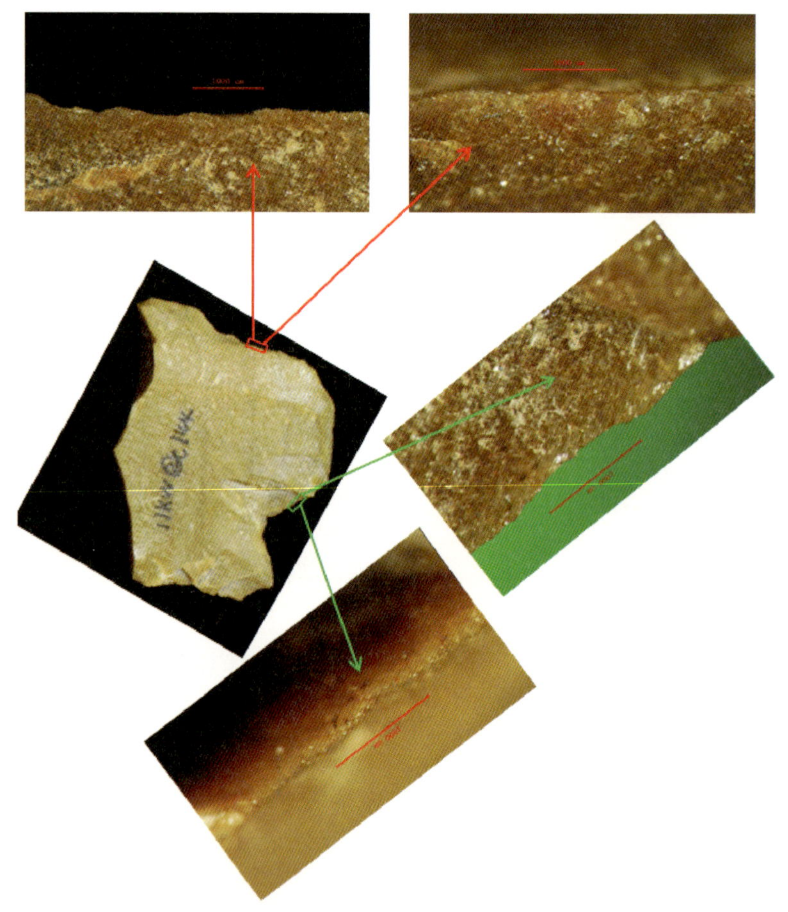

图 4.2.13　标本 11KW②c144 的使用微痕：

(左上)腹面 25×；(右上)刃脊 32×；(右中)背面 40×；(右下)刃脊 40×

标本 11KW④b1007

直刃刮削器，长 20.2 毫米，宽 9.5 毫米，厚 6.8 毫米，使用刃长 10.2 毫米，使用刃角 52°。

微痕描述(见图 4.2.14)：PC1 处，背面边缘为大波浪状，较平滑，偶见浅平羽翼状小片疤，刃缘中度磨圆。腹面，近连续分布羽翼状中片疤，靠近边缘连续分布小片疤，浅平，羽翼状，略显方向，片疤由背面向腹面破裂，刃缘突起处中度磨圆。刃脊中度磨圆，凸起处有散漫光泽。——推测为切筋。

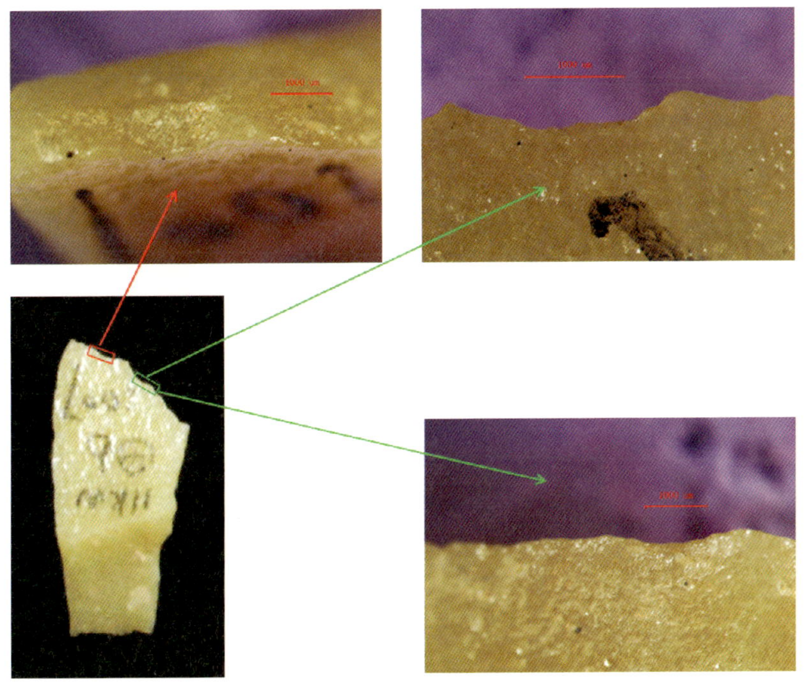

图 4.2.14　标本 11KW④b1007 的使用微痕：(左上)刃脊 20×；(右上)背面 32×；(右下)腹面 20×

三、加工骨质材料的微痕

加工骨头的明确微痕有 38 处，约占全部明确微痕的 16.0%，其主要方式包括刮、切(锯)、钻、刻划、砍砸等。

标本 OKW③41-2

锯齿刃器，长 31.7 毫米，宽 35.4 毫米，厚 13.6 毫米，左侧使用刃长 10.6 毫米，使用刃角 73°，右侧使用刃长 20.8 毫米，使用刃角 72°。

微痕描述(见图 4.2.15)：右侧刃，PC3 处，背面连续分布浅平大型片疤，羽翼状，边缘近平直，连续分布小型浅平片疤，羽翼状，片疤平面形状近圆形，个别三角形，无方向。腹面边缘近平直，无明显片疤。刃脊轻度磨圆，部分突起处中度磨圆。——推测为刮鲜骨。

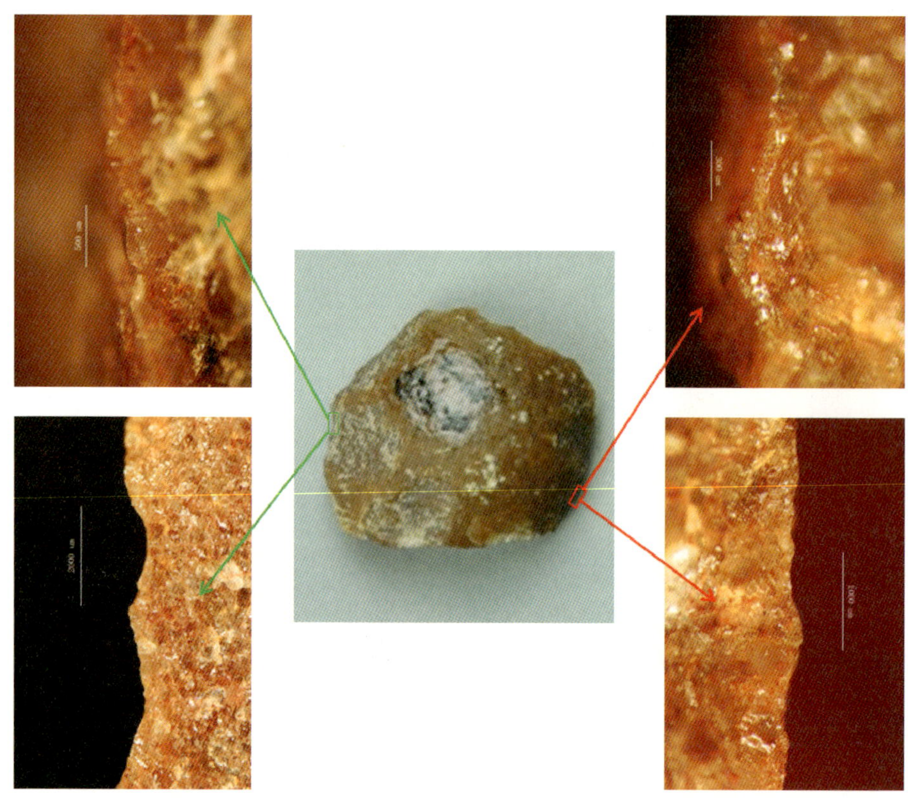

图 4.2.15　标本 OKW③41-2 的使用微痕：
(左上)刃脊 40×；(左下)腹面 16×；(右上)刃脊 63×；(右下)背面 32×

左侧刃，PC6 处，背面连续分布大片疤，阶梯状，边缘连续分布有方向的小缺口，轻度磨圆。腹面边缘近平滑，可见略有方向的浅平小缺口，无明显片疤。刃脊轻度磨圆。——推测为先刮骨，后切肉，一器两用。

标本 11KW③b692

陡刃刮削器，长 24.4 毫米，宽 31.5 毫米，厚 18.2 毫米，使用刃长 13 毫米，使用刃角 80°。

微痕描述(见图 4.2.16)：背脊，PC5 处，背面连续分布阶梯状中片疤，靠近边缘分布羽翼状小片疤，边缘平滑。腹面，边缘平滑，无明显片疤，有零星缺口，缺口垂直于刃缘，刃缘轻度磨圆。刃缘呈曲线状，中度磨圆，有散漫光泽。边缘疑发现残留动物(骨)纤维。——推测为刮鲜骨。

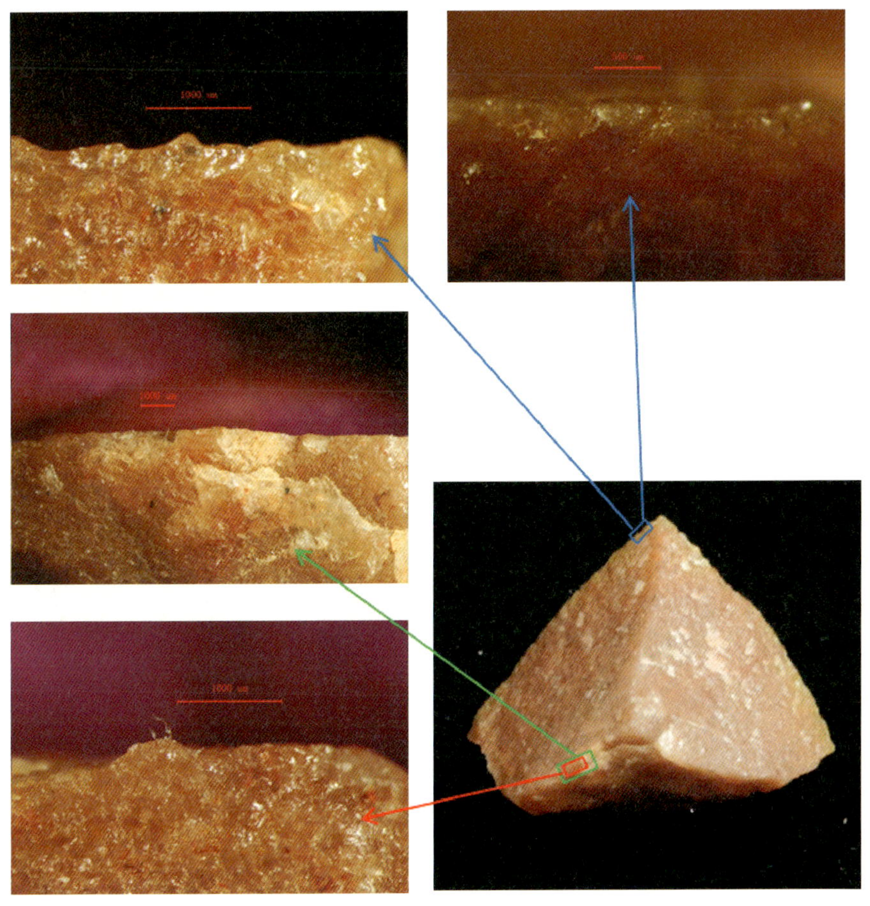

图 4.2.16　标本 11KW③b692 的使用微痕：

(右上)刃脊 40×；(左上)背面 32×；(左中)背面 10×；(左下)腹面 32×

PC8 处，背部靠近尖部连续分布小片疤，有明显方向。腹部靠近尖部连续分布小片疤，有明显方向。刃脊中度磨圆，突起处有散漫光泽。——推测为切带骨的肉。

标本 KW11B12⑤1128

锯齿刃器，长 19.7 毫米，宽 22.4 毫米，厚 5.5 毫米，左侧使用刃长 5.6 毫米，使用刃角 49°，右侧使用刃长 7.8 毫米，使用刃角 31°。

微痕描述(见图 4.2.17)：右侧刃，PC2 处，背面边缘平滑，连续分布中片疤，羽翼状，浅平，轮廓近似方形，由腹面向背面破裂，无方向，片疤垂直于刃缘。腹面，边缘平滑，无明显片疤，刃缘轻度磨圆。刃脊中度磨圆，个别中片疤尾端呈卷边状。——推测为刮鲜骨。

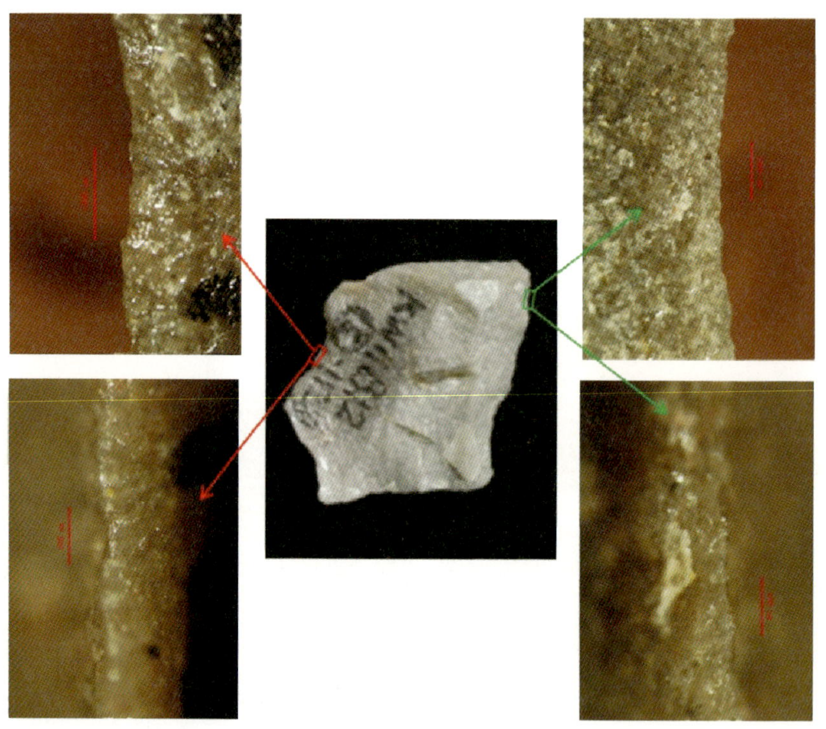

图 4.2.17　标本 KW11B12⑤1128 的使用微痕：
（左上）背面 32×；（左下、右下）刃脊 40×；（右上）背面 20×

左侧刃，PC7 处，背面连续分布中片疤，羽翼状，浅平，刃缘轻度磨圆，边缘有小缺口。腹面边缘平滑，无明显片疤，刃缘轻度磨圆。刃脊中度磨圆。——推测为刮鲜骨。

标本 KW11D13②1462

锯齿刃器，长 31.6 毫米，宽 31.0 毫米，厚 10.9 毫米，修理刃长 32.9 毫米，修理刃角 69°。

微痕描述（见图 4.2.18）：背面，靠近 PC8/1 处的两个修理刃内连续分布大量羽翼状中片疤。PC6 处连续分布两个羽翼状中片疤，PC7 处无明显片疤，边缘轮廓呈小波浪状，PC8 处部分片疤轮廓近方形，第一个修理刃内有一个折断状片疤。腹面，PC8 处无明显片疤，边缘呈波浪状，第二个修理刃内可见两个小片疤，浅平。PC6 处边缘轮廓呈波浪状，无明显片疤，PC7 处无明显片疤。刃脊，PC6、8 处凸起处严重磨圆，PC7 处轻度磨圆。——推测为刮干骨。

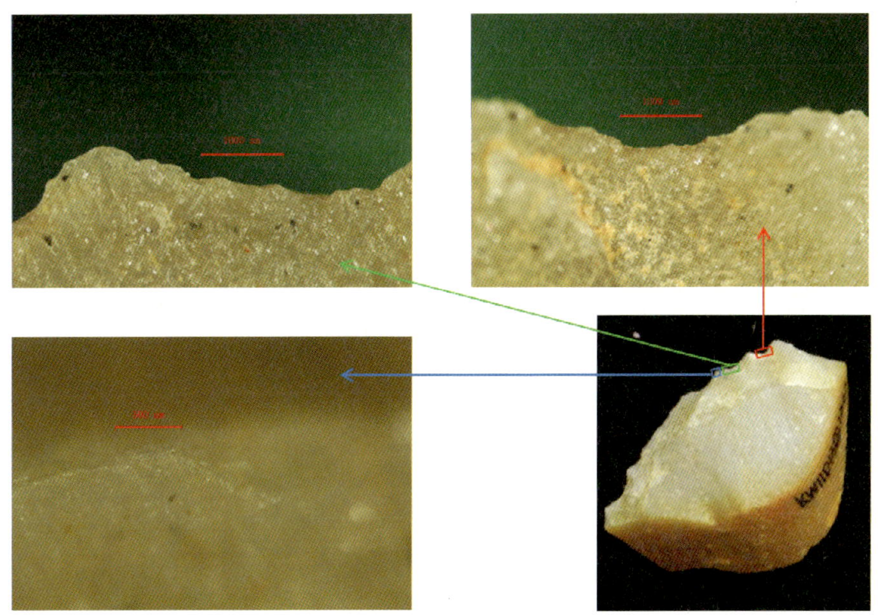

图 4.2.18 标本 KW11D13②1462 的使用微痕：
(右上)背面 25×；(左上)腹面 25×；(左下)刃脊 40×

标本 OKW②14-1

刮削器，长 51.2 毫米，宽 30.5 毫米，厚 8.9 毫米，使用刃长 26.1 毫米，使用刃角 51°。

微痕描述(见图 4.2.19)：PC2-3 处，背面边缘平滑，无明显片疤，中度磨圆。腹面，连续分布羽翼状浅平大片疤，片疤平面呈平行四边形，边缘连续分布羽翼状浅平小片疤，轮廓平滑。刃脊中度磨圆。PC2 处有反向加工痕迹。——推测为刮干骨。

图 4.2.19　标本 OKW②14-1 的使用微痕:(左上)背面 20×;(右上)腹面 40×;(右下)刃脊 40×

标本 OKW③:38-6

钻器,长 44.8 毫米,宽 41.5 毫米,厚 15.6 毫米,尖夹角 50°,左侧刃角 65°,右侧刃角 59°。

微痕描述(见图 4.2.20):尖部有几个片疤,由腹面向背面破裂,大片疤为羽翼状,其余小片疤为阶梯状,中度磨圆。右侧刃层叠分布阶梯状中片疤,边缘有羽翼状小片疤,突起处中度磨圆。刃脊中度磨圆。——推测为钻鲜骨。

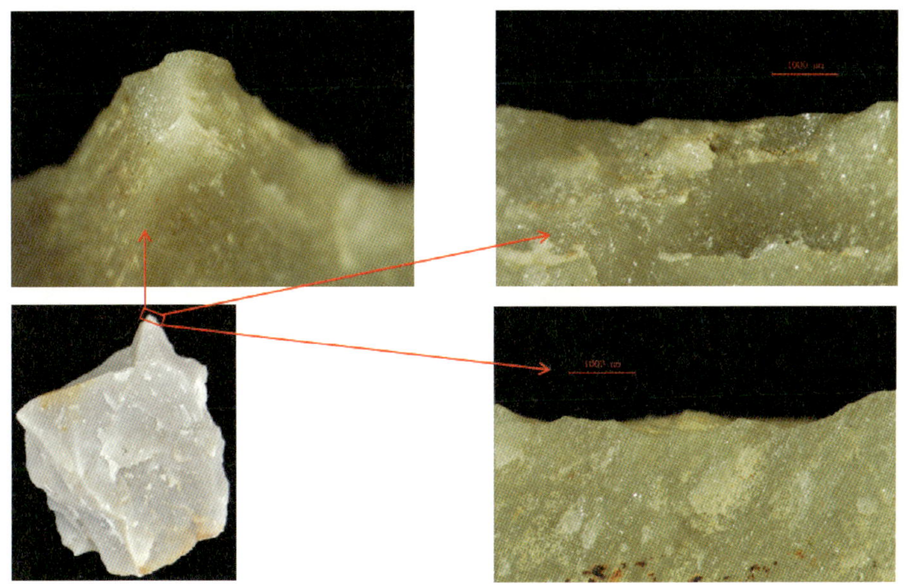

图 4.2.20　标本 OKW③:38-6 的使用微痕 20×:(左上)尖;(右上)背面;(右下)腹面

标本 OKWN11-4

钻器,长 42.7 毫米,宽 31.3 毫米,厚 18.3 毫米,尖夹角 96°,左侧刃角 69°,右侧刃角 59°。

微痕描述(见图 4.2.21):尖部磨损严重,有一大片疤,内套 3 个小片疤,肩平。左侧刃腹面尖部钝圆,轻度磨圆,有 2 个缺口,侧部较平滑。——推测为钻鲜骨。

标本 KW11F14②a1604

尖状器,长 43.5 毫米,宽 37.4 毫米,厚 14.3 毫米,左侧使用刃长 27.4 毫米,使用刃角 98°,右侧使用刃长 40.9 毫米,使用刃角 60°。

微痕描述(见图 4.2.22):尖部,背面左侧有明显的纵向破裂片疤,羽翼状,狭长型,中度至严重磨圆。腹面右侧有 2 个纵向狭长片疤,羽翼状,腹面有 1 个阶梯状大片疤,中度磨圆。刃脊有纵向破裂的片疤断面,中度至严重磨圆——推测为在骨头上刻划(沟槽)。

图 4.2.21　标本 OKWN11-4 的使用微痕 20×：（左上）尖；（右上）腹面

图 4.2.22　标本 KW11F14②a1604 的使用微痕：
（左上）刃脊 10×；（右上）腹面 20×；（中下）背面 32×；（右下）腹面 32×

PC3 处，背面边缘平滑，丛簇状分布小缺口，有个别小的羽翼状片疤，似乎由背面向腹面破裂，方向垂直于刃缘。腹面边缘平滑，有浅平的不规则缺口，无明显片疤。刃脊中度磨圆。——推测为执握痕迹。

标本 OKW⑥7-2

钻器，长 37.0 毫米，宽 25.5 毫米，厚 25.9 毫米，使用刃角 75°。

微痕描述（见图 4.2.23）：尖部断裂，背面有大片疤，腹面向背面纵向破裂。刃脊有层叠分布大片疤，阶梯状，尖部钝圆，中度至严重磨圆。——推测为刻划骨，各边加工可能为琢背不伤手之用。

图 4.2.23　标本 OKW⑥7-2 的使用微痕：（左上）刃脊 20×；（右上）背面 10×；（右下）腹面 10×

标本 OKW⑤64-5

尖状器，长 29.2 毫米，宽 23.9 毫米，厚 10.7 毫米，使用刃长 21.8 毫米，尖夹角 87°，左侧刃角 56°，右侧刃角 64°。

微痕描述（见图 4.2.24）：尖部，背面存在破损，有较浅的层叠纵向片疤，轻度磨圆。腹面，边缘钝圆，有 3～4 个中型缺口，片疤由腹面向背面破裂。刃脊中度磨圆。右侧刃，背面靠近尖部有 3 个中型片疤，羽翼状，由腹面向背面破裂。凸起处严重磨圆,片疤略显方向。腹面片疤更明显。刃脊中度至严重磨圆。——推测为切鲜骨。

图 4.2.24　标本 OKW⑤64-5 的使用微痕 20×:(左上、右下)刃脊;(右上)腹面

标本 OKW④31-2

锯齿刃器,长 29.1 毫米,宽 49.6 毫米,厚 14.5 毫米,使用刃长 13.5 毫米。

微痕描述(见图 4.2.25):PC8-1 处,背面凹缺内分散分布中小型片疤,羽翼状,凹缺间凸起处钝圆,严重磨圆,片疤略显方向。腹面边缘相对平滑,凹缺内边缘呈不规则锯齿状。刃脊中度磨圆,个别凸起位置严重磨圆。——推测为锯鲜骨。

标本 KBS10-C38

刮削器,长 63.7 毫米,宽 29.9 毫米,厚 9.2 毫米,使用刃长 22.4 毫米。

微痕描述(见图 4.2.26):PC1-2 处,背面边缘丛簇分布大中型片疤,羽翼状为多,个别折断状。凸起处严重磨圆,片疤由腹面向背面破裂。腹面出现两处较明显的凹缺。刃脊严重磨圆,凸起处呈散漫光泽。PC1/2 处有一处点

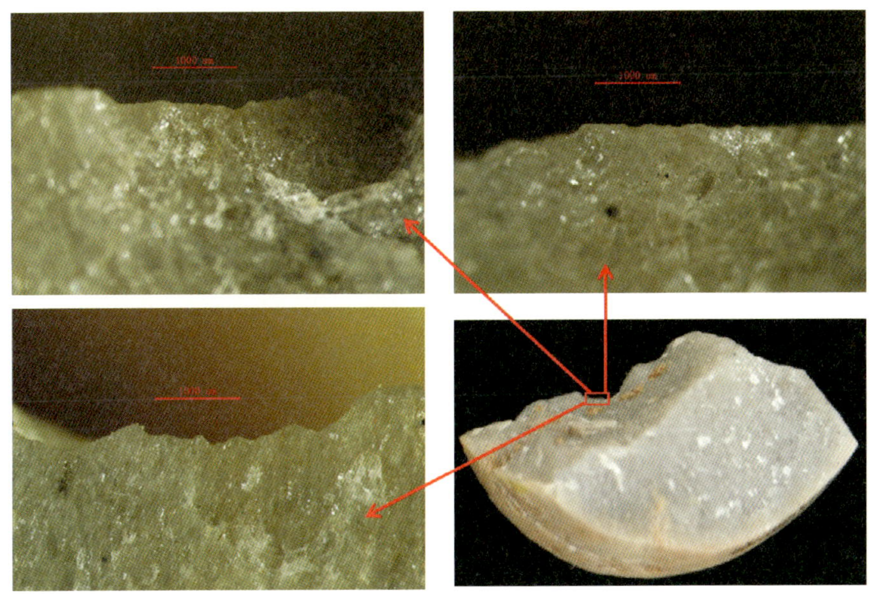

图 4.2.25　标本 OKW④31-2 的使用微痕 25×：（右上）刃脊；（左上）背面；（左下）腹面

状光泽。——推测为锯鲜骨。

标本 11KWC13②a：2436

砍砸器，长 62.8 毫米，宽 61.7 毫米，厚 21.5 毫米，使用刃长 33.1 毫米，使用刃角 83°。

微痕描述（见图 4.2.27）：PC7-8 处，背面连续层叠分布大、中、小型片疤，多为阶梯状和卷边状，多处有白色粉碎状晶体，PC8 处粉碎程度严重，刃缘损耗严重，变钝，大片疤肉眼可见。腹面连续分布浅平锯齿状轮廓，PC7 处无明显片疤，PC8 处由于使用程度较重，亦可见层叠状粉碎。——推测为砍砸鲜骨。

标本 OKW③37-1

石锤，长 34.7 毫米，宽 25.2 毫米，厚 21.7 毫米，使用刃长 26.0 毫米，使用刃角 115°。

微痕描述（见图 4.2.28）：PC8-1 处，肉眼可见层叠粉碎状，刃缘变陡。背面大中小片疤层叠分布，阶梯状，刃缘有白色晶体。腹面边缘有砸痕，白色晶体，侧刃破损。——推测为砍砸骨。

图 4.2.26　标本 KBS10-C38 的使用微痕 25×：腹面

PC5-6 处，痕迹不如 PC8-1 明显，刃缘有砸击点，类似加工痕迹。——推测为锤击痕迹。

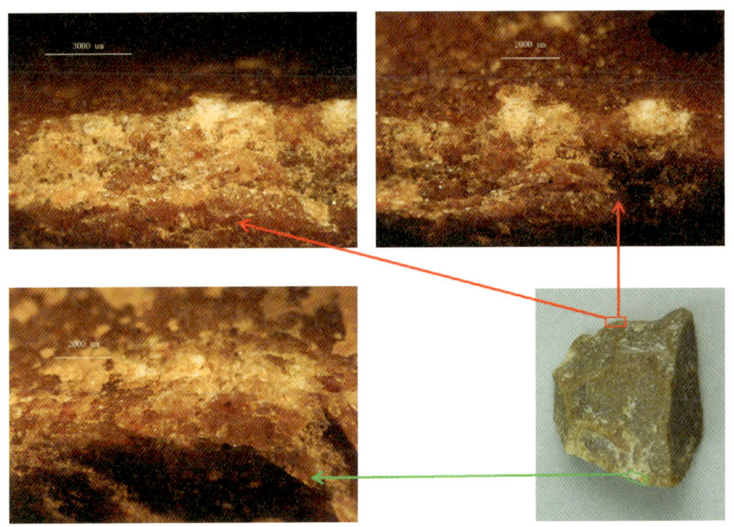

图 4.2.27　标本 11KWC13②a:2436 的使用微痕 10×:(左上)背面;(左下)腹面

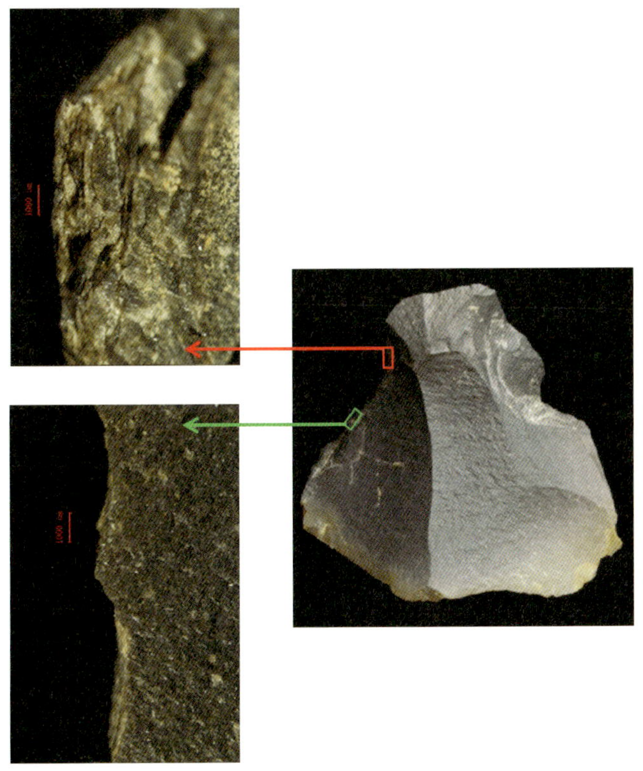

图 4.2.28　标本 OKW③37-1 的使用微痕 10×:(右上、左下)刃脊;(左上)背面

四、皮质加工微痕

加工骨头的明确微痕有 31 处，约占全部明确微痕的 13.1%，其主要方式包括刮、切（割）、剥、划等。

标本 OKW⑦14-1

刮削器，长 37.54 毫米，宽 51.90 毫米，厚 7.46 毫米，使用刃长 33.36 毫米，使用刃角 45°（加工前为 20°）。

微痕描述（见图 4.2.29）：PC8-1 处，背面刃缘轮廓呈不规则的波浪状，几乎无片疤，刃缘处有轻度磨圆，凸起部中度磨圆。腹面有修理片疤，较陡，侵入 3.4 毫米，在边缘有不连续的小片疤，系受轮廓影响。片疤破裂方向垂直于刃缘，片疤外形呈半圆形。两种片疤相比，修理片疤打击点清晰，打击点处呈凹缺状，片疤侵入和外形较大。刃脊中度磨圆。——推测为刮皮。

图 4.2.29　标本 OKW⑦14-1 的使用微痕：（左上）腹面 25×；（右上）腹面 40×

标本 OKW④S34-1

端刮器，长 44.5 毫米，宽 28.4 毫米，厚 13.7 毫米，使用刃长 16.2 毫米，使用刃角 72°。

微痕描述（见图 4.2.30）：PC8 处，背面边缘平滑，不连续分布小片疤，羽翼状，由腹面向背面破裂，无方向，部分边缘可见极小片疤，丛簇分布。腹面边缘平滑，无明显片疤，中度磨圆，靠近 PC1 处边缘呈浅大锯齿状，可能与加工痕迹有关。刃脊中度磨圆。——推测为刮皮。

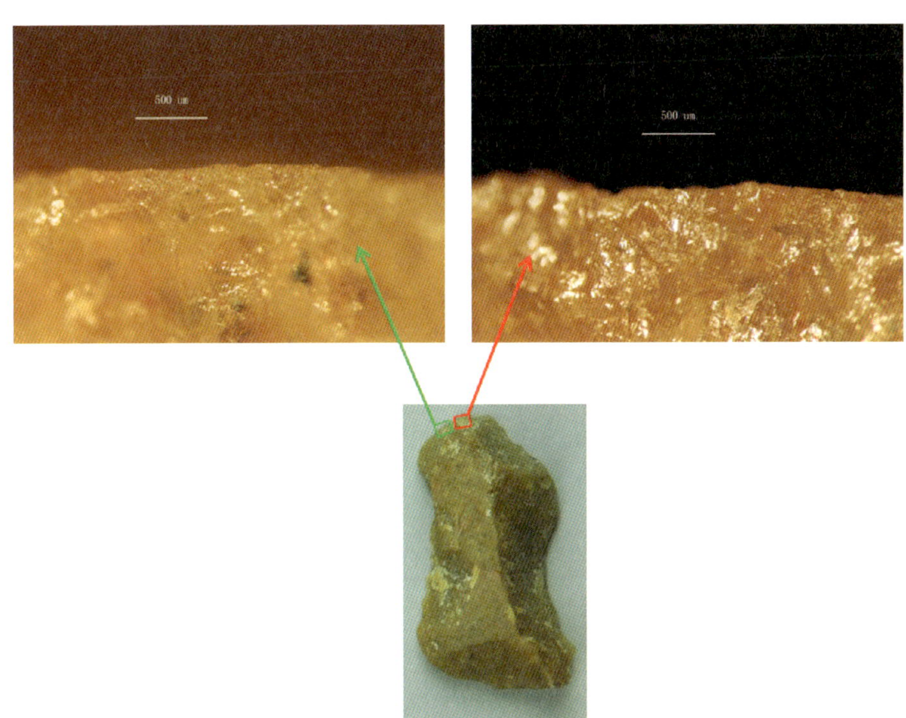

图 4.2.30　标本 OKW④S34-1 的使用微痕 40×：（左上）刃脊；（右上）背面

标本 11KW②c44

直刃刮削器，长 12.0 毫米，宽 10 毫米，厚 3.6 毫米，修理刃长 9.6 毫米，修理刃角 45°。

微痕描述（见图 4.2.31）：PC1-3 处，背面连续分布小片疤，羽翼状，边缘呈很浅的波浪形，刃缘平滑，轻度磨圆，凸起处有散漫光泽，个别片疤呈羽翼状。腹面边缘呈不规则锯齿状，边缘连续分布小锯齿状缺口，凸起处轻度磨圆，无明显片疤。中度磨圆，凸起处有散漫光泽。——推测为刮鲜皮。

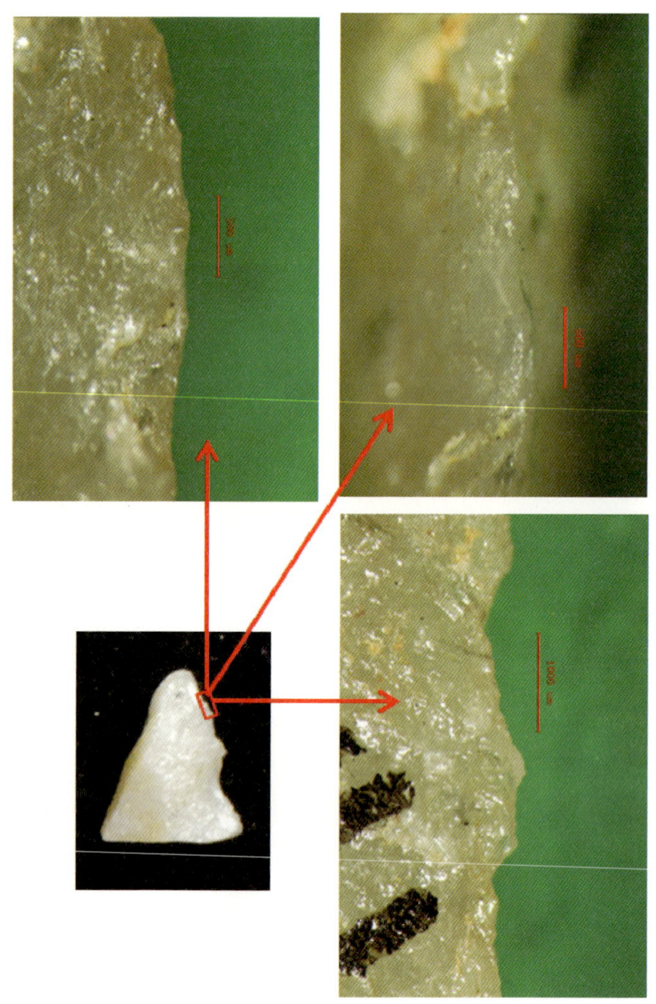

图 4.2.31 标本 11KW②c44 的使用微痕：(左上)背面 40×；(右上)刃脊 40×；(右下)腹面 25×

标本 11KW④a827

凹刃刮削器，长 39.2 毫米，宽 33.9 毫米，厚 19.9 毫米，使用刃长 17.1 毫米，使用刃角 70°。

微痕描述(见图 4.2.32)：PC2-3 处，背面丛簇分布中片疤，羽翼状，中片疤边缘连续分布小缺口，无明显方向，片疤浅平。腹面边缘呈不规则波浪状，大小不一，中部有两个带方向性的缺口，其余无明显方向，疑与原料颗粒或接触点位置有关。刃脊轻度至中度磨圆。——推测为刮鲜皮。

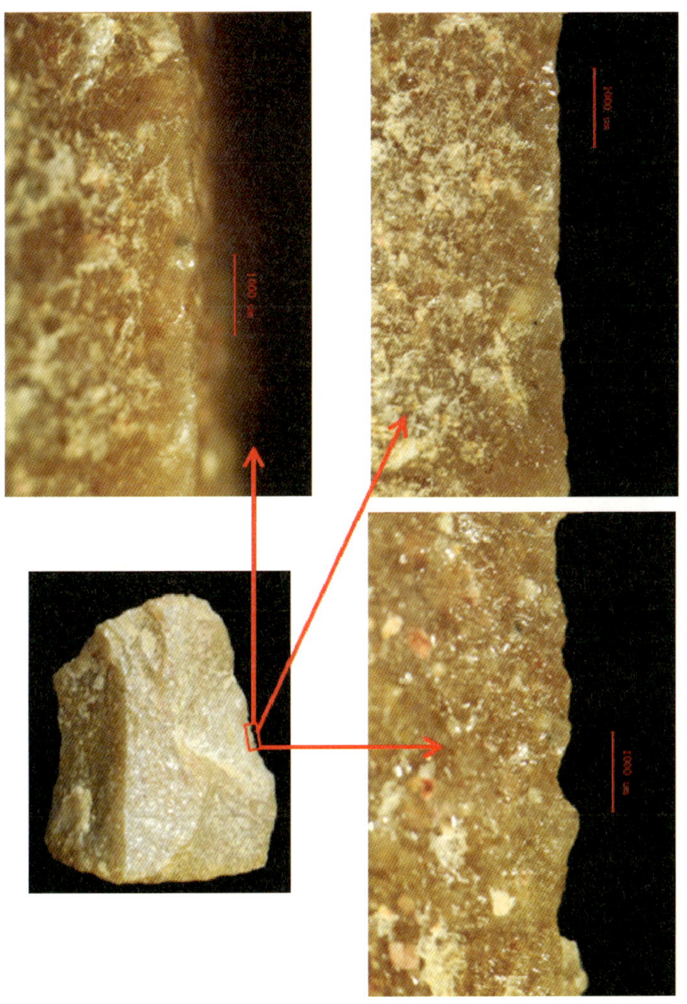

图4.2.32　标本 11KW④a827 的使用微痕 20×：(左上)刃脊；(右上)背面；(右下)腹面

标本 11KW②c65

直刃刮削器，长 18.2 毫米，宽 22.9 毫米，厚 7.4 毫米，修理刃长 18.2 毫米，修理刃角 58°。

微痕描述(见图 4.2.33)：PC8-1 处，背面连续分布中片疤，羽翼状为多，PC8 处有几个片疤呈卷边状，边缘连续分布小片疤，羽翼状，边缘轮廓平滑，片疤浅平，无明显方向。腹面边缘有连续的小锯齿状缺口，无明显片疤。刃脊轻度磨圆，凸起处严重磨圆。——推测为刮干皮。

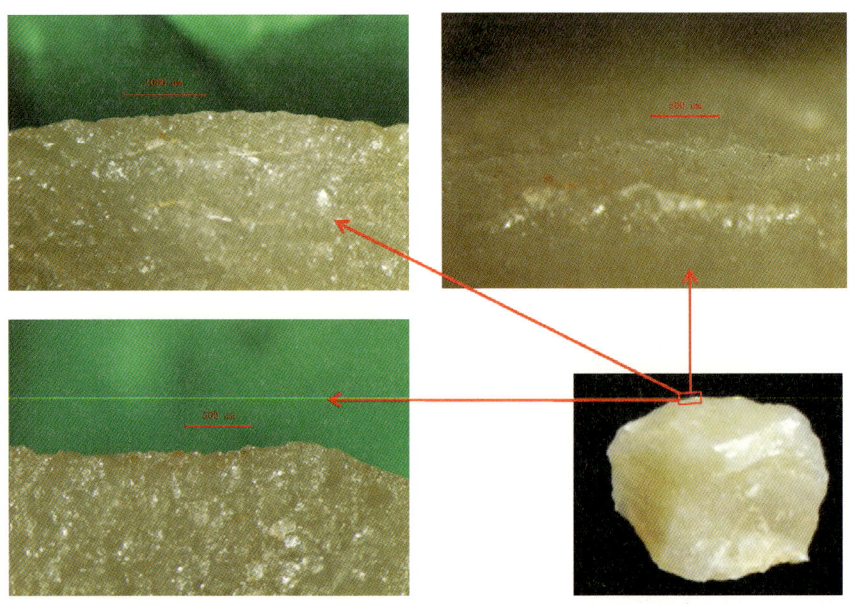

图 4.2.33　标本 11KW②c65 的使用微痕：(右上)刃脊 40×；(左上)背面 25×；(左下)腹面 40×

标本 OKW⑤7-5

刮削器，长 22.9 毫米，宽 18.0 毫米，厚 6.2 毫米，上部使用刃长 16.3 毫米，使用刃角 55°，左侧使用刃长 9.8 毫米，使用刃角 31°。

微痕描述(见图 4.2.34)：PC8-1 处，背面边缘平滑，有连续分布的极小片疤，羽翼状，无明显方向。腹面边缘平滑，无明显片疤。刃脊中度磨圆。——推测为刮肉或皮。

PC7 处，背面连续分布大型羽翼状片疤，略有方向，边缘平滑，连续分布极小片疤，羽翼状，略有方向。腹面边缘平滑，有少数中小型片疤，羽翼状，片疤不如背面多，略有方向。刃脊中度磨圆，凸起处严重磨圆。——推测为切肉皮。

标本 OKW②12-1

短刃石刀，长 41.3 毫米，宽 42.2 毫米，厚 11.4 毫米，使用刃长 31.0 毫米，使用刃角 22°。

图 4.2.34　标本 OKW⑤7-5 的使用微痕：(右上)背面 32×；(左上)刃脊 40×；(左下)背面 20×

微痕描述(见图 4.2.35)：PC8 处，背面边缘轮廓呈近连续小锯齿状，近连续分布浅平羽翼状中小片疤，有方向。腹面边缘形状同背面，片疤相对较少。刃脊中度磨圆。——推测为切皮。

标本 OKW-C7

边刮器，长 38.2 毫米，宽 46.7 毫米，厚 13.9 毫米，修理刃长 31.9 毫米。

微痕描述(见图 4.2.36)：PC6-7 处，背面近连续分布小片疤，羽翼状，偶见个别中片疤，略显方向。腹面近连续分布有小片疤缺口。刃脊轻度磨圆。——推测为割皮或筋。

标本 11KW⑥a560

凹缺器，长 41.9 毫米，宽 41.1 毫米，厚 13.6 毫米，使用刃长 9.7 毫米，使用刃角 42°。

微痕描述(见图 4.2.37)：PC1 处，背面不规则分布 2～3 个中片疤，羽翼状，片疤侵入度较小，轮廓呈月牙形，略带方向。腹面边缘呈不规则小锯齿

图 4.2.35　标本 OKW②12-1 的使用微痕 40×:(右上)刃脊;(左上)背面;(右上)腹面

状,偶见羽翼状小片疤,轮廓呈月牙形,略带方向。刃脊轻度至中度磨圆。——推测为切鲜皮。

标本 OKW②25-5

尖状器,右刃为修理刃,长 49.5 毫米,宽 40.4 毫米,厚 17.9 毫米,尖夹角 65°,左侧刃角 50°,右侧刃角 53°。

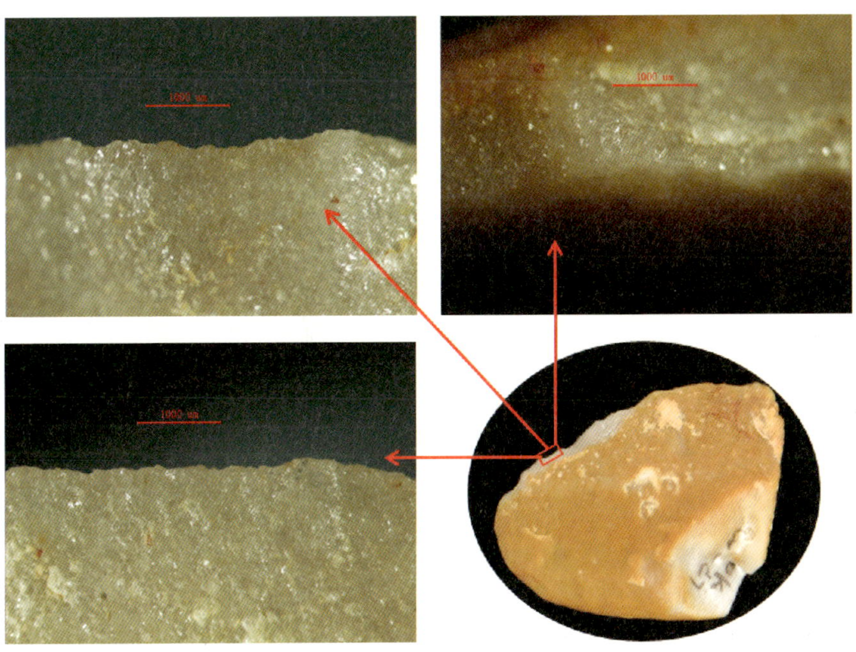

图 4.2.36　标本 OKW-C7 的使用微痕 25×:(右上)刃脊;(左上)背面;(左下)腹面

图 4.2.37　标本 11KW⑥a560 的使用微痕 25×:(左上)刃脊;(右上)背面;(右下)腹面

微痕描述(见图 4.2.38):背面尖部有磨损,边缘轮廓呈连续小缺口状,中度磨圆。腹面尖部钝圆,中度磨圆,边缘平滑。左侧刃背面片疤不明显。腹面,有两个大片疤,羽翼状,片疤轮廓较浅。右侧刃两面分散分布 3~4 个小片疤,有方向。——推测为使用尖和右侧刃划皮。

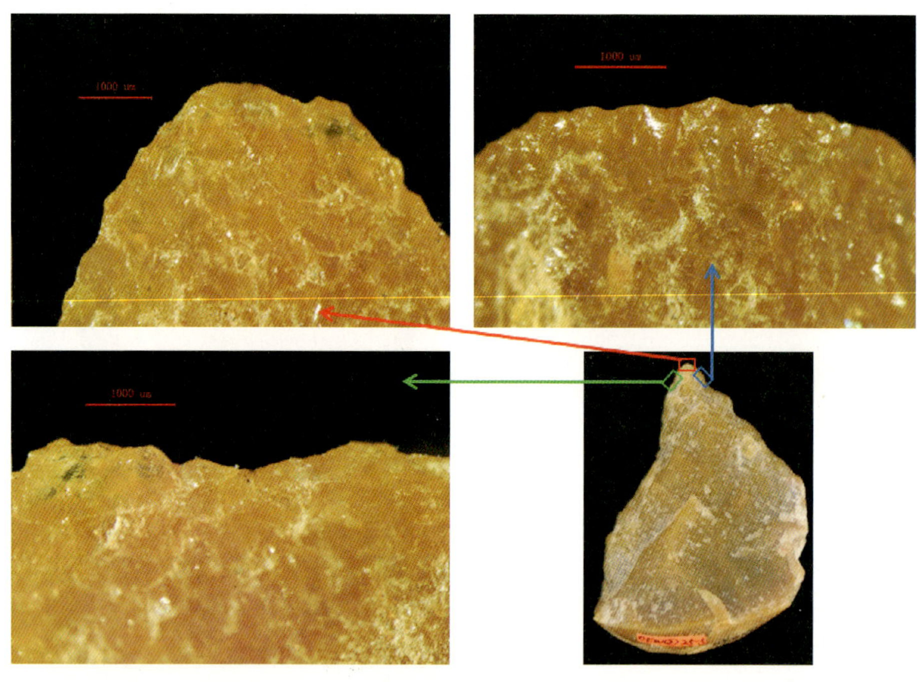

图 4.2.38　标本 OKW②25-5 的使用微痕:(右上、左下)腹面 25×;(左上)腹面 20×

标本 11KW②c127

钻器,长 22.3 毫米,宽 32.1 毫米,厚 8.7 毫米,修理刃长 26.4 毫米,修理刃角 55°,尖夹角 136°。

微痕描述(见图 4.2.39):PC8-1 处,背面连续分布羽翼状中片疤,内部边缘嵌套小片疤,羽翼状,有方向。腹面有丛簇分布的小片疤,羽翼状,有方向,刃缘轻度磨圆。PC1 处,背面有丛簇分布的中片疤,轮廓呈平行四边形,卷边状,有方向。腹面有丛簇分布的小片疤,卷边状,有方向。刃脊中度磨圆,局部有散漫光泽。——推测为剥皮。

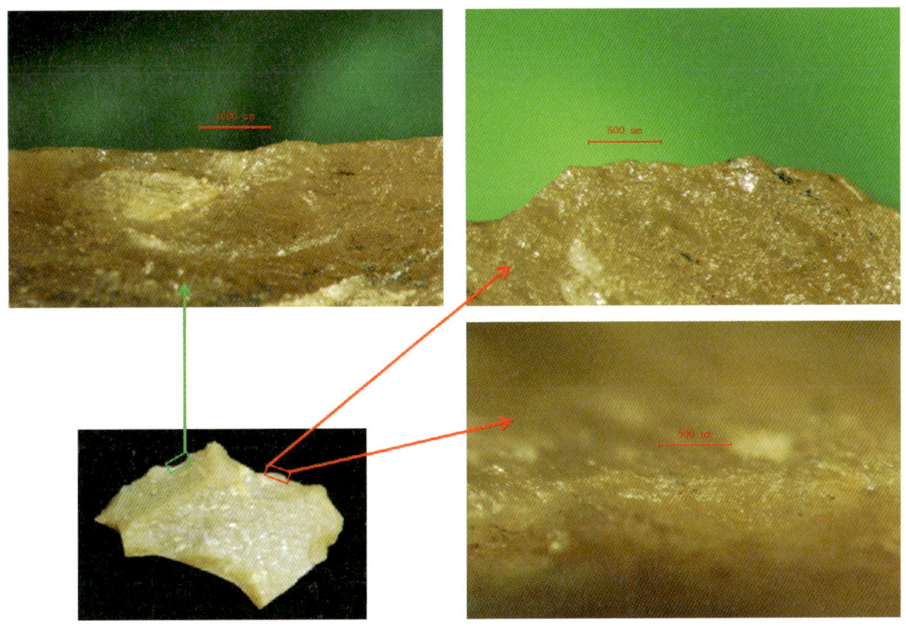

图 4.2.39　标本 11KW②c127 的使用微痕：(左上)背面 20×；(右上)腹面 40×；(右下)刃脊 40×

标本 KW11F13②1618

钻器，长 53.4 毫米，宽 26.5 毫米，厚 15.4 毫米，修理刃长 29.7 毫米，修理刃角 70°。

微痕描述(见图 4.2.40)：PC2-3 处，背面边缘连续分布小缺口，有方向，有小片疤，羽翼状。腹面分散分布浅平小缺口，片疤不明显，略有方向，PC3 处连续分布浅平锯齿状小片疤，有方向，片疤破裂不明显。刃脊几乎无磨圆。——推测为剥皮。

标本 11KW②c68

钻器，长 25.8 毫米，宽 37.8 毫米，厚 9.9 毫米，左修理刃长 16.3 毫米，修理刃角 56°，右修理刃长 13.8 毫米，修理刃角 53°，尖夹角 128°。

微痕描述(见图 4.2.41)：尖部，背面刃缘轻度磨圆，有一片纵向浅平羽翼状中片疤。腹面刃缘轻度磨圆。刃脊有纵向浅平中片疤，羽翼状，两侧刃各有一个纵向小片疤，尖部中度磨圆。——推测为刻划干皮。

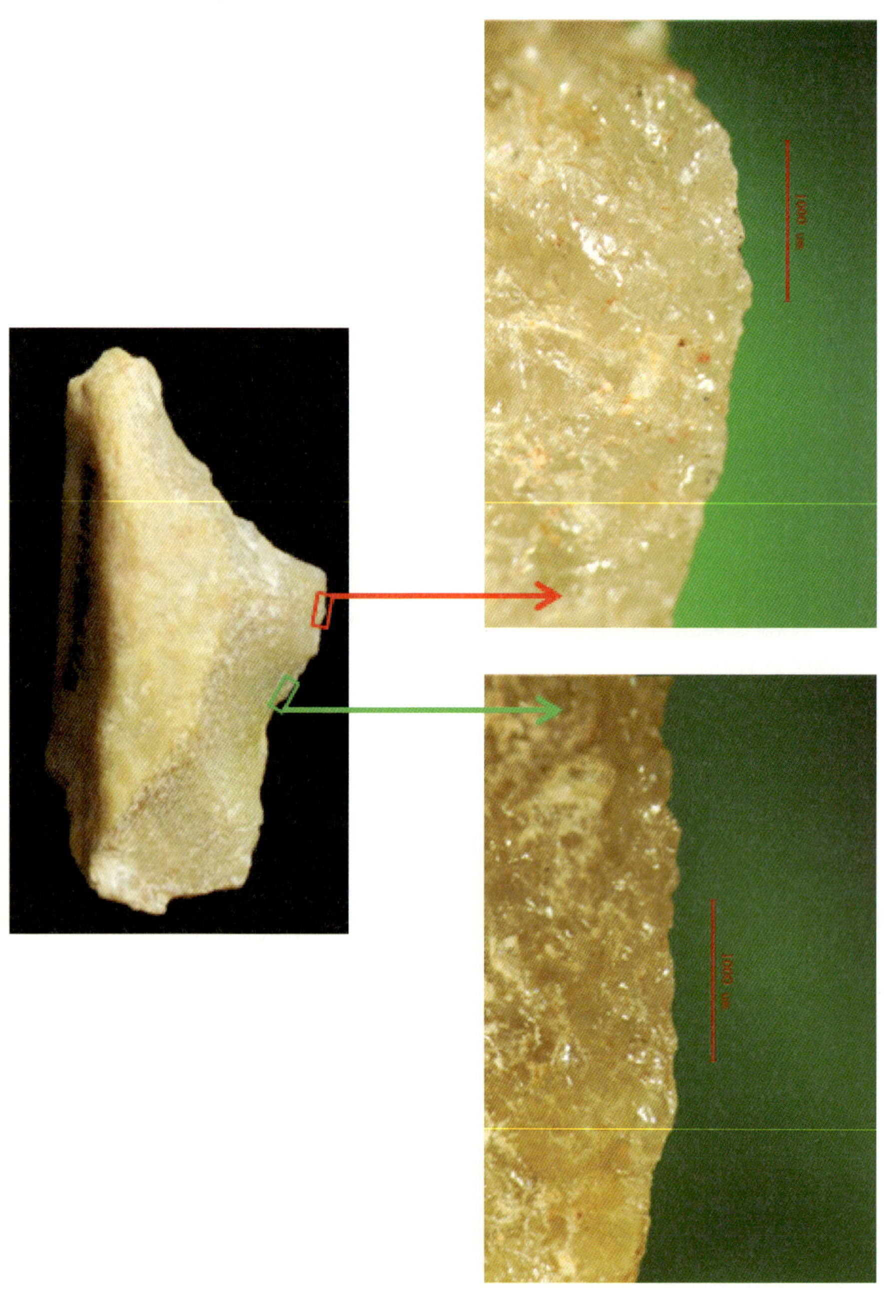

图 4.2.40　标本 KW11F13②1618 的使用微痕 32×:(右上)背面;(右下)腹面

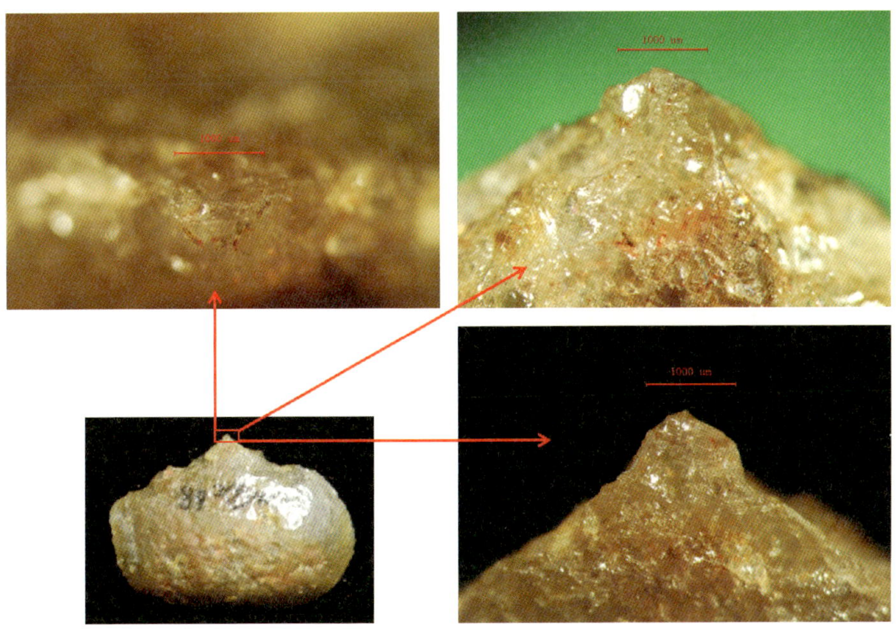

图 4.2.41　标本 11KW②c68 的使用微痕 25×：(左上)刃脊；(右上)背面；(右下)腹面

五、木质加工微痕

加工木头的明确微痕有 12 处，约占全部明确微痕的 5.1%，使用方式有刮、锯、钻等。

标本 OKW⑦9-1

使用石片，长 34.23 毫米，宽 48.07 毫米，厚 19.72 毫米，使用刃长 20.30 毫米。

微痕描述(见图 4.2.42)：PC7 处，背面连续分布小片疤，羽翼状终端，边缘呈锯齿状，锯齿有方向性，有个别中片疤，有个别为卷边状。腹面连续分布小片疤，边缘呈小锯齿状，锯齿有方向，片疤由背面向腹面，有“翻越状”片疤面。——推测为加工新鲜木头。

标本 OKW⑦5-4

石片，长 53.4 毫米，宽 19.9 毫米，厚 8.5 毫米，使用刃长 36.5 毫米。

微痕描述(见图 4.2.43)：PC2-3 处，背面边缘连续分布大中型片疤，偶见

图 4.2.42 标本 OKW⑦9-1 的使用微痕:(左上)背面 20×;(左下)腹面 40×

方向,片疤之间偶有间断。腹面情况同背面,PC3 处有一个“翻越状”片疤。刃脊有严重磨圆,轮廓呈 S 形。——推测为锯鲜木。

标本 11KW③a393

锯齿刃器,长 25.3 毫米,宽 34.2 毫米,厚 7.1 毫米,使用刃长 13.0 毫米,使用刃角 50°。

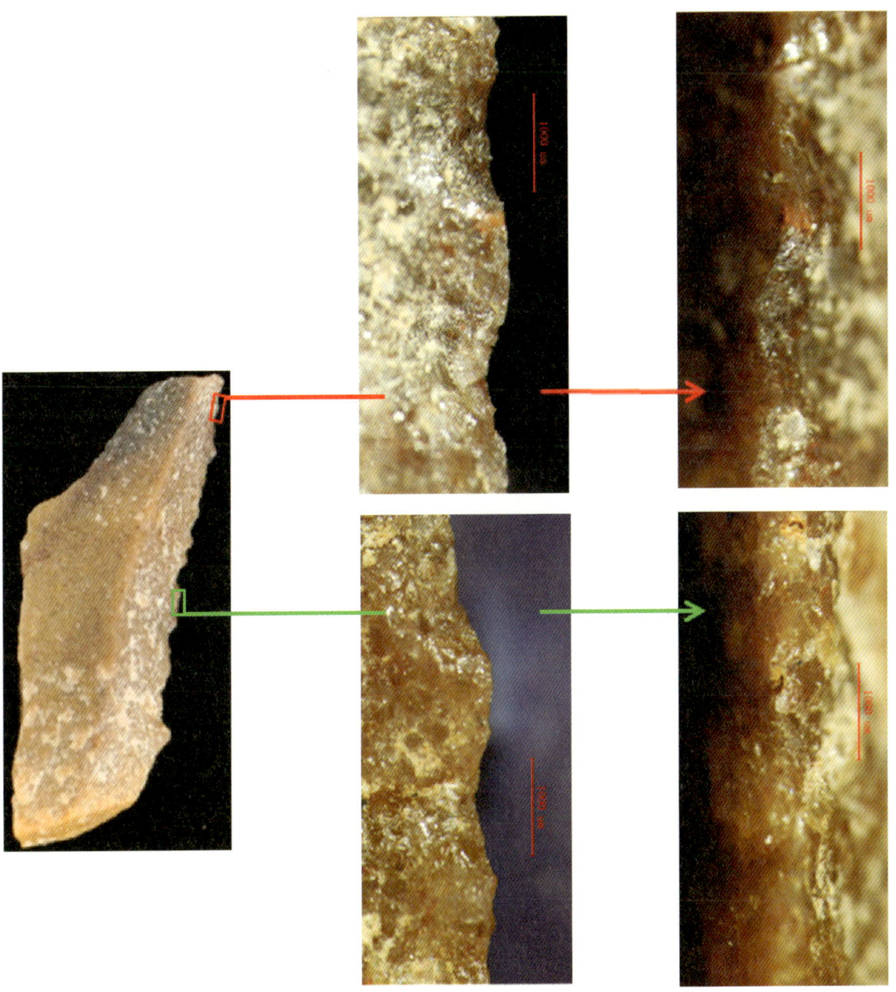

图 4.2.43　标本 OKW⑦5-4 的使用微痕 25×：（中上、中下）背面；（右上、右下）刃脊

微痕描述（见图 4.2.44）：PC8-1 处，背面连续分布中片疤，羽翼状，边缘呈近平滑的锯齿形，连续分布羽翼状小片疤，PC8/1 处有两个明显的“翻越状”片疤，有方向。腹面无明显片疤。PC8/1 处有一个卷边状中片疤，内部边缘近连续分布小片疤，刃缘中度磨圆。刃脊 PC8/1 处可见连续分布折断状连续片疤，严重磨圆。——推测可能为锯鲜木。

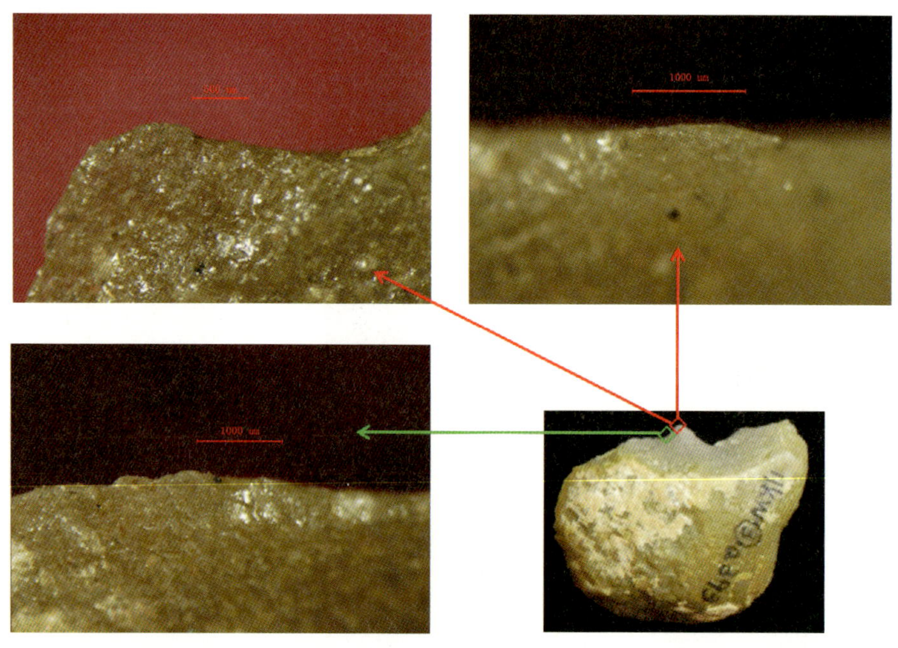

图 4.2.44　标本 11KW③a393 的使用微痕：

(右上)刃脊 32×；(左上)腹面 32×；(左下)背面 25×

标本 OKW⑤6-5

刮削器，长 45 毫米，宽为 89 毫米，厚 8.8 毫米，使用刃长 37.4 毫米，使用刃角 61°。

微痕描述(见图 4.2.45)：PC6-7 处，背面连续分布大型片疤，羽翼状为多，有卷边状，片疤平面多平行四边形，中度磨圆，边缘连续分布小型浅平羽翼状片疤，片疤平面呈平行四边形和三角形。腹面边缘呈不规则的浅锯齿状，轮廓平滑，无明显片疤，中度磨圆，中间部位有一个"翻越状"片疤。刃脊中度磨圆，凸起处严重磨圆，个别凸起处有点状光泽。——推测为刮鲜木。

标本 OKW③42-1

端刮器，长 36 毫米，宽 20.2 毫米，厚 12.9 毫米，使用刃长 8.1 毫米，使用刃角 78°。

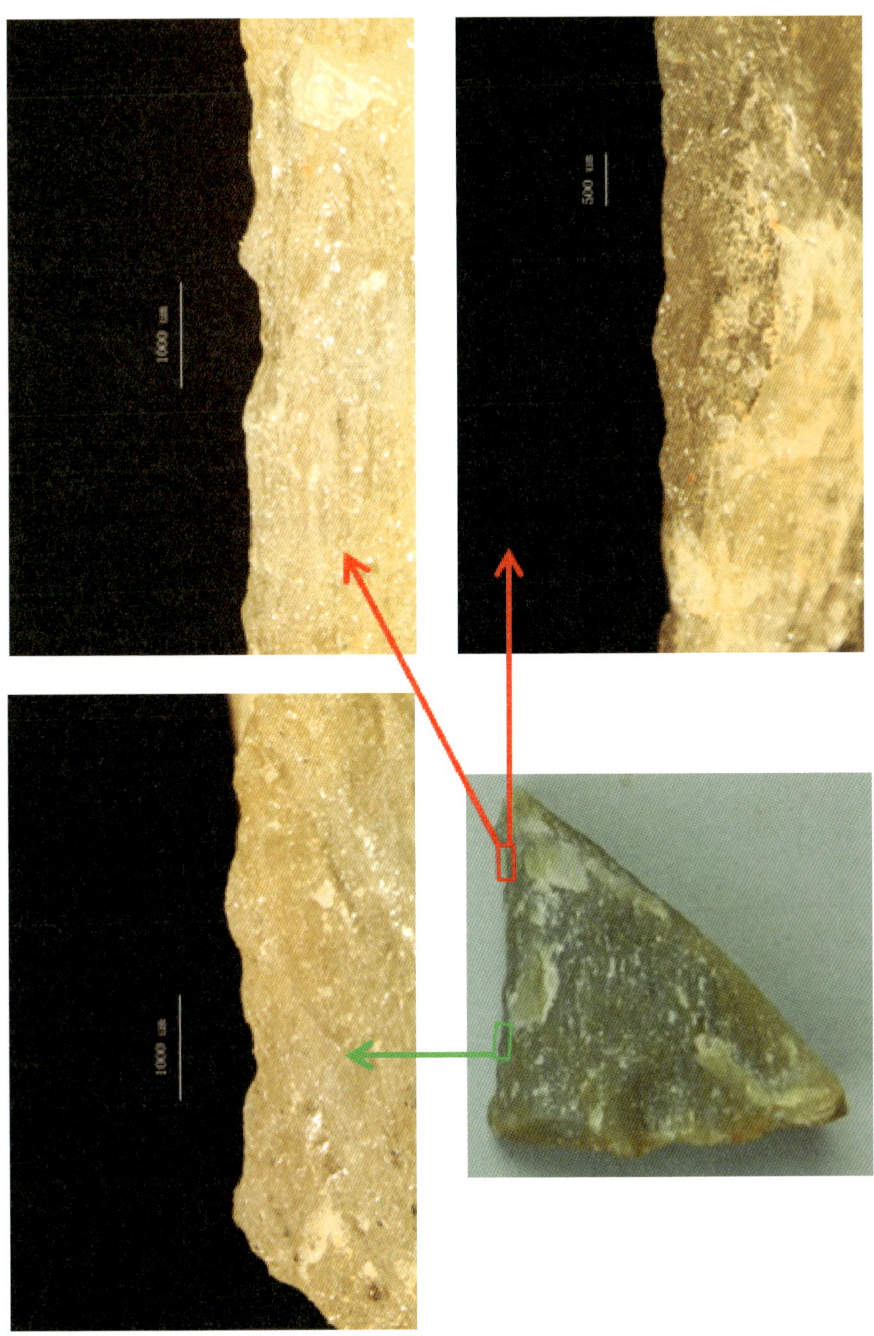

图 4.2.45　标本 OKW⑤6-5 的使用微痕 20×：(右上)背面；(左上、左下)腹面

微痕描述(见图 4.2.46):PC19(凹缺)处,背面凹缺内连续分布中小片疤,中片疤多为羽翼状、卷边状,小片疤为羽翼状,片疤内由腹面向背面破裂,无明显方向,轻度磨圆。腹面边缘平滑,有连续浅平小锯齿状缺口,无明显方向,中度磨圆。刃脊中度磨圆,部分凸起处疑似有光泽,隐约有擦痕,近 PC1 处有个别片疤呈“翻越状”。——推测为刮鲜木。

图 4.2.46 标本 OKW③42-1 的使用微痕:(左上)刃脊 40×;(右上)腹面 20×;(右下)背面 20×

标本 OKW⑤1-2

端刮器,长 51.3 毫米,宽 33.4 毫米,厚 15.3 毫米,左侧使用刃长 29.7 毫米,使用刃角 68°,右侧使用刃长 41.2 毫米,使用刃角 50°。

微痕描述(见图 4.2.47):右侧刃,PC2-3 处,背面近连续分布中型片疤,有方向,羽翼状为多,边缘有连续的小缺口,边缘近平滑。腹面连续分布中小片疤,多为羽翼状,边缘局部呈浅平小锯齿状。中度磨圆,可见典型“翻越状”片疤,刃缘凸起处严重磨圆。——推测为锯木。

左侧刃,PC7 处,情况类似于 PC2-3,刃脊严重磨圆,局部有片状光泽。——推测为锯木。

图 4.2.47 标本 OKW⑤1-2 的使用微痕：

(左上)背面 25×；(左下)刃脊 25×；(右上)腹面 20×；(右下)背面 20×

标本 OKW⑥2-2a

锯齿刃器，长 33.9 毫米，宽 24.3 毫米，厚 26.5 毫米，使用刃长 26.5 毫米，使用刃角 71°。

微痕描述(见图 4.2.48)：PC2-3 处，背面刃缘磨损严重，连续分布大型羽翼状片疤，个别卷边状，略有方向，PC3 处有折断状大片疤。腹面边缘呈浅平大锯齿状，片疤不如背面明显。刃脊严重磨圆，部分刃缘折断，有一个“翻越状”片疤。——推测为锯木。

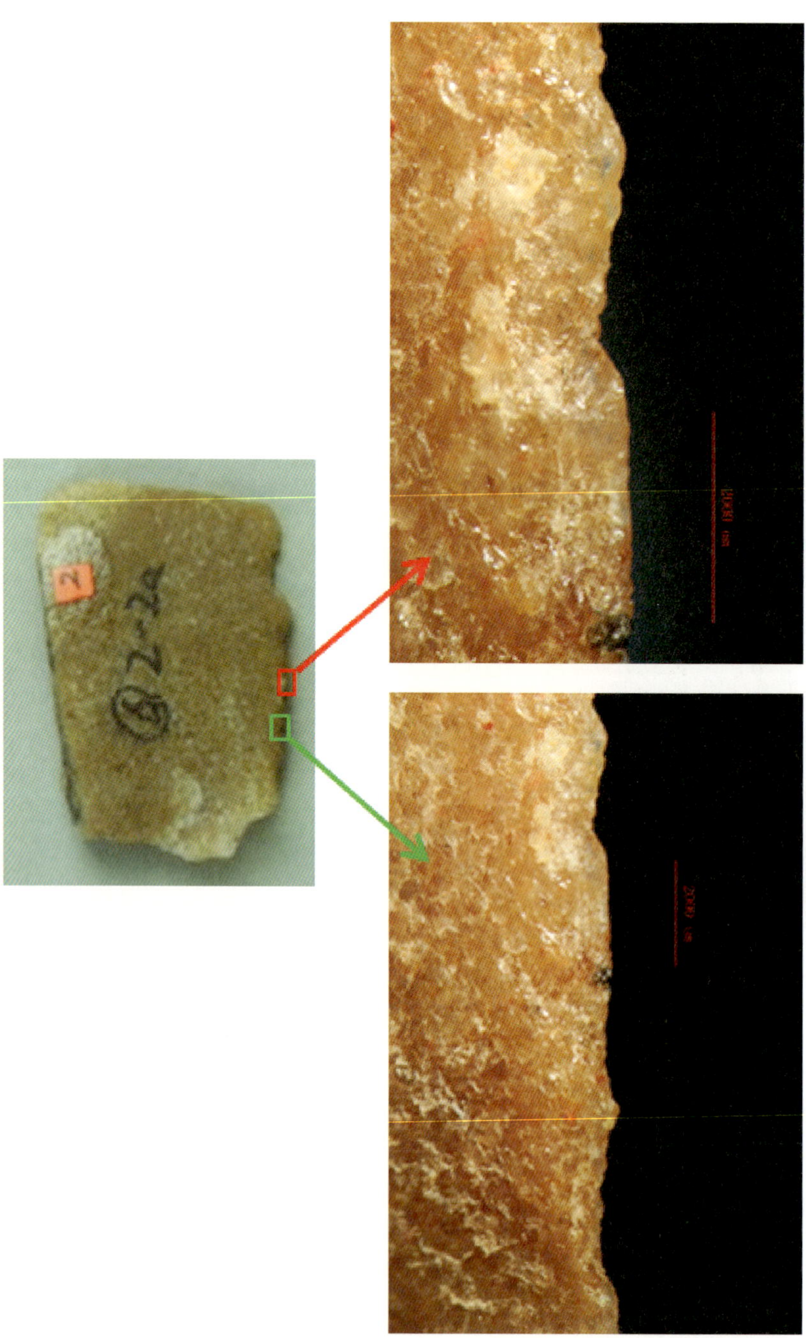

图 4.2.48　标本 OKW⑥2-2a 的使用微痕:(右上)腹面 20×;(右下)背面 10×

标本 OKW⑥27-2

锯齿刃器，长 28.0 毫米，宽 20.5 毫米，厚 7.2 毫米，使用刃长 13.3 毫米，使用刃角 39°。

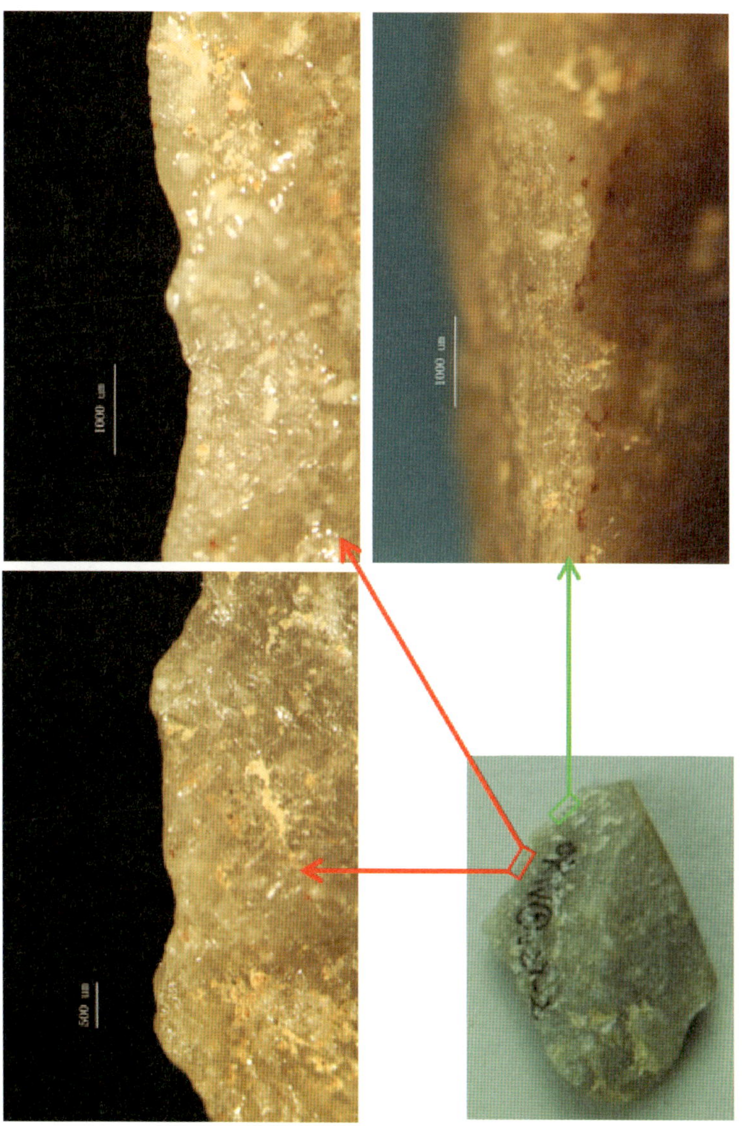

图 4.2.49　标本 OKW⑥27-2 的使用微痕：(右上)刃脊 20×；(左上)背面 10×；(左下)腹面 20×

微痕描述(见图 4.2.49)：PC7-8，背面刃缘平滑，连续分布中型羽翼状片疤，有方向，刃缘中度磨圆。腹面情况同背面。刃脊严重磨圆，可见明显片疤，有“翻越状”片疤。——推测为锯木。

标本 OKW⑧2-8

刮削器，长 38.4 毫米，宽 41.4 毫米，厚 13.0 毫米，使用刃长 28.3 毫米，使用刃角 60°。

微痕描述（见图 4.2.50）：PC1-3 处，背面边缘呈大波浪状，边缘平滑，局部呈丛簇小锯齿状。腹面边缘丛簇分布中型羽翼状片疤，中度磨圆。刃脊严重磨圆，可见典型“翻越状”片疤。偶见点状光泽。——推测为锯木。

图 4.2.50　标本 OKW⑧2-8 的使用微痕 20×：（左上）刃脊；（右上）腹面；（右下）背面

第三节　乌兰木伦石制品装柄微痕的分析结果

本次观察在 19 件标本上识别出装柄微痕，包括片疤和压痕；其中 15 件标本上同时识别出使用微痕和装柄微痕，反映出乌兰木伦遗址有部分石器可能是经过装柄的复合工具。

标本 OKW③24-3

斧形小石刀，长 26.3 毫米，宽 40.8 毫米，厚 10 毫米，使用刃长 38 毫米，使用刃角 42°。

微痕描述（见图 4.3.1）：修理刃，PC8-1 处，背面丛簇分布小片疤，多为羽翼状终端，偶见卷边状。边缘较平滑，片疤分布受修理刃形状所限。腹面边缘呈不规则小锯齿状，片疤无方向。刃脊中度磨圆。——推测为刮鲜皮。

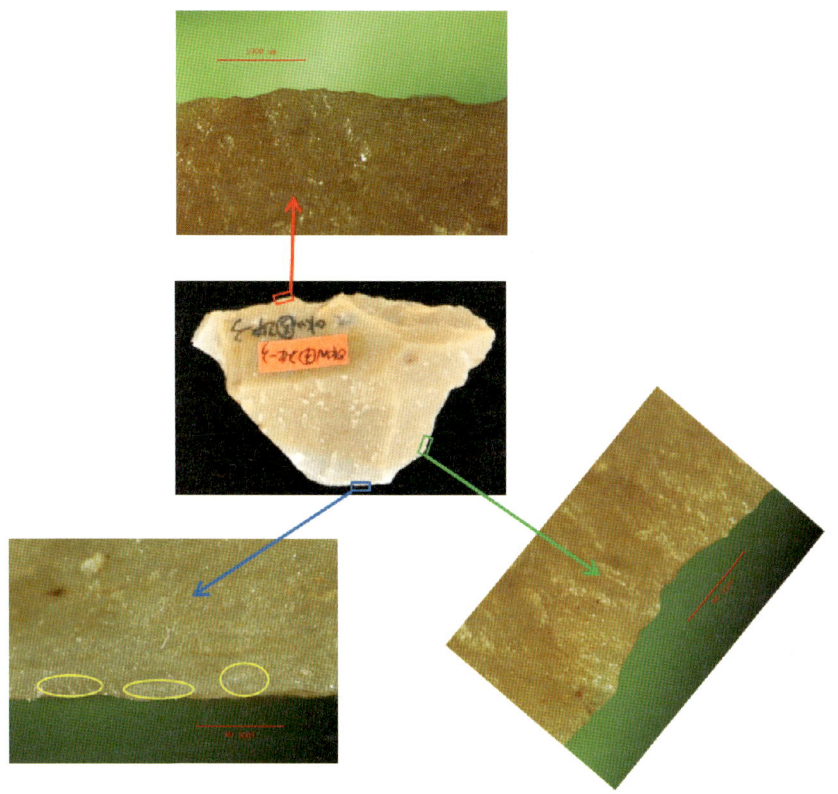

图 4.3.1　标本 OKW③24-3 的微痕 25×：（上）使用微痕；（左下）装柄压痕；（右下）捆绑痕迹

标本底部右侧，PC3 处，背面零星分布小缺口，轮廓为月牙状。腹面零星分布小片疤，由背面向腹面破裂。底缘，PC4-5 处，背面轻度磨圆，偶见压痕。底部左侧，PC6 处，背面零星分布月牙状小片疤，由腹面向背面破裂；腹面间隔分布月牙状小缺口。——推测为装柄（背面倚靠式）。

标本 OKW⑥N-8

钻器，长 64.1 毫米，宽 30.4 毫米，厚 16.1 毫米，尖夹角 64°，左侧刃角 56°，右侧刃角 61°。

微痕描述（见图 4.3.2）：修理刃，PC7-8 处，背面紧靠边缘处有连续的较浅波浪状小缺口，隐约有破裂方向。腹面片疤方向比背面略清晰。刃脊偶见柳叶形断口剖面，中度磨圆。——推测为剔肉。中途触碰骨。

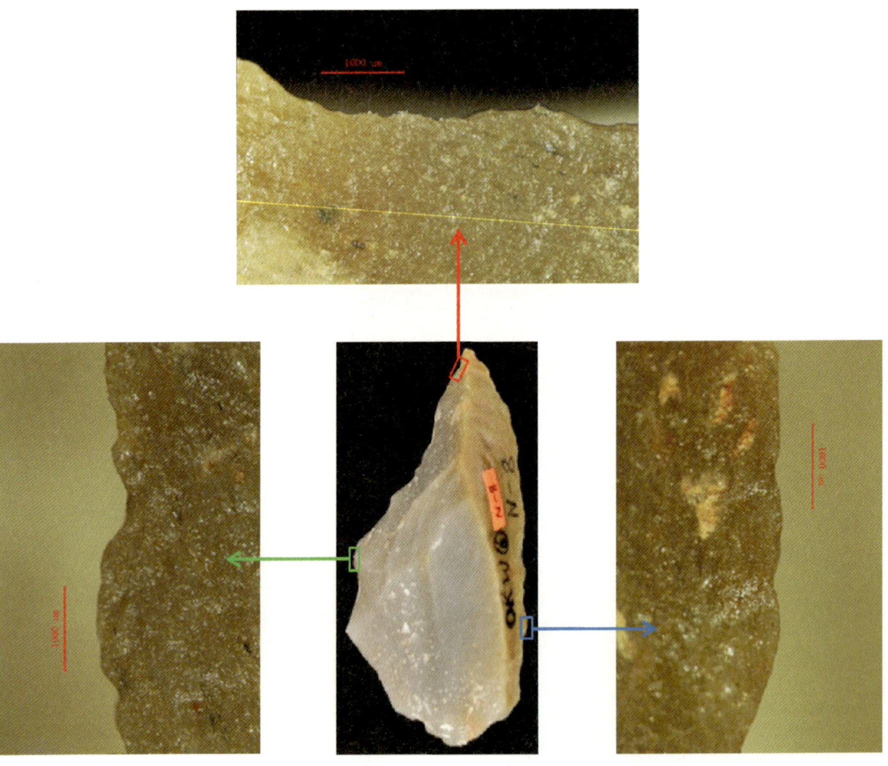

图 4.3.2　标本 OKW⑥N-8 的微痕 25×：

（上）腹面，使用微痕；（右）背面，装柄微痕；（左）腹面，装柄微痕

PC3 和 PC6 处，零星分布小缺口。——推测为装柄。

标本 OKW②44-3

短刃石刀，长 34.1 毫米，宽 21.5 毫米，厚 7.6 毫米，使用刃长 3.8 毫米。

微痕描述（见图 4.3.3）：PC8 处，背面有 4 个大型片疤，内套几个阶梯状

小片疤，有方向，边缘平滑，凹缺不是很明显，片疤由腹面向背面破裂，中度磨圆。腹面片疤不如背面明显，中度磨圆，有方向，突起处磨圆严重。刃脊严重磨圆。——推测为切带骨的肉。

图 4.3.3　标本 OKW②44-3 的微痕 25×：(上)背面，使用微痕；(右、左)腹面，装柄微痕

PC3 处，背面零星分布有月牙形小缺口，缺口较深。腹面零星分布有月牙形小缺口，缺口较深，片疤由腹面向背面破裂。PC6 处，间隔分布小缺口，断面呈月牙状，片疤由腹面向背面破裂，刃脊轻度磨圆。——推测为装柄捆绑。

标本 KBS10②b103

尖状器，长 26 毫米，宽 22.3 毫米，厚 8.7 毫米，尖夹角 80°，左侧刃角 77°，右侧刃角 68°。

微痕描述(见图 4.3.4)：尖部有轻微破损，轻度磨圆。——推测为穿刺动物。

图 4.3.4　标本 KBS10②b103 的微痕 25×：
（左上）腹面，使用微痕；（右上）腹面，装柄微痕；（右下）背面，装柄微痕

底侧两边，有零星小缺口，间隔分布。右侧边由腹面向背面破裂，左侧边破裂方向不明显，刃脊中度磨圆，有散漫光泽。——推测为装柄捆绑。

标本 OKW④22-1

端刮器，长 50.1 毫米，宽 44.5 毫米，厚 15.9 毫米，使用刃长 40.6 毫米。

微痕描述(见图 4.3.5):修理刃,PC8-1 处,背面边缘近连续分布中小片疤,小片疤为多,羽翼状,由腹面向背面破裂。腹面边缘轮廓有近连续分布的小缺口,边缘较平滑。刃脊凸起部分为中度磨圆,偶见散漫光泽,凹缺处轻度磨圆,个别位置严重磨圆,呈垂直线形擦痕,疑为反复刮擦骨头所致。——推测为刮骨头上的肉。

图 4.3.5　标本 OKW④22-1 的微痕:(左上)刃脊,使用擦痕 25×;(右上)腹面,使用微痕 20×;(右下)背面,捆绑微痕 20×;(下)背面,装柄压痕 20×

PC3-6 处，底部右侧边缘零星分布有小缺口，刃脊轻度磨圆。尖底轻微磨损，棱脊有疑似光泽。——推测为装柄。

标本 11KW⑥a559

使用石片，长 26.2 毫米，宽 17 毫米，厚 4.9 毫米，尖夹角 69°。

微痕描述（见图 4.3.6）：尖部折断，背面尖右侧有两片纵向片疤，腹面在纵向片疤边缘有连续 3～4 个小片疤，斜向垂直于刃缘。——推测为穿刺动物。

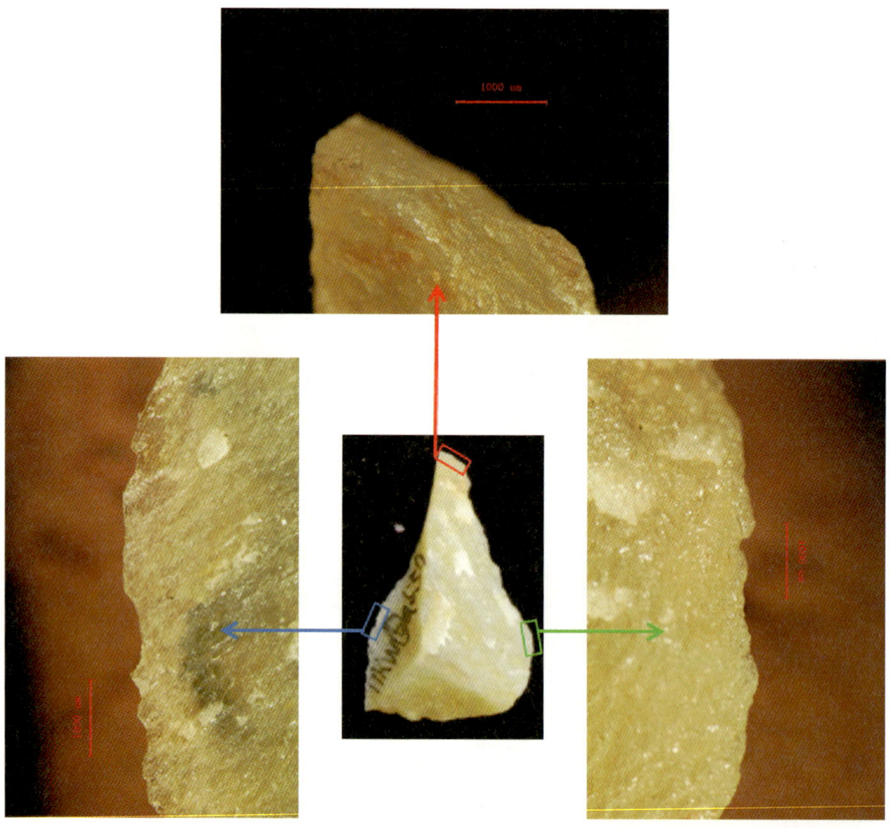

图 4.3.6　标本 11KW⑥a559 的微痕：（上）背面，使用微痕 25×；（右、右）腹面，装柄微痕 20×

PC3/4 处，背面零星分布半月形小凹缺，腹面间隔分布折断状小片疤，轮廓呈半月形，片疤由背面向腹面破裂。PC6 处，零星分布半月形小缺口，片疤疑似由腹面向背面破裂。腹面间隔分布半月形中小缺口，中缺口边缘平滑。——推测为装柄捆绑。

标本 11KW③b678 和标本 11KW④a898

两件标本经拼合，应为裂开的矛头。长 41.3 毫米，宽 25.0 毫米，厚 7.8 毫米，左侧使用刃长 33.3 毫米，右侧使用刃长 21.1 毫米，使用刃角 63°。

微痕描述（见图 4.3.7）：PC6-7/PC2-3 处，背面零星分布月牙状小片疤，由腹面向背面破裂。腹面零星分布月牙状小缺口。刃脊轻度至中度磨圆，缺口处呈折断状断面。PC4/5 处，背面有浅平处凹陷压痕，凸起部有中度磨圆。——推测为装柄（嵌入式，平行捆绑）。

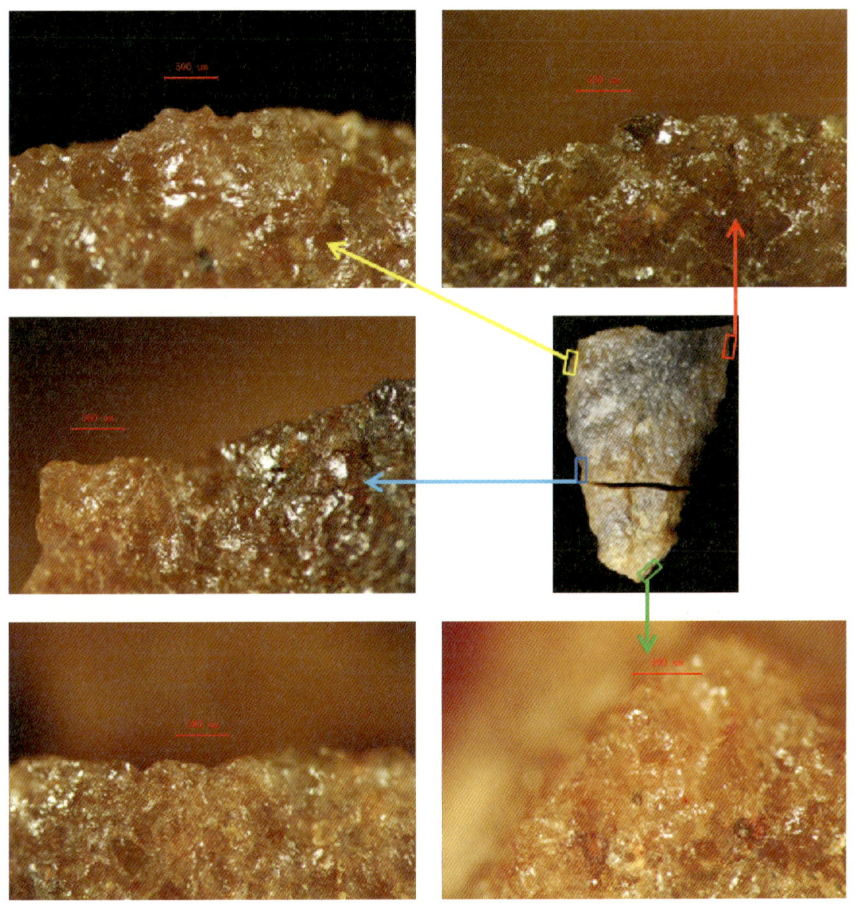

图 4.3.7 标本 11KW③b678 和标本 11KW④a898 的装柄微痕：
（左上）腹面 32×；（右上、左中、左下）背面 32×；（右下）背面压痕 40×

标本 11KW②c109

矛头，长 48 毫米，宽 31.8 毫米，厚 8.2 毫米，左侧使用刃长 23.3 毫米，使用刃角 35°，右侧使用刃长 38.8 毫米，使用刃角 26°。

微痕描述（见图 4.3.8）：尖部折断，刃脊有纵向破裂两个片疤，羽翼状。——推测为穿刺。

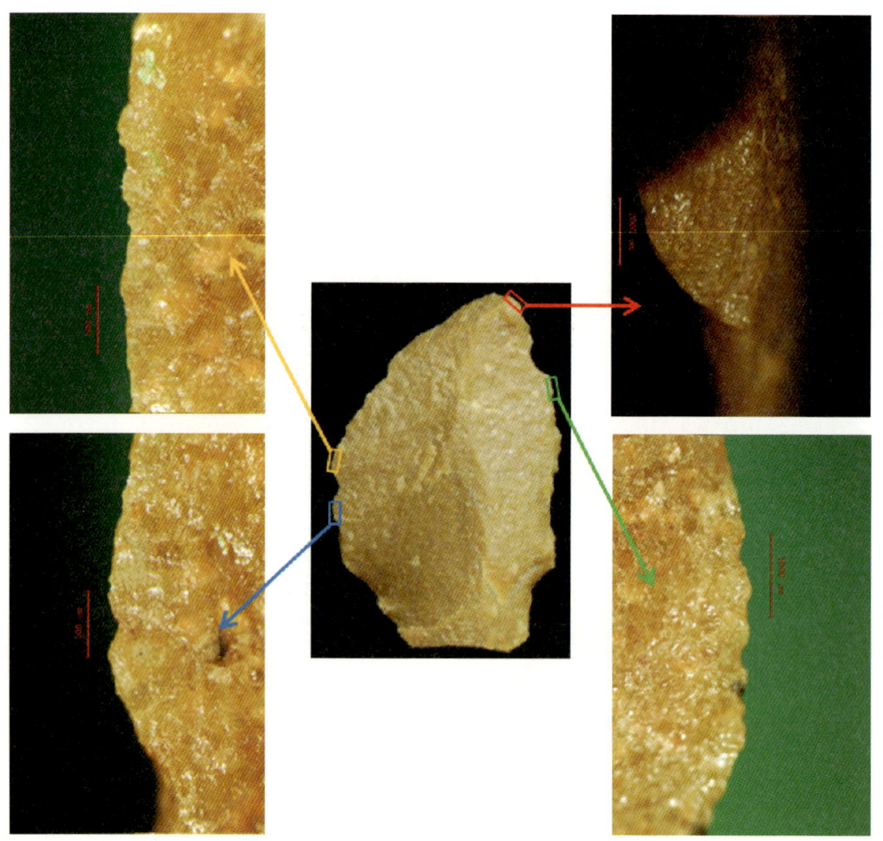

图 4.3.8 标本 11KW②c109 的微痕：（右上）尖，使用微痕 10×；（右下）背面，装柄微痕 25×；（左上）腹面，装柄微痕 40×；（左下）背面，装柄微痕 40×

PC2 和 PC6-7 处，背面零星分布月牙状小缺口，片疤由腹面向背面破裂，无方向，缺口内边缘轻度磨圆。腹面零星分布月牙状小缺口，边缘较背面略平直，无明显片疤。缺口内边缘轻度磨圆。刃脊轻度磨圆，可见零星月牙状横断面。——推测为装柄捆绑。

标本 11KW②c201

矛头，长 69.8 毫米，宽 26.6 毫米，厚 19.5 毫米，修理刃长 32.7 毫米，修理刃角 50°，尖夹角 83°。

微痕描述（见图 4.3.9）：PC8-1 处，背面两侧刃有纵向破裂的片疤，羽翼状，PC8 处较明显，尖部折断。腹面 PC8 处纵向片疤痕迹较明显。刃脊凸起处轻度磨圆。——推测为穿刺动物，尖部碰骨折断。

图 4.3.9　标本 11KW②c201 的微痕 20×：
（左上）背面，使用微痕；（左下）腹面，装柄微痕；（右下）刃脊，装柄压痕

PC4-5 处，腹面分布纵向压痕。——推测为装柄。

标本 OKW②21-3

残石镞，长 39 毫米，宽 21 毫米，厚 6 毫米，左侧使用刃长 17.1 毫米，使用刃角 53°，右侧使用刃长 23.1 毫米，使用刃角 49°。

微痕描述(见图 4.3.10)：PC3 处，背面偶见小凹缺，不规则分布，无方向。腹面近 PC4 处连续分布 3 个桂叶形小缺口。刃脊轻度磨圆，片疤似由腹面向

图 4.3.10　标本 OKW②21-3 的装柄微痕：(左上)背面 25×；(左下、右下)腹面 40×

背面破裂。PC7 处，背面近 PC6 处连续分布 3 个桂叶形小缺口。腹面近 PC6 处连续分布 6～7 个小片疤，无方向。刃脊近 PC6 处呈桂叶形剖面，中度磨圆。——推测为装柄捆绑。

标本 OKW③S15-2

尖状器，长 37.6 毫米，宽 21.6 毫米，厚 8.2 毫米，上部使用刃长 4.2 毫米，使用刃角 87°，右侧使用刃长 19.1 毫米，使用刃角 60°。上部及两侧刃均发现使用微痕，共计 2 处 FU。

微痕描述（见图 4.3.11）：PC8-1 处，背面刃缘整体破损，由腹面向背面破

图 4.3.11 标本 OKW③S15-2 的微痕：（左上）背面，20× 使用微痕；（右上）腹面，装柄微痕 20×；（右下）刃脊，装柄微痕 32×

裂。腹面边缘平滑，中度磨圆。PC1-2 处，背面连续分布浅平中小片疤，无方向，片疤平面形状呈平行四边形。腹面边缘呈连续分布小波浪状，边缘平滑，无明显片疤。刃脊中度磨圆。——推测为刮鲜骨。

PC3/PC6 处，两面零星分布半月形小缺口，PC3 处片疤由腹面向背面破裂，PC6 处片疤由背面向腹面破裂。刃脊片疤呈桂叶形小剖面。——推测为装柄捆绑。

标本 OKW③47-7

残尖状器，长 45.2 毫米，宽 37 毫米，厚 12.3 毫米。

微痕描述(见图 4.3.12)：PC6-7/PC2-3 处，背面偶见零星半月形小缺口，

图 4.3.12　标本 OKW③47-7 的装柄微痕：(左上)腹面 40×；(左下)刃脊 50×

间隔分布，PC6-7 相对明显，片疤由腹面向背面破裂。刃脊轻度磨圆，缺口处可见桂叶形断面，凸起处中度磨圆，偶见点状光泽。——推测为装柄捆绑。

标本 OKW⑤S29-5a

尖状器，长 27 毫米，宽为 36.4 毫米，厚为 10.1 毫米。两侧刃发现 1 处使用微痕。

微痕描述（见图 4.3.13）：PC2/PC6 处，背面偶见零星半月形小凹缺，个别连续分布，PC6 由腹面向背面破裂，PC2 由背面向腹面破裂。刃脊轻度至中

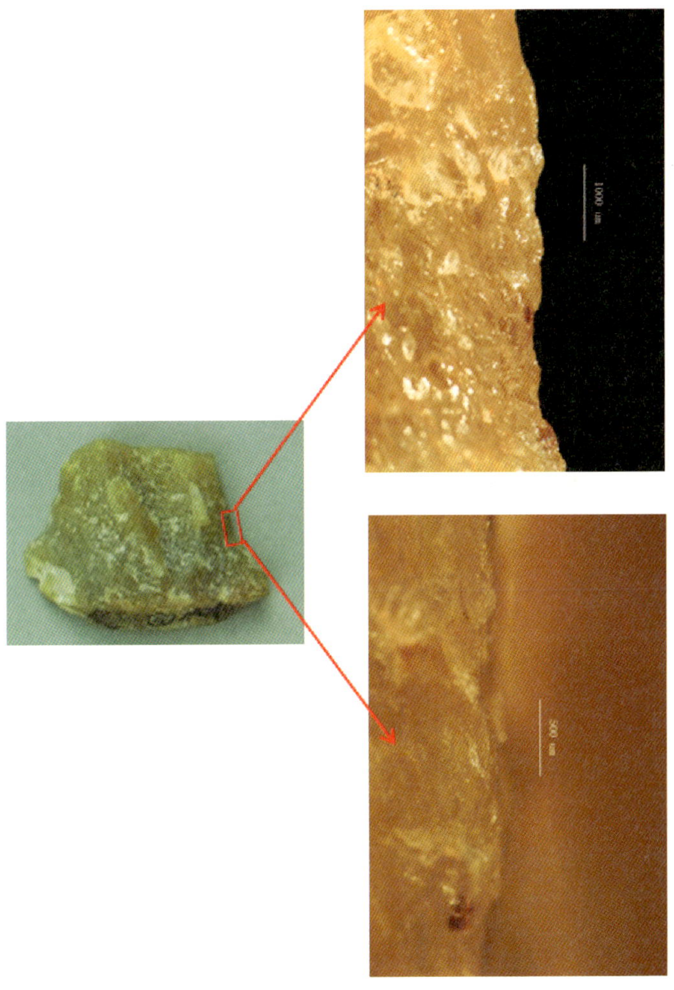

图 4.3.13　标本 OKW⑤S29-5a 的装柄微痕：（右上）背面 20×；（右下）刃脊 40×

度磨圆，凹缺处呈桂叶形剖面，背面左侧表面刃脊靠近底部区域隐约有压痕。——推测为装柄捆绑。

图 4.3.14　标本 OKW⑤64-6 的微痕：
（右上）刃脊 40×；（右下）腹面 30×；（左上）背面 20×；（左下）腹面 40×

标本 OKW⑥19-2

钻器，长 28.8 毫米，宽 17.6 毫米，厚 6.5 毫米，使用刃长 9.4 毫米，使用刃角 23°。

微痕描述（见图 4.3.15）：PC8-1 处，背面边缘平滑，丛簇分布小片疤，羽翼状，略有方向，浅平，尖部有一明显大片疤。腹面片疤较背面少。刃脊轻度至中度磨圆。——推测为切皮或肉。

PC3/PC6 处，背面偶见零星半月形小缺口，边缘近平滑，PC3 处片疤由腹面向背面破裂，PC6 处片疤又背面向腹面破裂，PC6 处相对明显。刃脊轻度

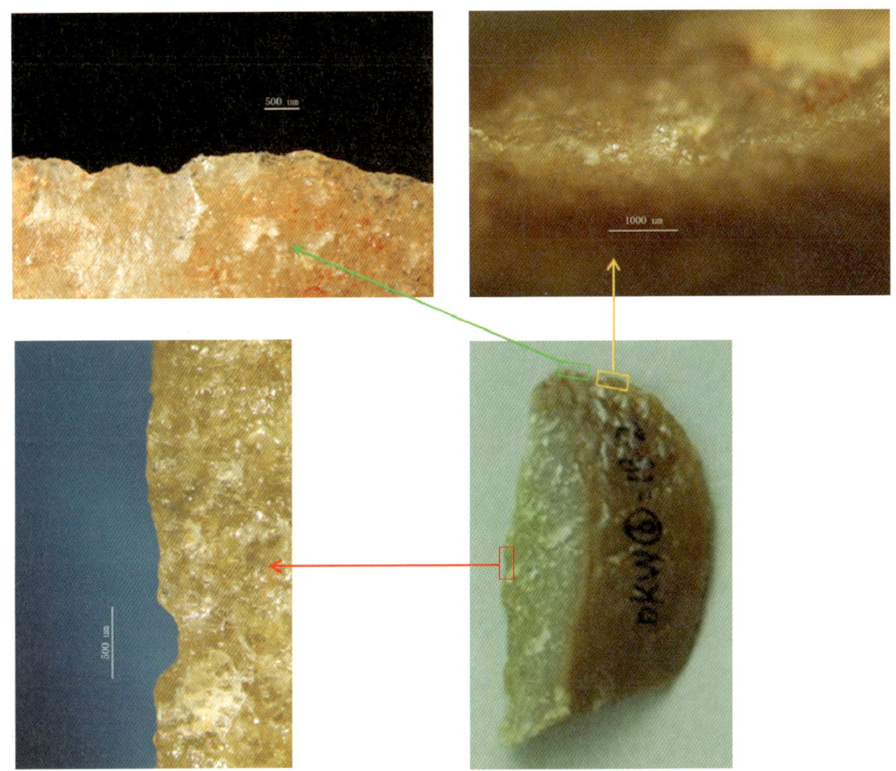

图 4.3.15　标本 OKW⑥19-2 的微痕：

(左上)背面，使用微痕 40×；(右上)刃脊，使用微痕 25×；(左下)装柄微痕 32×

至中度磨圆，片疤处可见桂叶形断面。——推测为装柄捆绑。

标本 OKW⑥6-2

凿刃器，长 38.1 毫米，宽 32.2 毫米，厚 13.9 毫米，使用刃角 71°。

微痕描述(见图 4.3.16)：由尖向左侧刃有一个斜向的大片疤。——推测为穿刺。

PC3/PC6 处，背面间隔分布半月形小缺口，部分缺口丛簇分布，PC3 由背面向腹面破裂，PC6 由腹面向背面破裂，PC3 相对明显。刃脊轻度至中度磨圆，可见少量桂叶形断面。——推测为装柄捆绑。

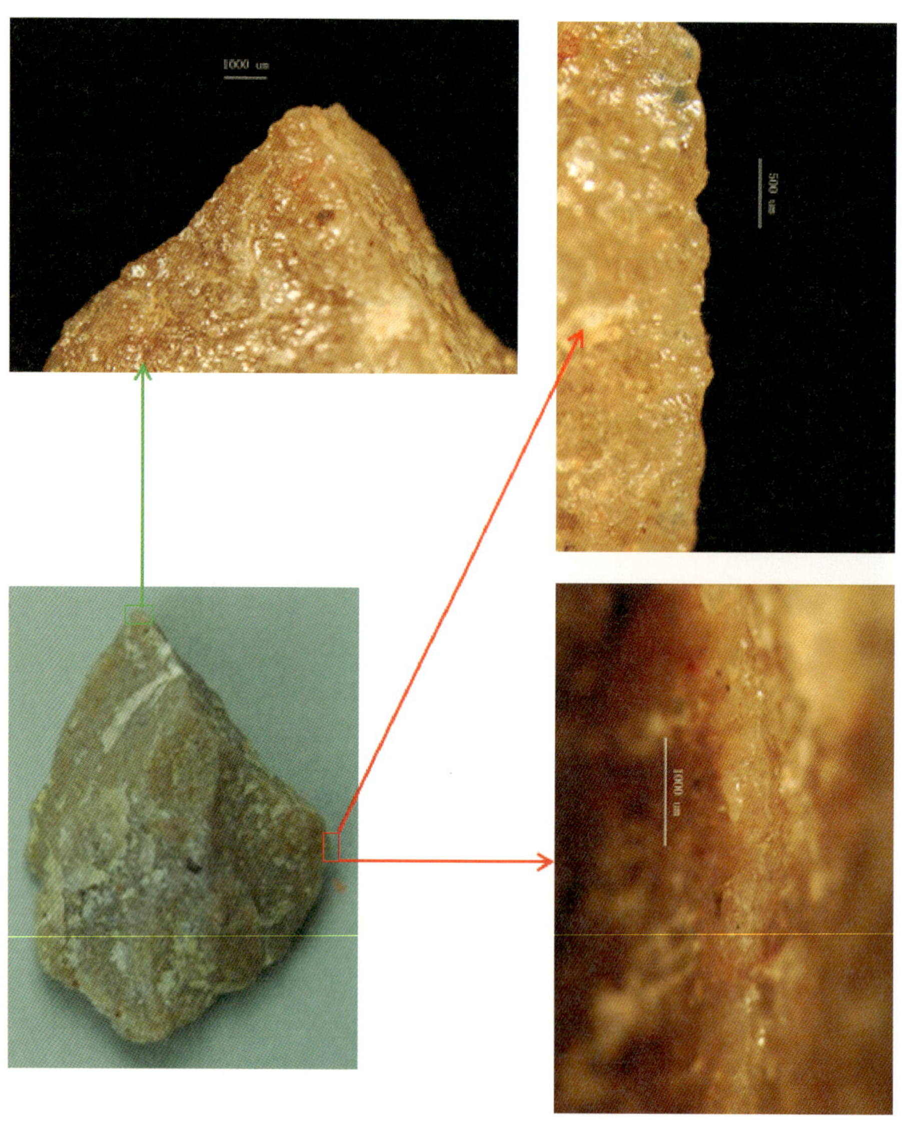

图 4.3.16　标本 OKW⑥6-2 的微痕：

(左上)背面 10×；(右上)背面 32×；(右下)刃脊 25×

标本 OKW⑧6-4

石刀，长 32.1 毫米，宽 31.8 毫米，厚 7.4 毫米，使用刃长 20.3 毫米，使用刃角 31°。

微痕描述(见图 4.3.17):PC8-1 处,背面边缘近连续分布浅平羽翼状中小片疤,有方向,边缘较平滑。腹面 PC8 处呈不规则锯齿状,PC1 处不连续分布多个小缺口,片疤较背面不明显。刃脊轻度至中度磨圆。——推测为切肉或皮。

图 4.3.17　标本 OKW⑧6-4 的微痕:

(右上)腹面,使用微痕 32×;(左上)背面,使用微痕 32×;(左下)背面,装柄微痕 25×

PC6-7/PC2-3 处,背面零星分布半圆形小缺口,PC2-3 处由背面向腹面破裂,PC6-7 由腹面向背面破裂。刃脊轻度至中度磨圆。——推测为装柄捆绑。

标本 12KW⑥250

矛头,长 45.9 毫米,宽 23.8 毫米,厚 15.2 毫米,使用刃角 72°。

微痕描述(见图 4.3.18):尖部,背面破损,有一个从腹面向背面破裂的纵向片疤。腹面边缘钝圆。右侧刃的棱脊上有一个纵向片疤,中度磨圆。——

推测为穿刺。

图 4.3.18 标本 12KW⑥250 的微痕：(左上)腹面，使用微痕 20×；(右上)背面，使用微痕 20×；(左下)背面，装柄压痕 16×；(右下)背面，装柄微痕 20×

PC8 处，腹面有连续三个带方向的长形中片疤。PC3/PC6 处，背面底部左侧突棱处有一个纵向的疑似压痕，零星分布半月形小缺口，PC3 处较 PC6 处明显，PC3 从腹面向背面破裂。刃脊轻度至中度磨圆。——推测为装柄捆绑。

第四节 遗址的功能与结构

考古遗址是指人工制品、遗迹、建筑和生境遗存共存的场所，是考古学极其重要的研究对象。遗址功能研究，通过遗址中的各种文化遗存来识别人类的某些活动迹象，从而重建人类生活方式。遗址结构分析，作为一种遗址功能研究方法，即研究遗址中遗迹、器物与动物遗存的空间分布，通过研究遗址中这些材料的关系来分析遗址居民的行为方式、群体规模与构成，更为综合地对遗址的性质和功能做出判断①。从考古学角度出发，最理想的情况是根据遗址中的遗迹特征来确定遗址的框架结构，继而研究这个框架结构与物品分布之间的关系。但是在许多情况下，考古遗址的埋藏情况和发掘过程对这个方法有一定的限制。

与其他研究方法相比，微痕分析在石制品功能分析方面的可靠性和有效性更具优势。将微痕分析与遗址结构分析结合起来，更有利于推测整个遗址的性质和功能。在以往研究中，基于一定的预先假设，对石制品的测量数据与微痕观察的功能数据进行定性或定量的相关性分析，可能会忽略数据间潜在的联系。另外，由于微痕分析专业性强和耗时极长等原因，很难获得一个遗址或地点较为全面的石器微痕观察数据。

依托乌兰木伦旧石器时代遗址的研究成果，特别是对该遗址部分全地层石制品的微痕观察数据和测量数据，进行数据挖掘将在一定程度上有助于还原遗址结构以研究遗址功能。

一、研究对象

研究对象必须是发掘出土且地层明确的石制品，因此在剔除采集品和地层信息不明的石制品之后，用于遗址功能分析的总样本量为 254 件石制品，包括乌兰木伦遗址 2010 年出土的 197 件石制品和 2011 年出土的 57 件石制品。经过统计，254 件石制品共包含 298 个功能单位，其中 40 件石制品存在 2 个功能单位，2 件石制品存在 3 个功能单位。

每一件石制品所具备的属性数据包括两方面，分别为测量数据和微痕观察数据。测量数据包括长度、宽度、长宽比、厚度、重量、原料、类型、出土地层和三维坐标数据；微痕观察数据包括运动方式、加工材料和行为。

① Henry, D., Hietala, H., Rosen, A., et al. 2004. Human behavioral organization in the Middle Paleolithic were Neanderthals different? *American Anthropologist* 106(1): 17-31.

“行为”这一变量为本研究中的自定义变量，指运动方式与加工材料的简单组合。本研究中的行为组合有23类，包括：剥皮、穿刺、锤击、割肉、刮干骨、刮干皮、刮鲜骨、刮鲜木、刮鲜皮、锯鲜木、砍砸鲜骨、刻划鲜骨、刻划鲜皮、捆绑、片肉、切筋、切锯鲜骨、切肉、切软骨、切鲜皮、剔肉、钻鲜骨，以及情况不明者。需要说明的是，为了分析结果的精确性，如果一件标本（功能单位）的运动方式或加工材料有一项被判断为不明，行为就计为不明。

二、研究方法与流程

数据挖掘（data mining）即从大量数据中提取或“挖掘”知识，也称数据库中的知识发现（KDD），是指从大型数据库或数据仓库中提取人们感兴趣的知识，这些知识是隐含的、事先未知的潜在有用的信息①。数据挖掘在考古领域中的应用，目前主要是与考古GIS系统结合，或集中在聚落考古学领域②。本文涉及的数据挖掘技术，包括关联规则挖掘和聚类分析。

关联规则的概念由Agarwal等人提出，是数据挖掘中一种简单但很实用的规则，它能表示数据之间的相互关系，对统计和决策工作有重大意义③。关联规则挖掘的算法多样，大部分是基于Apriori算法，本文即采用这一基本算法，对石制品的微痕观察数据（包括运动方式、加工材料、行为）和测量数据（包括长度、宽度、长宽比、厚度、重量）的关联规则发掘，并利用支持度与置信度来衡量数据间相关性的强弱以及可信度④。

聚类分析，是按一定的距离或相似性测度将数据分成一系列相互区分的

① 张良均、王路、谭立云等：《Python数据分析与挖掘实战》，机械工业出版社2016年。

② （1）毕硕本、闾国年、裴安平等：《姜寨一期文化遗迹属性数据的关联规则挖掘研究》，《地理与地理信息科学》2010年第1期；（2）毕硕本、裴安平、陈济民等：《聚类算法在姜寨一期聚落考古中的应用》，《计算机工程》2006年第8期；（3）孙懿青、毕硕本、黄家柱等：《基于规则的属性泛化算法在聚落考古中的应用——以姜寨遗址一期文化为例》，《计算机工程与应用》2005年第35期；（4）陈济民：《基于连续文化序列的史前聚落演变中的空间数据挖掘研究——以郑洛地区为例》，南京师范大学2006年硕士学位论文。

③ Agrawal, R., Imielinski, T., Swami, A. 2008. Mining association rules between sets of items in large database. http://www.researchgate.net/publication/285843397_Mining_association_rules_between _sets_of_items_in_largedatabases, 2018-12-10.

④ 高伟峰：《数据挖掘中关联规则的研究及应用》，武汉理工大学2006年硕士学位论文。

组，它与归纳法的不同之处在于不需要背景知识而是直接发现一些有意义的结构与模式。因此，聚类分析与分类不同，它是一种在没有给定划分类别的情况下，根据数据相似度进行样本分组的方法。聚类的输入是一组未被标记的样本，聚类根据数据自身的距离或相似度将其划分为若干组，划分的原则是组内距离最小化而组间（外部）聚类最大化①。

本次实验所做的聚类分析是利用石制品的出土三维坐标进行分析，属于一种空间分析聚类。空间分析聚类方法可采用拓扑结构分析、空间缓冲区及距离分析、叠置分析等方法，旨在发现目标在空间上的相连、相邻和共生等关联关系。本研究采用的算法为K-means聚类算法，主要目的是基于石制品的空间数据（出土三维坐标）对其进行分组，也就是利用石制品功能的空间分区来探索该地点的遗址结构。同时，在遗址中难免有不满足分区结果的孤立点存在，一方面有时孤立点被处理为数据"噪声"，另一方面对孤立点的研究和解释也有助于推进遗址功能分析。

本次实验的原始数据多为描述性语言，类型多样，包括非文本数据和文本数据，也存在部分数据缺失和有误的情况。因此，为了保证结果的正确性，在实施关联规则挖掘与聚类分析信息之前，对数据进行了相应的预处理，包括数据清洗、数据集成和数据变换等②步骤。

三、关联规则挖掘

本次关联规则挖掘是以Python为平台，所采用的算法为Apriori算法，分析总样本为298个功能单位，涉及的属性数据包括长度、宽度、长宽比、厚度、重量这五类测量数据和运动方式、加工材料、行为这三个微痕观察数据，

① 张良均、王路、谭立云，等：《Python数据分析与挖掘实战》，机械工业出版社2016年。

② 数据清洗主要是删除原始数据集中的无关数据、重复数据、平滑噪声数据，筛选掉与挖掘主题无关的数据，处理缺失值、异常值等。数据集成是为了让来自不同数据源的数据合办存放在一个一致的数据仓库中的过程。数据变换主要是对数据进行规范化处理，将数据转换为适当的形式，以适用于挖掘任务与算法的需要，一般包括简单函数变换、数据规范化、连续属性离散化、属性构造和小波变换。

总计 15 组、912 条关联规则，其中强关联规则[①]有 38 条。

例如，运动方式、加工材料、行为与长度共产生 199 条关联规则。其中，运动方式与长度的强关联规则说明，运动方式为切和刮的石制品的长度分别集中在 28.0～53.8 毫米和 21.6～42.7 毫米（见表 4.4.1）。

表 4.4.1　运动方式与长度强关联规则

运动方式	n	长度区间/mm	支持度	置信度
切	→	['28.0－53.8']	23.99%	85.54%
刮	→	['21.6－42.7']	12.84%	66.67%

加工材料与长度的强关联规则说明，加工材料为肉和鲜骨的石制品的长度分别集中在 21.6～53.8 毫米和 21.6～34.7 毫米（见表 4.4.2）。

表 4.4.2　加工材料与长度强关联规则

加工材料	n	长度区间/mm	支持度	置信度
肉	→	['21.6－53.8']	26.69%	80.61%
鲜骨	→	['21.6－34.7']	8.11%	47.06%

行为与长度的强关联规则说明，行为为切肉、剔肉、刮鲜骨的长度分别集中在 28.3～42.7 毫米、21.6～34.3 毫米和 28.0～34.3 毫米（见表 4.4.3）。

表 4.4.3　行为与长度强关联规则

行为	n	长度区间/mm	支持度	置信度
切肉	→	['28.0－42.7']	10.14%	57.69%
剔肉	→	['21.6－34.3']	6.08%	46.15%

综合这些测量数据和微痕观察数据的强关联规则，可以发现从长度、宽度、厚度、长宽比和重量来看，不同运动方式、加工材料、行为所对应的石制品差异不大，规格比较统一，而其中涉及的石制品类型多样，一方面可能是古人类对石料选择的结果，另一方面也可能是古人类在打制石器的过程中，有意识地选择长度、宽度、长宽比、厚度和重量在这个范围内的石制品进行使用，

① 对相关属性数据进行关联规则挖掘之后，得到的每条关联规则都有一个支持度和置信度。强关联规则可以指示基于统计得出的“最佳范围”。

因为最后确定的范围远比总样本中这些属性数据的范围要小。

四、聚类分析

聚类分析是以 Python 为平台，所采用的聚类算法为 K-means 聚类算法。K-means 聚类算法是基于欧式距离[①]实现的，因此本次聚类分析所利用的就是使用石制品(功能单位)的出土三维坐标(XYZ 坐标数据)。进行聚类分析的目的是实现对石制品功能的分区，探索石制品(功能单位)在该地点中是否存在几个聚集的中心，而石制品功能能够反映出古人类的某些行为，因此对石制品的功能单位进行聚类分析，可以在一定程度上还原其遗址结构，有利于对遗址功能的进一步研究。

为了保证聚类结果的有效性，必须选择代表性强和数据完整性高的样本。在实验的总样本中，2010 年所发掘的标本在数量和比例上最高，因此，本次聚类分析的样本为具有完整坐标的 2010 年所发掘的石制品，所分析的具体对象为这部分石制品所有的功能单位，总计 204 个功能单位。一次聚类不一定能够得到具有意义的聚类结果，因此分别设定 3、4、5、6、7 个聚类中心，对石制品的空间数据进行聚类，在分别评估聚类结果的有效性。

经过五次聚类计算之后发现，当设定聚类中心为 4 个时，各类的类内相似性最大，类间差异性最大。聚类结果显示的石制品分布以及四个聚类中心坐标分别如表 4.4.4 所示。“Cluster”代表簇，一个簇对应一个石制品聚集区域，XYZ 坐标单位均为 cm，其中 Z 轴坐标表示距离地面的距离(见图 4.4.1)。

表 4.4.4　聚类中心坐标

Cluster	X	Y	Z
0	438	558	270
1	87	341	362
2	196	593	270
3	550	356	445

① 欧氏距离，即欧几里得度量，是一个通常采用的距离定义，指在 m 维空间中两个点之间的真实距离，或者向量的自然长度(即该点到原点的距离)。

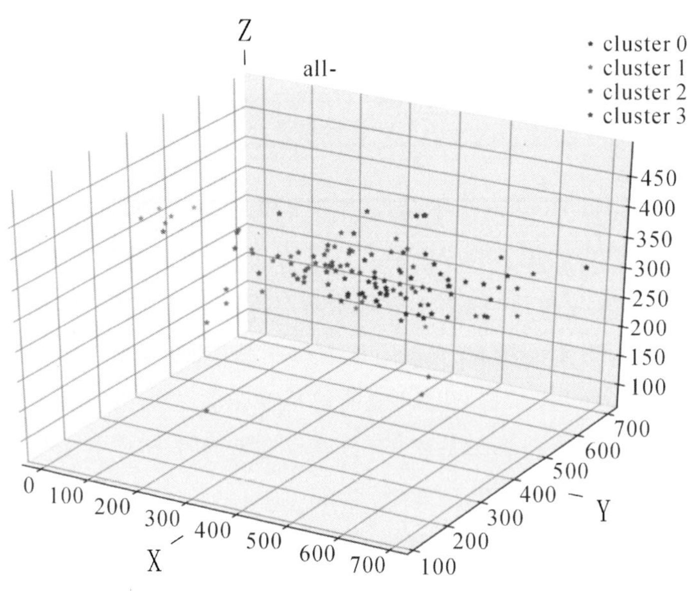

图 4.4.1　聚类结果示意图

从行为来看，与动物屠宰食用相关的全系列处理流程都集中在 0 区和 2 区，包括剥皮、切肉、剔肉、片肉、割肉、刮鲜骨、切软骨、切鲜骨、砍砸鲜骨、刻划鲜骨、切锯鲜骨、钻鲜骨、刮鲜皮、切鲜皮、切筋，并且捆绑的行为也只出现在 0 区和 2 区（见图 4.4.2、4.4.3、4.4.4）。此外，0 区和 2 区也出现了处理植物性材料的现象，包括刮鲜木和锯鲜木。

受样本数量的局限，从运动方式、加工材料和行为三个属性数据来看，对 0 区和 2 区这两个数据最为集中的区域难以进行更为细致的区分。从 0 区和 2 区的聚类中心位置来看，两者近似位于同一平面，而这两个区中的功能单位都分别在空间上靠近这两个聚类中心，因此可以认为两个区中的功能单位都在空间上靠近 Z 轴方向上坐标为 270 的平面。从 Z 轴方向俯视这些功能单位的分布情况，可以看到 0 区和 2 区只是在水平分布上分别靠近遗址的两个边界（见图 4.4.5）。这说明在该地点中，能够指示古人类某种行为的石制品集中在距离地面 270 厘米的平面的四周，对应地层大致为 4 层与 5 层的分界线，这也是该地点遗址结构的分析结果。

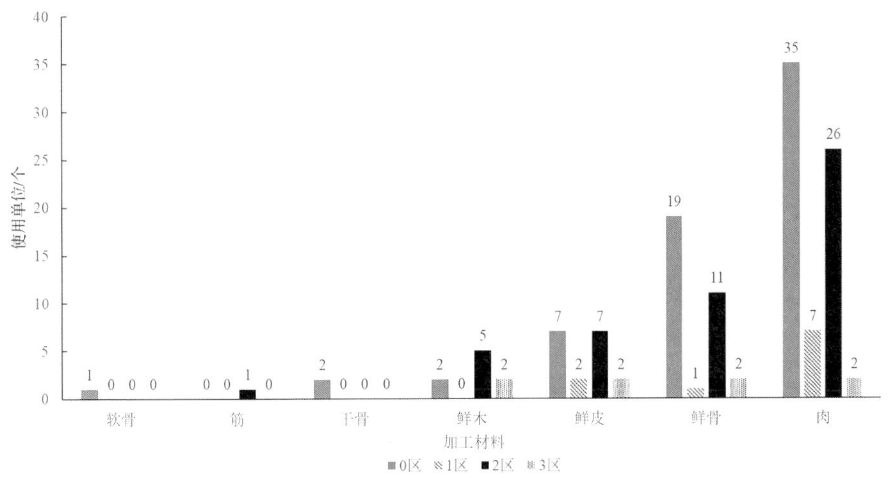

图 4.4.2　加工材料区域分布柱形图

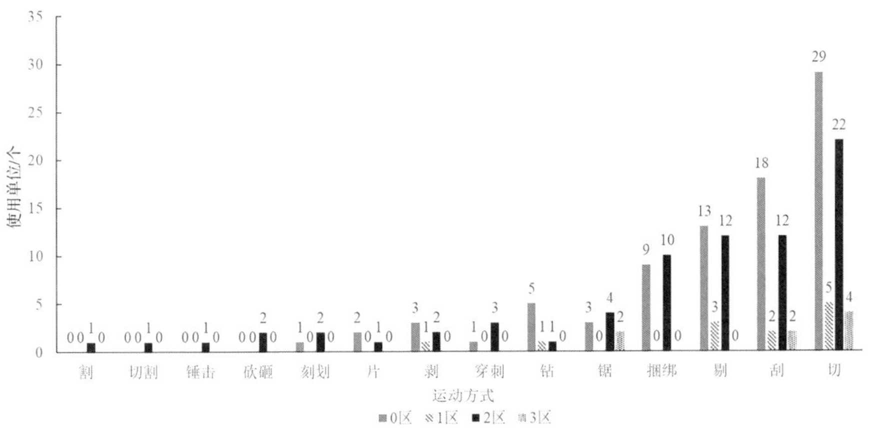

图 4.4.3　运动方式区域分布柱形图

该地点的动物埋藏学显示，在所有保留切割痕的化石中，存在切割痕的披毛犀骨骼化石主要集中在 4～5 层，占到总数的 75%，说明古人类的肉食行为可能主要集中在 4～5 层，在某种程度上这与石制品空间聚类结果大致是吻合的。

利用包含物（本研究中是石制品）的出土坐标进行聚类分析，能够直观地观察到整个空间中包含物的分布情况，在一个有效聚类中，结果中的一个区所对应的时间范围实际上能够反映一个生活面的使用时间范围。在本研究

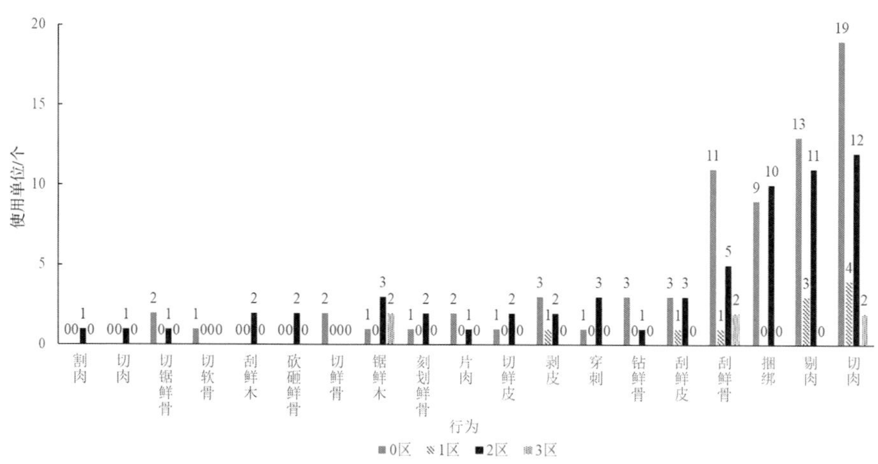

图 4.4.4　行为区域分布柱形图

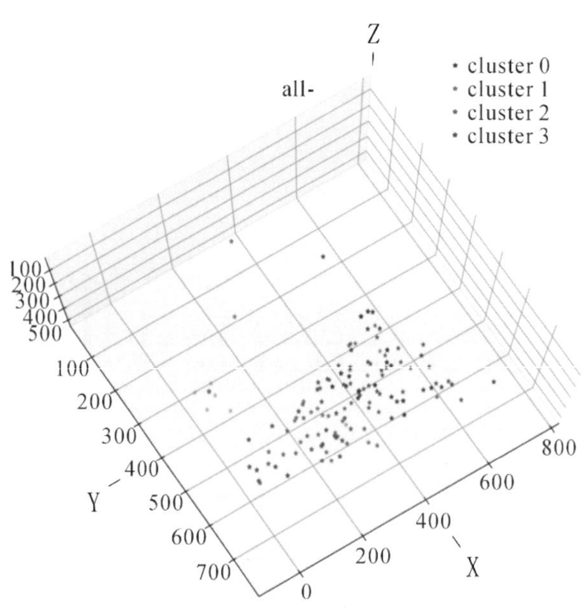

图 4.4.5　聚类结构 Z 轴方向俯视图

中，最后的结果显示，所有具有行为指示性的石制品都以距离地面 270 厘米的平面为聚集平面，这个平面上下一定范围很可能对应的是一个比较真实的生活面，而这个生活面也是古人类进行动物屠宰行为最多的一个阶段。而从动物理藏学出发所判断的古人类进行肉食行为集中在4～5层，这个范围可能偏大也可能偏小。

五、遗址的功能与结构

通过对乌兰木伦遗址第一地点254件石制品298个功能单位的初步统计、关联规则挖掘和聚类分析，能够得到以下结论：

第一，从石制品功能数据的结果来看，涉及动物屠宰加工的石制品比例较高（超过80%），说明乌兰木伦遗址第一地点确实存在一个动物屠宰加工的场所。

第二，石制品的长度、宽度、长宽比、厚度、重量和运动方式、加工材料、行为之间具有38条强关联规则，表明用于特定行为的石制品在长度、宽度、长宽比、厚度和重量上存在一系列共同特征。同时，主要运动方式、加工材料、行为所对应的石制品的规格比较接近，这可能是古人类对石料选择的结果，也可能是古人类在打制石器的过程中有意识地选择具有这些特征的石制品。这为后续研究乌兰木伦遗址中的古人类在进行某种行为时选择石制品时是否具有一定的选择性提供了参考。

第三，利用K-means算法对石制品使用单位的空间坐标进行聚类得到的遗址结构显示，在乌兰木伦遗址第一地点，存在一个古人类进行动物屠宰加工非常集中的阶段，这个阶段在遗址中对应距离地面270cm左右的空间范围。如果可以获得相关的动物骨骼化石和临近地层中用火遗迹的空间分布数据，能够对这个空间范围做更为细致的划分，得到更为明确的遗址结构。

本次实验是数据挖掘分析方法在遗址功能研究中的初步尝试，显示出这一数据分析方法在考古学研究中的潜力。作为一种定量的分析方法，数据挖掘能够准确、有效、客观地处理考古遗址中数量庞大的数据。数据挖掘能够被应用到考古学研究的多个领域中，并为考古发掘提供重要的指导意义。在考古发掘阶段根据研究目的对相关数据做完整而准确的记录，是进行数据挖掘的前提，有助于更好地提升考古学研究的准确性和科学性。

第五章
对比与讨论

第一节 石英岩石制品使用微痕的基本特征与规律

一、加工硬性材料微痕的基本特征与规律

石英岩石制品加工骨质材料时，在使用部位留下的痕迹以大、中型片疤为主。片疤终端形态以阶梯状为主，少量为羽翼状，个别为卷边状。片疤的分布形式以层叠式为主，多件加工骨质的标本上出现多处连续分布的层叠式片疤。磨圆主要出现在石制品的刃脊上，以严重磨圆为主。几乎所有标本的使用部位都出现大量密集的粉碎状晶体，可能是石英岩石器加工骨质材料特有的微痕现象。

砍砸骨的微疤分布形式均为层叠分布，主要表现为阶梯状的大、中型片疤，少量为羽翼状或卷边状，磨圆以严重磨圆为主。切骨的微痕相对均匀地分布在刃缘两侧，以大型阶梯状和羽翼状片疤为主，有一部分是中、小型片疤，层叠分布或连续分布，磨圆痕迹不明显；片疤均表现出与动作一致的明显方向。刮骨的微痕多出现在非接触面上，以阶梯状中型片疤为多，羽翼状中型片疤次之，有少量大片疤与小片疤，片疤分布较为分散。钻骨的片疤以阶梯状为主，有少量羽翼状，卷边状极少，其中阶梯状片疤以层叠或连续分布为主；尖部在使用后变钝，磨圆严重；单向旋转标本的微痕通常出现在各刃脊的

单面，往复旋转标本的刃脊两面都有微痕。

同时有学者指出，通过高倍法可以发现石英岩石制品加工鲜骨会产生 C 型光泽和 D1 型光泽。前者稍亮、表面粗糙、斑块不发达、网状链接的光泽，表面形成数量较多、大小不等的圆形微坑(见图 5.1.1：左)；后者明亮、表面平坦光滑、局部片状、似贴补状光泽(见图 5.1.1：右)[①]。

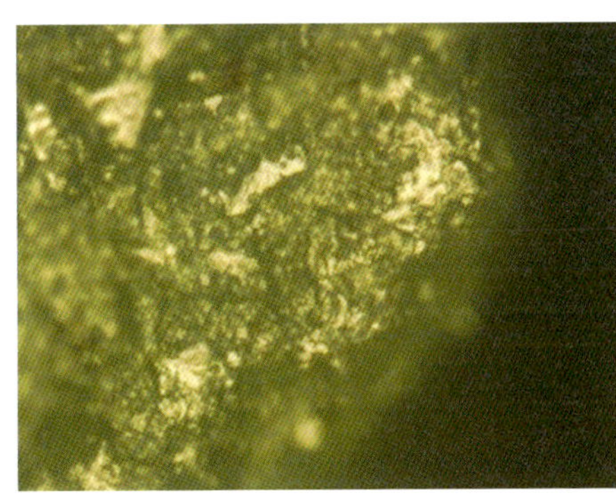
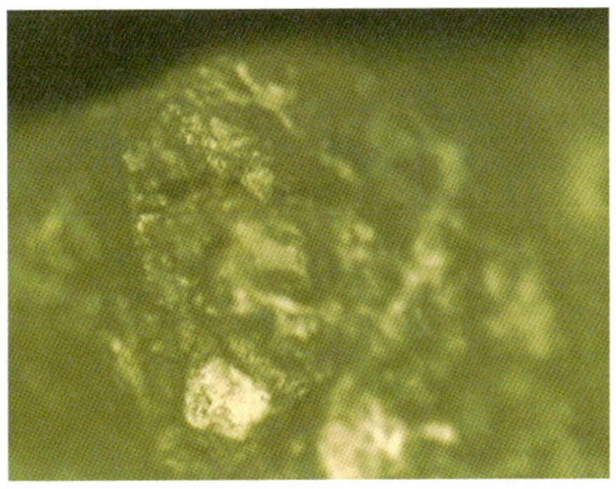

图 5.1.1　石英岩石制品加工鲜骨的光泽：(左)C 型；(右)D1 型(引自宋艳花博士学位论文)

二、加工中性材料微痕的基本特征与规律

石英岩石制品加工中性材料，特别是木质材料时，微痕以羽翼状片疤最为常见，其次为阶梯状片疤和“翻越状”片疤。

刮木标本的刃缘呈明显钝圆，产生的片疤多为连续分布的羽翼状小片疤，个别为阶梯状和“翻越状”。砍砸干木会产连续分布的羽翼状中、小片疤，阶梯状和“翻越状”片疤的数量较刮木微痕明显增多。钻木标本的尖部出现崩裂现象，仅生成羽翼状片疤。

光泽分析显示，加工鲜木形成的光泽以 B 型为多，表现为明亮光泽，连接为斑块状，斑块表面光滑、边缘圆润，近水滴状(见图 5.1.2 左)。随着使用强度增大，会产生发育的 D2 型光泽，表现为表面光滑圆润的明亮光泽，连接成

① 宋艳花：《山西柿子滩遗址石英岩石制品研究》，中国科学院古脊椎动物与古人类研究所 2011 年博士学位论文。

线条状(见图 5.1.2 右)[①]。

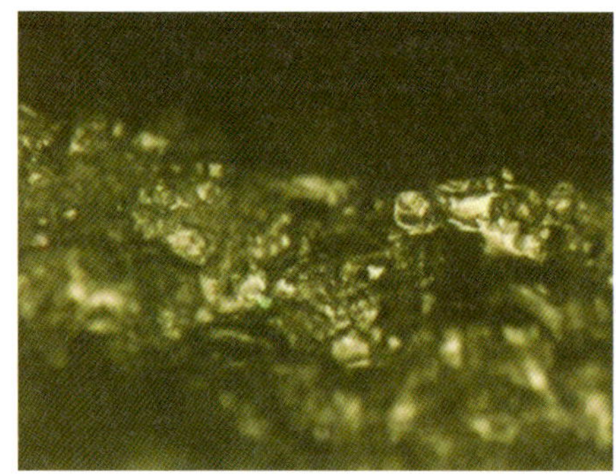
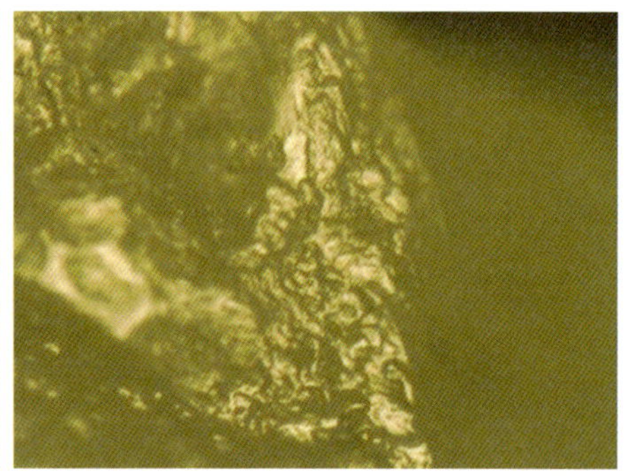

图 5.1.2　石英岩石制品加工鲜木的光泽:(左)B 型;(右)D2 型(引自宋艳花博士学位论文)

三、加工软性材料微痕的基本特征与规律

石英岩石制品加工肉类产生的痕迹较为微弱,以磨蚀特征为主,主要为轻度磨圆,同时也会出现轻度擦痕。片疤数量一般较少,主要为羽翼状片疤,尺寸一般极小。这些微痕一般分布在石器刃部,而磨损有时也分散在非刃部的接触面上。在剔肉动作中,由于可能与骨头相接触,痕迹相对明显。片疤终端形态仍以羽翼状为主,微疤数量较切肉者更多,尺寸也比切肉微痕大,会出现轻度磨圆或中度磨圆;有轻微擦痕,主要分布在刃部接触面;非接触面有时也会出现磨损。

石英岩石制品加工软皮材料的微痕特征总体不太明显。刮皮微痕主要表现为轻度至中度磨圆,以及分散分布伴随个别位置连续分布的羽翼状小片疤。切皮微痕相较于刮皮微痕更不明显,主要特征是分散分布的羽翼状小片疤,偶见磨圆。

长时间接触肉类物质,石器刃缘和接触面通常会产生 E2 光泽(见图 5.1.3:左),光泽较弱,表面呈磨砂状。加工新鲜软皮则多产生 E1 光泽(见图5.1.3:右),光泽稍亮,小的光泽斑块相互独立,斑块边缘锐利,周边常伴有 E2 光泽。

---

① 宋艳花:《山西柿子滩遗址石英岩石制品研究》,中国科学院古脊椎动物与古人类研究所 2011 年博士学位论文。

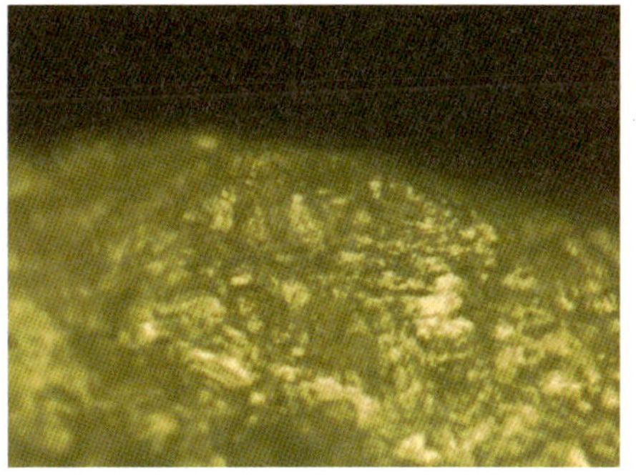

图 5.1.3 石英岩石制品加工软性材料的光泽：
(左)E2 型肉类光泽；(右)E1 型软皮光泽(引自宋艳花博士学位论文)

四、分阶段实验的基本微痕特征

本次开展的分阶段实验只是一个初步的尝试，仅选取了 5 件标本对骨质材料进行分阶段加工实验。每种运动方式只涉及 1 件或 2 件标本，大体上为了解石英岩石制品产生微痕的形成过程及发展动态提供了参考数据(见表 5.1.1)。

表 5.1.1 石英岩石制品加工骨质材料的分阶段微痕观察记录

标本编号	运动方式	阶段	片疤破损			磨蚀痕迹		
			位置	尺寸	分布	终止	位置	磨圆
BC8:9.1	切	S1	D/V	L	R/P	S/F	/	/
		S2	V	L	Sd	S	D	LR
		S3	D/V	M/L	Sd	F/S	/	/
BC7:1.1	刮	S1	V/D	M/L/S	P/R	F	E	MR
		S2	V/D	M/S	Sd	F/S/H	E	MR
		S3	V/D	M/S/L	Sd	F/S	E/D	MR/LR
12EKBC7-1:7.1	钻(单向)	S1	/	L/S	Sd	F/S	E	HR
		S2	/	L/M	Sd	F	E	HR
		S3	/	S	Sd	F	E	HR

续表

标本编号	运动方式	阶段	片疤破损			磨蚀痕迹		
			位置	尺寸	分布	终止	位置	磨圆
C15:16.2	钻(往复)	S1	/	L/M/S	R	S	E	HR
		S2	/	/	/	/	E	HR
		S3	/	M	Sd	S	E	HR
BC8:石核	砍砸	S1	D/V	L/S/M	P/R	S/H/F	E/V	HR
		S2	D/V	L/S	P/Sd	S/F/H	E	HR
		S3	D/V	M/L/S	P/R	S/F	E	HR

为了方便记录,本次实验将 0～3 分钟标记为第一阶段(S1),3～6 分钟标记为第二阶段(S2),6～9 分钟标记为第三阶段(S3)。从上表可看出,石英岩石制品在加工骨质材料的过程中,产生片疤的尺寸呈递减趋势:在 S1 阶段总体上以大、中型片疤为主,随着使用时间的增加,大型片疤产生得较少,中、小型片疤居多。在片疤分布形式方面,结合之前的微痕观察描述可知,片疤大量出现在 S1 阶段,以连续分布或层叠分布为主,随着时间的推移,片疤产生的数量逐渐变少,由连续分布变为分散分布,到 S3 阶段时只能在刃缘上看到零星的几个片疤。据此了解,片疤在 S1 阶段集中产生,随着使用时间的增加,片疤生成速率逐渐降低(见图 5.1.4)。

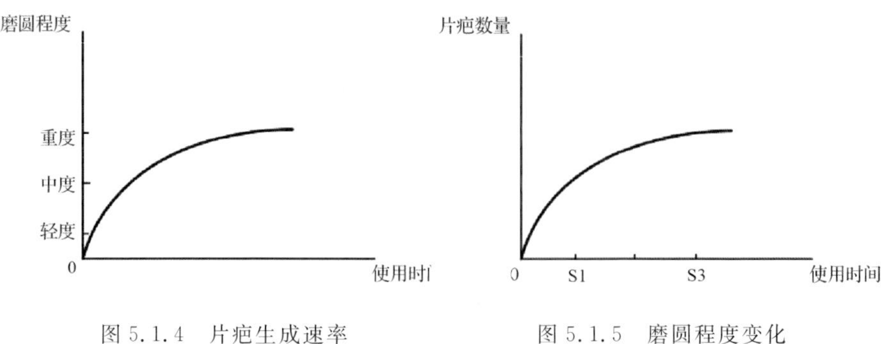

图 5.1.4　片疤生成速率　　图 5.1.5　磨圆程度变化

磨圆方面,砍砸和钻骨的标本在 S1 阶段就出现严重磨圆,直至 S3 阶段依然保持严重磨圆;刮骨实验中,自始至终都能观察到中度磨圆,S3 阶段在非接触面观察到轻度磨圆;切骨实验中,S2 阶段开始出现轻度磨圆,直至 S3 阶段。《石制品使用微痕多阶段成形轨迹的实验研究》一文曾指出，磨圆从石器使用初期便开始产生并逐渐增强①。石英岩石制品在加工骨质材料的过程中，磨圆的产生是由轻到重的递增过程（见图 5.1.5）。本次分阶段实验未能发现片疤终端形态在使用过程中的明显变化规律，这可能是由于标本数量较少，还有待日后继续进行系统实验。

第二节　石英岩石制品装柄微痕的基本特征与规律

通过两期实验发现，石英岩石制品的装柄微痕具有特定规律，且能够被低倍法所观察并分析。装柄微痕一般分布在石器的两侧刃、脊部以及底部区域，位于不同区域的微痕有不同的主要鉴定特征。

一、装柄微痕的基本特征

两侧刃微痕以片疤为主。在低倍法的观察中，片疤的大小、形状和分布形态以及生成位置等，可作为鉴定装柄痕迹的主要特征，它们与使用痕迹有明显区别（见图 5.2.1）。

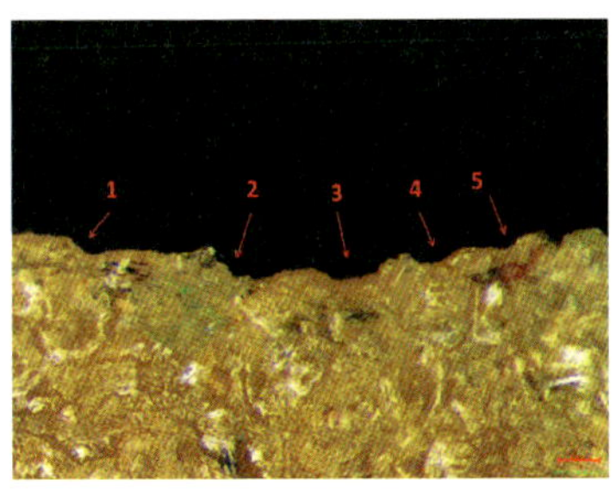

S07 左侧刃 V40×（装柄微痕）

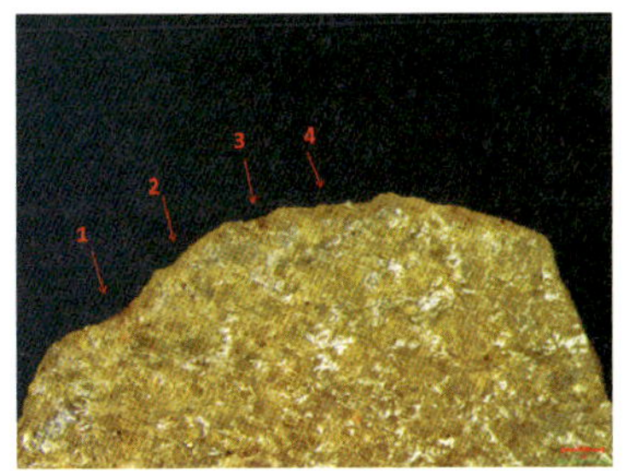

S07 刃 V10×（使用微痕）

图 5.2.1　标本 S07 装柄刃与使用刃的微痕对比

---

① 陈虹、张晓凌、沈辰：《石制品使用微痕多阶段成形轨迹的实验研究》，《人类学学报》2013 年第 1 期。

对比后可明显看出，装柄微痕和使用微痕在片疤大小、形状、分布模式和生成位置上有较大不同，装柄微痕具有明确的辨别特征（见表 5.2.1）。

表 5.2.1　标本 S07 装柄微痕与使用微痕对比

S07	装柄微痕	使用微痕
片疤大小	1：宽 123um，深 38um 2：宽 255um；深 77um 3：宽 242um；深 53um 4：宽 163um；深 48um 5：宽 89um；深 32um 区间：宽 89～255um，深 32～77um	1：宽 1358um；深 229um 2：宽 1005um；深 135um 3：宽 708um；深 197um 4：宽 1217um；深 207um 区间：宽708～1358um，深135～229um
片疤形状	具有特色的半月形凹缺状，片疤尾端不明显，一般双面可见	片疤尾端可见，为羽翼状终端
分布模式	片疤不均匀、分散分布	片疤连续分布
生成位置	石器两侧相对的刃缘、突出的脊部及底部两面	在单条或多条刃缘连续生成

脊部微痕以压痕为主。在第二期实验的 6 件嵌入式装柄标本中，有 3 件的腹脊或背脊上出现压痕及磨圆，在倚靠式装柄标本上则不见这类痕迹。据此推测，石器突出背脊或腹脊上出现的压痕及磨圆，与嵌入式的装柄方式有关；压痕和磨圆的强度与使用方式有关。具体而言，经过使用的装柄石器的微痕强度要大于未经使用的装柄石器，做前后运动的装柄石器的微痕比做左右运动的装柄石器的微痕更深。

底部微痕以大片疤崩落及轻度磨圆为典型特征。实验结果显示，装柄行为会在石器与木柄相接触的底部形成装柄微痕，其特征是有大片疤崩落，并伴有轻度磨圆及疑似压痕，这可能源自木柄施加给石器底部的压力。

装柄微痕还有一些其他的鉴定特征，例如石英岩石料表面的变化。在装柄前后的显微照片对比中可以发现，石英岩标本的刃缘表面在装柄前常常会表现出一层白色晶体，这层晶体在装柄后消失了，而且表面的光泽也会发生变化（见图 5.2.2）。

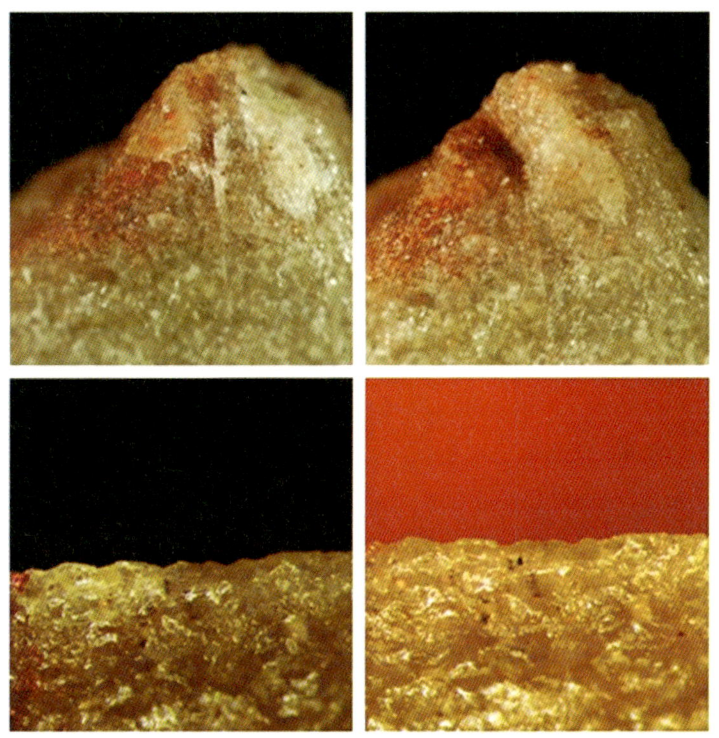

图 5.2.2　石器底部在装柄前后的局部对比 20×：
（上）标本 12EKAC5：12.2 腹面底部；（下）标本 S03 左侧刃腹面

虽然本次研究不以光泽为主要观察对象，但在实验显微照片的对比中可以发现，与木柄或绳索接触的石器表面光泽发生了些许变化。因此，光泽很可能对石英岩装柄微痕具有一定的指示作用。

二、影响装柄微痕形成和表现的因素

不同的装柄材料和捆绑方式对装柄微痕的分布模式和形态有一定影响。第一期实验中麻绳的宽度约为 3 毫米，相对较粗，较利于磨圆产生而不利于片疤形成；第二期实验中麻绳的宽度为 1 毫米，相对较细，更容易产生小片疤和小凹缺，但磨圆相对减少。不同的捆绑方式也会对装柄痕迹的分布模式产生影响：平行捆绑的装柄区域位于两侧刃，较为集中，一般为两块集中的区域；交叉捆绑的装柄区域分布在两侧刃和底部，一般有四处较为集中的痕迹区域。

使用与否对装柄微痕的表现强度和方向有一定影响。通过两期实验的对比可以发现，装柄微痕在捆绑装柄的过程中即已产生，使用过程会加深这种痕迹，并使两侧刃的片疤出现一定的方向，但方向性与不同加工方式之间的关系尚不明确。

加工方式不同对于装柄微痕的强度有一定影响，但不是很大。比较两期实验发现，上下运动的钻和穿刺两种加工方式产生的装柄微痕较为微弱。在第一期实验中，前后运动的刮明显比其他运动方式产生的装柄微痕要多；在第二期实验中，前后、左右和上下＋左右的运动方式产生的装柄痕迹强度较为类似。

不同硬度的加工对象对于装柄微痕的强度没有明显影响。两期实验分别选用了不同的加工对象，但比较加工方式相似的钻和穿刺、双向刮和单向刮等实验后发现，装柄微痕的强度并没有太大差别。

石器形态特征对装柄微痕的形成有一定的影响。当装柄部位的刃缘厚度较小时，片疤剖面会表现为较为特殊的桂叶形小凹缺，与以前的同类实验结论相似①。第二期实验中有几件标本刃缘厚度较大，如 S05 和 S07，装柄微痕不太明显。

第三节　与其他原料石制品微痕的对比

一、不同原料石制品加工骨质材料的比较

关于加工骨质材料石器的微痕分析，国内外不少学者已做过相关实验与研究，得到了一些规律性的认识。通过与燧石和黑曜岩加工骨质材料实验研

---

① 高星、沈辰主编：《石器微痕分析的考古学实验研究》，科学出版社 2008 年。

究的对比，可以了解石英岩、燧石、黑曜岩等不同原料的石制品在加工骨质材料时产生微痕的异同（见表 5.3.1）。

表 5.3.1　不同石料加工骨质材料的微痕对比

对比项目	石英岩	燧石	黑曜岩
/	尺寸	大、中、小	大、中
层叠分布	分布	层叠分布	层叠分布
片疤破损			
折断状、羽翼状	终端	阶梯状、羽翼状，少量卷边状	阶梯状、羽翼状，少量卷边状和折断状
刃脊	位置	刃脊	刃脊
磨蚀痕迹			
刃缘圆钝	磨圆	以严重磨圆为主	从严重、中度到轻度不等
其他		片疤破损处有大量粉碎状晶体	/

李卫东在关于燧石尖状器钻骨的实验中发现，其微痕特征的一般规律是：尖部容易崩损，钻孔效率低，磨痕不明显，以阶梯状的小型片疤为主[①]。在本次实验中发现，作为尖状器使用的 4 件石英岩标本，尖部磨损严重，钻孔效率很低，磨圆严重，片疤以阶梯状大片疤为主。除片疤尺寸外，本次实验的结果与李的实验结果相似。

侯亚梅的实验显示，燧石制品在加工新鲜骨头时容易发生破损，有些加工方式，例如刮和砍劈会产生有方向性的破损[②]。沈辰的实验表明，燧石制品加工硬性材料产生微疤的典型特征是阶梯状、毛糙或崩碎的大、中型片疤[③]。本次实验得到的结果与他们的实验也基本相同，但是，石英岩石制品加工骨质材料不仅会产生阶梯状片疤，还会有部分羽翼状及卷边状的片疤，片疤尺寸也涵盖大、中、小型三种。

夏竞峰所做的大量锯骨实验结果表明，燧石制品锯骨时容易产生不规则、相互重叠的大片疤，疤痕在刃缘两面都有比较均匀的分布，工具在短时间

① 李卫东：《燧石尖状器的实验研究》，见北京大学考古系（编）《考古学研究（一）》，文物出版社 1992 年。

② 侯亚梅：《石制品微磨痕分析的实验性研究》，《人类学学报》1992 年第 3 期。

③ 沈辰、陈淳：《微痕研究（低倍法）的探索与实践——兼谈小长梁遗址石制品的微痕观察》，《考古》2001 年第 7 期。

里就发生比较严重的磨圆[①]。本次实验所做的切骨是锯骨的简化动作，从结果来看，石英岩石制品和燧石制品在切割骨头方面所产生的片疤破损比较接近，但是磨圆不很明显，这有可能是切和锯运动方式不同以及两种石料岩性上的差异所致。

曲彤丽等人所做的骨质加工实验与微痕分析显示，燧石制品加工骨质材料会对工具的使用部位造成破坏性损伤，主要表现为大中型阶梯状片疤、少量羽翼状及卷边状片疤，分布杂乱、密集；刃缘的磨圆程度从严重、中度至轻度不等，可能与工具的使用时间和动作频度有关[②]。曲彤丽等人的实验结果和本次实验结果基本相同，石英岩石制品与燧石制品在加工骨质材料时所产生的微痕有较多的相似性，不同的是，石英岩石制品在加工骨质材料时经常会伴有小型片疤，以及大量的粉碎状晶体，这种现象在燧石制品上不曾见到，或许是两者岩性不同所导致的细微差别。

方启对吉林省东部地区的黑曜岩石器进行过微痕研究，对黑曜岩石器加工骨质材料的微痕特征规律进行过归纳[③]。他的实验涉及了切、刮、钻、刻四种动作，实验结果表明，黑曜岩石制品在切骨运动中多产生连续的折断状片疤，部分为羽翼状片疤，刃缘迅速变钝，效率尚可；刮骨会产生层叠式分布的片疤，长时间使用后刃缘变钝，效率降低；钻骨过程中刃缘顶端变圆钝，两侧端崩裂痕较多，整个刃部呈现一个不断“造尖”同时钝化尖顶部的过程，使用效率较低。这与本次实验有较多不同：首先，黑曜岩石制品切骨产生的多为折断状片疤，而石英岩石制品切骨产生的片疤以阶梯状和羽翼状为主；其次，黑曜岩石制品刮骨产生的片疤多为层叠分布，而石英岩石制品刮骨产生的片疤其分布形式没有特定规律，多为分散分布；最后，黑曜岩石制品切骨过程中刃缘迅速变钝，使用效率尚可，而石英岩石制品切骨过程中刃缘磨圆不明显，效率也较差。由于二者实验设计存在差异，故刻骨与砍砸骨两种方式暂无法比较。

---

① 夏竞峰：《燧石刮削器的微痕观察》，《中国历史博物馆馆刊》1995年第1期。

② 曲彤丽、梅惠杰、张双权：《骨质加工对象实验与微痕分析报告》，见高星、沈辰主编：《石器微痕分析的考古学实验研究》，科学出版社2008年，第61-81页。

③ 方启：《吉林省东部地区黑曜岩石器微痕研究》，吉林大学2009年博士学位论文。

二、不同原料石制品加工肉质材料的比较

通过对比燧石制食品加工肉类与石英岩石制品加工肉类的微痕特征可以发现，二者之间存在一些相似点。燧石制品与石英岩石制品在加工肉类时所产生的微疤在位置、形态和数量上基本相似，微疤均出现在刃部，终端形态多为羽翼状，数量一般较少。二者表面的磨圆情况也基本相同，均以轻度磨圆为主，偶尔出现中度磨圆。

然而，燧石制品加工肉类微痕与石英岩石制品加工肉类微痕之间也存在一些不同点。主要的不同之处在于微疤大小、光泽、擦痕和磨损位置。燧石的微疤尺寸大于石英岩的微疤尺寸；燧石表面的光泽以油脂光泽为主，石英岩表面的光泽以轻微光泽为主；燧石表面的擦痕比石英岩表面擦痕更为明显，出现的频率也更高；燧石表面的磨损出现在刃部和非刃部接触面，而石英岩表面的磨损仅出现在刃部。总的来说，燧石制品上出现的微痕比石英岩石制品上出现的微痕数量更多，分布更广，也更明显。

三、不同原料石制品加工木质材料的比较

王幼平有关燧石雕刻器加工木质材料的实验与微痕研究显示，石制品在使用后，刃缘部位都产生了磨光面、线状痕与崩损三类微痕，且磨光面明亮、光滑，在没有起伏的刃缘上呈条带状分布，在高低不平的刃缘上则呈时断时续状态，线状痕为宽浅型，崩损疤较深，以阶梯状为主[①]。李卫东为探讨燧石尖状器的制作工艺、使用功能及不同功能的使用痕迹特点，用 7 件标本在木棒上做刻划沟槽实验，14 件标本在木头上做钻孔实验，结果发现尖状器在刻划木头和钻木头时会产生以下几个方面的磨损特点：(1)都会产生较清楚、明亮的磨光光泽，以网状形式表现，使用时间较长者则以小的片状相连的形式出现；(2)在擦痕方面都不很明显，刻划实验以细小、横向擦痕为主，而钻孔实验则多短小，分布在尖边刃及尖脊处；(3)刻划实验产生的疤痕不明显，尖边刃

① 王幼平：《雕刻器实验研究》，见北京大学考古系《考古学研究(一)》，文物出版社 1992 年。

偶见小型和微细崩疤，而钻孔实验产生的疤痕在尖端两侧使用刃缘表现得最为明显，以小型台阶状疤为主，其次是较大型缓坡状疤[①]。沈辰、陈淳在采用低倍法观察工具的运动方式和分辨被加工材料的微痕研究中发现：以燧石制品加工中性物质类（干燥木材、树木嫩枝等）多会导致中、大型的"翻越状"片疤边缘分布，加工中软性物质产生的微疤一般呈羽翼状终端形状，而加工中硬性物质产生的片疤多见卷边状，同时会出现闪亮类光泽、一般或严重圆钝、少量擦痕等特点[②]。陈福友等人用 20 件燧石制品以刮、削、砍、锯、切、刻、钻的运动方式来加工干木和新鲜木，结果显示这些标本多为轻度磨圆，也有中度和严重磨圆，只有砍树木的标本产生了条痕；微疤尺寸以大、中型为主，多为连续分布的折断状和羽翼状终端形态，有几件标本的刃缘处产生明显的"翻越现象"。

总体来看，燧石制品加工木质材料的微痕特点主要体现为：刃缘一般有中度至严重的磨圆现象；在高倍数下能观察到亮度较大的光泽；产生少量擦痕；以大、中型片疤为主，加工中硬性木材多折断状和卷边状终端，而加工中软性木材多羽翼状终端；片疤在标本刃缘处的分布有明显的"翻越现象"。

黑曜岩石制品加工木质材料的微痕实验结果表明：刃缘部分都会有一定程度的磨圆现象，在腹面或背面多会产生连续分布或层叠分布的折断状或羽翼状片疤，只有极少的标本上出现了擦痕。但因黑曜岩本身反光性好和具备一定的透光性，故对光泽的观察很少提及[③]。

对比而言，石英岩、燧石和黑曜岩三种石料加工木质材料后会产生较为明显的微痕，三者之间既有相似之处，也有其独有的特征（见表 5.3.2）：三种石料的石制品在使用后都会出现一定的磨圆现象，石英岩和黑曜岩的磨蚀程度较重；燧石和黑曜岩标本在使用后会产生擦痕，但数量都很少；羽翼状片疤较为常见，石英岩还会产生少量的阶梯状片疤，黑曜岩标本还会产生较多的折断状片疤，而燧石标本上产生的片疤较为复杂，其终端形态和组合模式较为多样，且片疤尺寸相对要大；石英岩和燧石标本上都会观察到片疤在刃缘

---

① 李卫东：《燧石尖状器实验研究》，见北京大学考古系《考古学研究（一）》，文物出版社 1992 年。

② 沈辰、陈淳：《微痕研究（低倍法）的探索与实践——兼谈小长梁遗址石制品的微痕观察》，《考古》2001 年第 7 期。

③ 方启：《吉林省东部地区黑曜岩石器微痕研究》，吉林大学 2009 年博士学位论文。

处呈现“翻越现象”，在刃缘两侧则可观察到半月形凹缺，主要集中在刮木和钻木这两种运动方式上。

表 5.3.2　不同石料加工木质材料的微痕对比

对比项目		石英岩	燧石	黑曜岩
片疤破损	尺寸	中、小	大、中、小	小
	分布	连续分布	连续分布为主，少量不均匀分布和分散分布	连续分布、层叠分布
	终端	羽翼状、阶梯状	羽翼状、折断状、卷边状，少量阶梯状	折状断、羽翼状
	刃缘分布	翻越现象	翻越现象	/
磨蚀痕迹	磨圆	中度和严重磨圆	从严重、中度到轻度不等	中度和严重磨圆
	擦痕	/	少量	极少
	光泽	/	少量	/

四、不同石制品加工软皮材料的比较

流纹岩与石英岩相似，都具有较高的硬度和耐磨度，McDevitt 在 1994 年针对流纹岩开展了加工皮质材料的研究，实验表明流纹岩加工软质皮革材料时，只观察到轻微的磨圆和非常稀少的光泽，石器在经过一个小时乃至两个小时的使用之后仍具有很好的性能[①]。另外，黄蕴平对石英质石器的微痕实验研究结果也大致相似[②]，在切割新鲜猪皮时刃口变钝，高倍数观察下有贝壳状崩损；刮新鲜猪皮时刃口圆钝，有片疤出现。

与此相反，Keeley 在 1980 年对燧石进行的软质皮革加工实验中，出现了十分明显的磨圆、条痕和光泽[③]。夏竞峰、侯亚梅等进行的燧石加工软质皮革实验也出现了类似的结果。夏竞峰的实验显示在端刮器的刃部出现很明显

---

① McDevitt, K. 1994. Results of replicative hide-working experiments: The roles of raw material, hide condition and use-wear patterns in the determination of rhyolite end scraper function. *Lithic Technology*, 19(2): 93-97,

② 黄蕴平:《沂源上崖洞石制品的研究》,《人类学学报》1992 年第 1 期。

③ Keeley, L. H. 1980. *Determination of Stone Tool Use. A Micro-wear Analysis*, Chicago: University of Chicago Press.

的磨光面，在石器表面高低处均有分布，条痕和片疤较少[1]。侯亚梅的实验显示[2]，切割新鲜皮质的光泽较均匀、条痕多为横向、片疤较少；刮新鲜皮质的燧石光泽呈散漫状、条痕与光泽相伴呈放射状、片疤较小。张晓凌等进行的刮新鲜肉皮的实验则显示，石器刃缘分布有连续羽翼状和阶梯状片疤的较大片疤，轻度磨圆，有条状光泽[3]。

黑曜岩加工新鲜肉皮的微痕实验显示[4]，在切新鲜肉皮的标本上石器刃缘均变平滑；大部分石器有新增的细小片疤，其中在不受加工痕迹影响的标本上以羽翼状片疤为主，在刃缘本身加工痕迹明显的标本上以折断状和层叠状片疤为主；在使用后期出现较大片疤，为折断状为主。刮新鲜肉皮的标本总体而言刃缘变平滑，仅有一件刃缘起伏变大；部分有小片疤出现，多为折断状；出现较多大片疤，多为折断状，少数为羽翼状。

表 5.3.3　不同石料加工新鲜皮质材料的微痕对比

动作	项目	石英岩	流纹岩	石英	燧石	黑曜岩
切	片疤	分散分布羽翼状小片疤	/	贝壳状	较少	羽翼状和折断状连续分布小至中片疤
	磨圆	轻微	/	轻微	明显	/
	光泽	/	/	/	明显	/
刮	片疤	分散分布及个别连续分布羽翼状小片疤	/	有崩损	连续羽翼状和阶梯状中片疤	折断状连续分布小至中片疤
	磨圆	轻至中度	轻微	轻微	轻度	/
	光泽	/	稀少	/	明显	/

对比而言，石英岩、石英和流纹岩的微痕痕迹较少，主要的片疤为分散分布的羽翼状小片疤；燧石和黑曜岩微痕痕迹较明显，主要片疤为连续分布的羽翼状和阶梯状小至中片疤（见表 5.3.4）。

---

① 夏竞峰：《燧石刮削器的微痕观察》，《中国历史博物馆馆刊》1995 年第 1 期。

② 侯亚梅：《石制品微磨痕的实验性研究》，《人类学学报》1992 年第 3 期。

③ 陈福友、曹明明、关莹等：《木质加工对象实验与微痕分析报告》，见高星、沈辰主编：《石器微痕分析的考古学实验研究》，科学出版社 2008 年，第 41-59 页。

④ 方启：《吉林省东部地区黑曜岩石器微痕研究》，吉林大学 2009 年博士学位论文。

第六章 结 语

微痕分析，不仅仅能够分辨个别石器的用途和使用方式，还能够推测、还原史前人类的生存方式、行为模式乃至认知模式。本研究以旧石器遗址中常见的石英岩石制品为对象，以微痕分析为手段，以功能研究为目的，开展了一系列的实验研究与考古分析。

微痕分析取得的每一个进步，都离不开模拟实验。目标明确、程序规范、控制严谨、处理完备、记录翔实的实验，不仅推进了微痕分析的不断完善，而且为以后的工作和深入的思考奠定了基石。通过对不同运动方式和不同硬度材料的加工模拟实验，初步了解了石英岩石制品的微痕特征，首次归纳了在石英岩上形成微痕的规律。由于石英岩的岩性特点，表面颗粒较大且反光性较强，低倍法在分辨片疤破损和磨圆方面较高倍法优势更加明显。

根据对乌兰木伦遗址出土部分石器的微痕分析结果可以初步推测，一半以上的石器经过使用，个别石器还经过装柄。遗址中发现大量的动物骨化石碎片，一些化石的解剖学部位残留有明显的石器切割痕迹，烧骨和用火遗迹也显示出人类对动物性物质的食用。因此，处理动物性物质可能是乌兰木伦遗址第一地点的主要作用之一，特别是剥皮和从骨头上剔肉两种动作。装柄技术和复合工具是一种技术创新，常见于旧石器时代晚期，通常被认为是现代人(晚期智人)的重要特征[①]。有学者提出,工具装柄现象早在旧石器时代中期已经出现,如德国的 Micoquian 遗址[②]、法国的 Biache-Saint-Vaast 遗址[③]以及南非的 Kathu Pan 1 遗址[④]。乌兰木伦发现的装柄微痕,为我们了解中国旧石器时代中期复合工具的出现与演化提供了新的线索和证据。同时,加工木材的微痕可能与制作木柄有关。

在未来的研究中,应将微痕分析置于旧石器整体研究框架中,开展全方位的信息提炼。一方面需要继续进行更多的实验,运用多种手段采集数据和照片,进行定量分析,建立起系统、科学的石英岩微痕数据库。另一方面还需要对更多的考古标本和遗址进行分析,了解更多的变量和影响因素。学者过去曾经以为石英岩相对于燧石和黑曜岩来说是劣质石料,但在实验过程中发现,至少在加工中软性动物性物质上,石英岩装柄石器的效果不错,而且耐用性较高。今后应当对石英岩的岩性展开更多的分析,弄清楚石英岩的优势与劣势,以对古人类原料选择有更深入的理解。

---

① Klein, R. G. 2000. Archaeology and the evolution of human behavior. *Evolutionary Anthropology*, 9(1): 17-36.

② Pawlik, A. F., Thissen, J. P. 2011. Hafted armatures and multi-component tool design at the Micoquian site of Inden-Altdorf, Germany. *Journal of Archaeological Science*, 38(7): 1699-1708.

③ Rots, V. 2013. Insights into early Middle Palaeolithic tool use and hafting in Western Europe. The functional analysis of level IIa of the early Middle Palaeolithic site of Biache-Saint-Vaast (France). *Journal of Archaeological Science*, 40(1): 497-506.

④ Wilkins, J., Schoville, B. J., Brown, K. S. et al. 2012. Evidence for early hafted hunting technology. *Science*, 338(6109): 942-946.

附录 1

石器微痕记录代码

(1)PC=使用部位;FU=功能单位。

(2)片疤破损:

位置:D=背面;

V=腹面;

R=刃脊。

微疤大小:L=大型;

M=中型;

S=小型;

T=极小型。

微疤分布形式:R=连续分布;

Sd=分散分布;

P=层叠分布;

C=丛簇分布;

D=间隔分布。

微疤终端形态:F=羽翼状;

H=卷边状;

S=阶梯状;

B=折断状。

(3)磨蚀痕迹：

磨圆：AR＝零磨圆；

LR＝轻度磨圆；

MR＝中度磨圆；

HR＝严重磨圆。

附录 2

乌兰木伦石制品微痕观察记录表

序号	标本编号	类型	使用与否	使用单位	使用部位	微痕描述	运动方向	加工材料
1	OKW⑦2-5	使用石片	Y	1	尖部	V20×:连续分布中小型的浅平羽翼状片疤,片疤无方向,磨圆中度,尖部磨圆较为严重。 D20×:没有明显痕迹。	剔	肉/骨
2	OKW⑦9-1	使用石片	Y	1	PC7	V20×:连续分布小片疤,边缘呈小锯齿状,锯齿有方向,片疤由背面向腹面,有翻越状片疤。 D20×:连续分布小片疤,羽翼状终端,边缘呈锯齿状,锯齿有方向性,有个别中片疤,有个别为卷边状。	?	鲜木
3	OKW⑦6-8	使用石片	Y	1	PC2-3	V20×:边缘小锯齿状,小片疤连续分布,羽翼状终端,有轻微磨圆,片疤从背面向腹面,略带方向性。 D20×:片疤不明显。	剔	肉/骨
4	OKW⑦7-32	使用石片	Y	3	尖部	R20×:尖部磨损,中度磨圆,尖部略变钝,剥掉 3 个片疤,一个为阶梯状,顶部有些小片疤。 尖部左侧刃:连续中片疤,呈大锯齿状,大锯齿内有小片疤剥离。 尖部腹面:似有小片疤,但由于粘有胶水,不能确定。 尖部背面:没有片疤,但尖部变钝,中度磨圆。 宽边刃:没有痕迹。	剔	肉/骨
			M		PC1	轻度磨圆,羽翼状小片疤,由背面剥向腹面。	装柄捆绑	NA
			M		PC6-7	边缘呈小锯齿状,间隔分布小片疤,个别片疤为翻越状,方向不明。	装柄压痕	NA

续表

序号	标本编号	类型	使用与否	使用单位	使用部位	微痕描述	运动方向	加工材料
5	OKW⑦11-2	使用石片	Y	1	尖部、PC7/8	20×：边缘有磨损，角度原为70°，现为86°。 尖部腹面：有片疤，有层叠状，轻度磨圆。 40×：尖部左侧刃有小片疤，略显方向性，片疤有羽翼状终端，片疤方向垂直于刃缘。	剔/片	肉/骨
6	OKW⑦12-3	使用石片	Y	1	PC3	V40×：片疤不明显，侧刃中度磨圆。 D40×：片疤不明显，边缘呈小锯齿状，有方向性。	片/剔	肉
7	OKW⑦6-1	端刮器	Y	1	PC8-1	V40×：边缘丛簇分布中小片疤，多为羽翼状终端，有卷边状，边缘小锯齿状，略有方向，多数小片疤较浅平，有几片片疤为长方形，有个别中片疤。 D40×：紧贴边缘处有连续小片疤，刃缘形状、方向等其他同上，边缘突起部分有轻微磨圆，有初始光泽，锯齿尺寸较大。 侧刃 40×：中度磨圆，片疤剖面近四边形，有一定方向性，突起部分磨圆略为明显。	刮/片	肉
8	OKW⑦6-7	使用石片	Y	1	PC8-1	20×：PC1：两侧都有小片疤，多为羽翼状终端，阶梯状及卷边状较少，片疤方向为双向，侧刃有中度磨圆。 PC8：刃部严重破损，有层叠感，磨圆较 PC1 处略严重，片疤大体由腹面向背面，边缘片疤方向为双向，由于原料问题，个别突起部分呈粉碎状。 PC8 左侧：同 PC1。	切	肉/骨

续表

序号	标本编号	类型	使用与否	使用单位	使用部位	微痕描述	运动方向	加工材料
9	OKW⑦2-6	使用石片	Y	1	PC2-3	D:尖部中度磨圆,凹缺部位边缘呈小锯齿状,有连续小片疤,方向为双向。 V:同上。小片疤终端为卷边状。 侧刃:突起尖部磨圆重度,凹部磨圆中度,尖部有散漫光泽,有层叠粉碎。	切	带骨的肉
10	OKW⑦6-6	使用石片	M	1	尖部	D40×:角度原为57°,后破损变钝为105°,片疤不明显,钝原不明显。 右侧刃:D面连续分布小片疤,终端有卷边状、羽翼状,轻度磨圆,尖部中度磨圆,侧刃有局部粉碎感,片疤方向不明确。 小侧刃:两面都有小片疤,刃缘轮廓改变,轻度磨圆,从侧刃看,刃脊凹凸不平,片疤方向不明确。 左侧刃:V面刃缘有不连续分布中小片疤;D面片疤比腹面明显,连续小片疤,刃缘轮廓起伏,磨圆轻度。	加工	肉
11	OKW⑦7-40	使用石片	M	1	PC6	V40×:刃缘轮廓呈波浪状,小片疤不连续分布,轻度磨圆,方向为双向。 D40×:不连续分布中小片疤,中片疤有卷边状终端,小片疤为羽翼状,边缘轮廓不规则,片疤较腹面多。 侧刃:有磨圆。	斜向切	肉
12	OKW⑦N-7	使用石片	Y	1	PC1	D40×:边缘轮廓锯齿状,大小锯齿无规则分布,凸起部磨圆较凹部明显,紧贴边缘不连续分布有小片疤,凸起部分有散漫状光泽,从侧面看,片疤有方向,小片疤全为羽翼状终端。 V40×:同背面。 侧刃:月牙形凹痕。	切	肉

续表

序号	标本编号	类型	使用与否	使用单位	使用部位	微痕描述	运动方向	加工材料
13	OKW⑦19-1	使用石片	M	1	PC6-8	D40×:刃缘轮廓呈不规则波浪状,不连续分布中小片疤,轻微磨圆,方向不明确。 侧刃:PC7 处,有连续的半圆形小坑,中度磨圆,丛簇分布小片疤。	切/锯	软性物质
14	OKW⑦7-19	使用石片	M	1	PC8	D20×:刃部有磨圆,边缘轮廓平滑,丛簇分布中小片疤,羽翼状为多,有卷边状,片疤破裂方向垂直于边缘。 V20×:片疤不明显。	刮	不明
15	OKW⑦5-7	使用石片	M	1	PC8-1	D40×:刃缘轮廓有起伏,紧贴边缘处有连续小片疤,有轻度磨圆,片疤方向不明显。 V40×:没有明显痕迹。	切	软性物质
16	OKW⑦14-8	使用石片	M	1	尖部	D25×:尖部钝圆,中度磨圆,有中片疤,浅平,羽翼状,无方向,尖部原来角度为 75°,现为 85°。 V25×:边缘有小片疤,尖部钝圆,中度磨圆。	钻器	不明
17	OKWN35-2	石刀	Y	1	PC1-3	D25×:连续分布小片疤,间断分布中片疤,边缘呈间断的小锯齿状,整条刃均有使用痕迹,片疤终端均为羽翼状。 V25×:不连续分布小片疤,片疤有方向性,局部出现轻微磨圆。 侧刃:连续交错分布小片疤,轻到中度磨圆,局部有点状光泽。	切	肉
18	OKWN31-1	石刀	Y	1	PC8-2	D25×:刃缘呈间断性大锯齿状,间歇出现连续小片疤,PC1-2 较为明显,中度磨圆,局部刃缘变钝,局部有初始光泽,片疤略有方向性,终端以羽翼状为多,有折断状。 V25×:边缘呈连续小锯齿状,紧贴边缘处有个别小片疤,刃缘轮廓略显方向。 侧刃:轻—中度磨圆,局部片疤分布较乱。	切	带骨的肉

续表

序号	标本编号	类型	使用与否	使用单位	使用部位	微痕描述	运动方向	加工材料
19	OKW⑦15-4	使用石片	M	1	PC2	未描述。	切/锯	带骨的肉
20	OKW⑦13-4	使用石片	M	1	PC8-1	未描述。3个大凹缺内有连续小片疤	不明	不明
21	KBS②b218	石刀	Y	1	PC7	D25×:边缘呈连续中型凹缺,内有小片疤,无方向,凸起部分有轻微磨圆,局部片疤层叠,终端以羽翼状为多,有卷边状,阶梯状。 V40×:紧贴边缘有小片疤,轻度磨圆,片疤少。	刮	从骨上刮肉
22	OKWN29-2	石刀	Y	1	PC6-7	D:由于原料纹理,边缘片疤层叠斑驳,终端有羽翼状,卷边状。 侧刃:刃缘磨损严重,片疤垂直于刃缘,凸起部分中到重度磨圆,有初始光泽,局部破裂痕迹明显,表现出完整的赫兹锥,刃口粉碎状。	刮	鲜骨
23	KBS10②397	石刀	Y	2	PC6-7	D40×:连续分布中小片疤,以羽翼状为多,中度磨圆,局部出现破损,刃缘呈不规则波浪状,片疤略有方向性。 V40×:连续分布小片疤,羽翼状为多,个别钩状,中度磨圆,有方向,个别片疤破裂点清晰。 侧刃:破损比较严重,凸起部分磨圆较严重,有零星的点状光泽。	切	肉/骨
					PC8	D25×:连续分布有中小片疤,羽翼状,有方向,凸起部分中度磨圆。 V25×:与D面相似,但片疤较少。 侧刃:轻度磨圆。	切	肉
24	OKW⑦7-24	刮削器	M	1	PC7-1	D40×:不连续的小片疤,轻度磨圆,尖部似有破损。 V40×:零星小片疤,轻度磨圆,尖部有零星小片疤,中度磨圆。 侧刃:中度磨圆。	斜向切	动物物质

续表

序号	标本编号	类型	使用与否	使用单位	使用部位	微痕描述	运动方向	加工材料
25	OKW④S11-1	琢背小刀	Y	1	PC6-7	D40×:不连续分布小片疤,片疤破裂不明显,仅能从边缘不连续的锯齿形缺口判断,PC7 处片疤较为连续。 V40×:连续分布浅平小片疤,有方向,PC7 左(近 PC8 处)片疤破损明显,边缘轻微磨圆。PC7(近 PC6 处)边缘平滑。	切	肉(触碰骨)
26	OKW26-1	尖状器	Y	3	尖部	40×:尖断,尖部有极小片疤,垂直断裂,原角度为 60°。 D 左侧刃:有胶水,近连续分布极小片疤,轻微磨圆。 D 右侧刃:片疤不明显。	穿刺	中软性动物
			Y		PC6,PC3	PC6:分散分布极小凹缺,垂直于刃缘。刃角为 40°。 PC3:同 PC6,刃角为 40°。	捆绑	NA
			M		PC4-5	刃部有粉碎性的极小片疤,不连续分布。	装柄压痕	NA
27	OKW⑦14-1	刮削器	Y	1	PC8-1	D25×:刃缘轮廓呈不规则的波浪状,几乎无片疤,刃缘处有轻度磨圆,凸起部中度磨圆。 V25×:有修理片疤,较陡,侵入 3.4mm,在边缘有不连续的小片疤,系受轮廓影响。片疤破裂方向垂直于刃缘,片疤外形呈半圆形。两种片疤相比,修理片疤打击点清晰,打击点处呈凹缺状,片疤侵入和外形较大。 侧刃:中度磨圆。	刮	皮/肉
28	OKW⑦N-6	刮削器	Y	1	PC1-2	D25×:片疤十分零星,几乎无片疤,边缘轮廓成不规则波浪状,重度磨圆(受石皮影响?) V25×:不连续的小片疤,紧贴边缘,刃部重度磨圆,片状光泽。PC1 处刃缘层叠粉碎,系修理所致。其余部位修理片疤外形较大,侵入中度,套在使用片疤外侧,侵入 1.95mm。	刮	皮/骨上的肉?

续表

序号	标本编号	类型	使用与否	使用单位	使用部位	微痕描述	运动方向	加工材料
29	OKW-c5	琢背石刀	Y	3	尖部	破损，尖部背面有零星极小片疤。	斜向切	肉/骨
					PC7-8	D40×：受刃缘形状的影响，不连续分布有中片疤，个别小片疤位于中片疤内边缘处，使中片疤的凹缺剖面呈折断状，靠近尖部连续分布有小片疤，羽翼状为多，有卷边状。 V40×：靠近尖部，中度磨圆。连续分布有极小片疤，有方向。PC7处，连续分布小片疤，磨圆轻到中度，偶尔有中片疤，也有方向。 侧刃：中度磨圆，有几处片疤呈粉碎状。		
					PC8	D40×：靠近尖部，中度磨圆。连续分布有极小片疤，有方向。		
30	OKW④S7-2	矛头	Y	1	PC1-2	D：边缘连续分布小片疤，边缘轮廓呈锯齿状，片疤略有方向，磨圆不明显。 V：同上。 侧刃：轻度磨圆。	切	肉
31	OKW④S1-3	矛头	M	1	PC2	D：有不连续中小片疤，无方向，个别片疤能看到打击点，小片疤终端多为羽翼状，中片疤为钩状，有粉碎感。	刮	不明
32	OKW④7-4	矛头	Y	1	尖部	V：尖部有破损，有3～4片小片疤（由尖向下破裂），轻微磨圆。原角度为80°，后折断。 左侧刃：靠近尖部，有小片疤，有方向性，平行于刃缘。 右侧刃：靠近尖部，也有轻微磨圆，同左侧刃。	穿刺	动物物质
33	OKW④21-2	矛头	M	3	尖部	侧刃：有破损，粉碎状（可能与石料的晶体颗粒有关）。	穿刺	动物物质
					PC6	V：零星分布有小片疤，与PC3对称修理，修理片疤侵入较深，背面打击点位置有不连续的小片疤。	捆绑	NA
					PC3	与PC6对称修理，修理片疤侵入较深，背面打击点位置有不连续的小片疤。		

续表

序号	标本编号	类型	使用与否	使用单位	使用部位	微痕描述	运动方向	加工材料
34	OKW⑥N-5	凹缺器	Y	1	尖部	背面：有两个大片疤，破裂较深，边缘呈大波浪状，磨圆不明显，边缘另有数个小片疤。 腹面：同上，但几乎没有小片疤。 侧刃：轻度磨圆。	刻	骨？
35	OKW⑦2-11	凹缺器	M	1	凹缺	凹缺内侧：边缘连续分布极小片疤，轻度磨圆，修理片疤打击点周围因受石料影响，呈粉碎感。	刮	不明
36	OKW④47-2	凹缺器	Y	1	凹缺	凹缺背面：不连续分布极小片疤，边缘形状较平滑，偶尔有起伏，左侧片疤较多。 腹面：基本同上，片疤有方向。	切	筋？
37	OKW④S56-5	凹缺器	M	1	凹缺	背面：边缘形状呈间隔式小锯齿状，刃部比较锋利，有零星小片疤。 腹面：连续分布极小片疤，羽翼状，略显方向，但不明显。 侧刃：零—轻度磨圆。	方式不明	材料不明
38	OKW③16-1	凹缺器	M	1	PC3	PC3 所在刃缘呈折断状，靠近 PC4 处刃缘较锋利，连续分布浅平的小片疤。 侧刃：PC3 处折断，靠近 PC4 处轻度磨圆。	切	硬性物质
39	KBS10②C266	锯齿刃器	M	2	PC1/2	背面：小尖处有 2～3 个片疤，由腹面向背面破裂。 腹面：有 3 个间隔分布的小缺口。	方式不明	不明
			M			背面：有不连续分布的月牙状凹缺，其余部分较平滑。 腹面：轻微磨圆，片疤不明显，边缘较平滑。		
40	OKW④23-5	锯齿刃器	M	1	PC7-8	边缘较平滑，两面均有连续的极小片疤，片疤破裂不明显，但轮廓略显方向，中度磨圆，尖部钝圆。	切	软性物质

续表

序号	标本编号	类型	使用与否	使用单位	使用部位	微痕描述	运动方向	加工材料
41	OKW④ S57-5	锯齿刃器	Y	1	PC8-1	背面:有连续分布的中小片疤,浅平,中片疤为多,羽翼状,凸起部分轻度磨圆。 腹面:边缘呈连续的锯齿状,偶尔见小片疤。 侧刃:凹缺部分剖面呈折断状,中度磨圆。	踢/片	肉/骨
42	OKW③31-1	锯齿刃器	Y	1	PC6/7尖部	背面:连续分布极小片疤,浅平,羽翼状,刃缘轮廓较平滑,片疤略带方向。 腹面:边缘有缺口,凸起部分中度磨。	剥/剔	皮/肉
43	OKW⑤ S60-3	锯齿刃器	M	1	PC1	背面:边缘处有分散的小缺口。 腹面:基本同上,个别小片疤略显方向,磨圆不明显。	方式不明	材料不明
44	KBS10② C375	锯齿刃器	Y	1	PC2-3	腹面:PC2 处边缘呈锯齿状,有不连续的小片疤,略带方向性,PC3 处边缘呈不规则的小锯齿状,无明显片疤。 背面:PC2 处连续分布两个中片疤,羽翼状,若干小片疤,略带方向性,其中,一个中片疤的破裂点清晰,PC3 处不连续分布小片疤,方向不明显。 侧刃:轻度磨圆。	切	带骨的肉
45	KBS② B243	锯齿刃器	Y	1	PC7-8	背面:边缘连续分布小波浪状缺口,片疤破裂不明显,无方向,PC8 处有 2～3 个小片疤,是由腹面向背面破裂,边缘中度磨圆。 腹面:在修理片疤内侧紧贴边缘处连续分布极小片疤,由腹面向背面破裂,方向不明显,中度磨圆。	剔	肉

续表

序号	标本编号	类型	使用与否	使用单位	使用部位	微痕描述	运动方向	加工材料
46	OKW③S8-2	锯齿刃器	Y	1	PC7	背面:连续分布小片疤,破裂点清晰,紧贴边缘,有方向,羽翼状,磨圆不明显,边缘破损不严重。 腹面:片疤不明显,紧贴边缘处,有轻度磨圆。 侧刃:二次加工部位打击点附近呈粉碎感,使用部位中度磨圆,较平滑。	斜向切	肉(骨)
47	OKW⑥27-1	锯齿刃器	M	1	PC8-1	背面:边缘偶尔有月牙状缺口,个别有方向,有几个中片疤破裂点清晰,边缘轻—中度磨圆(有可能是石皮的原因),片疤由腹面向背面破裂。腹面:基本同上,但无片疤。	片	肉
48	OKW③43-11	凹缺器	Y	1	PC2/3,尖部	背面:尖部有破损,有两个中片疤较清晰,在侧刃有几个中片疤,由腹面向背面破裂,原角度为97.5°,现断裂。 腹面:右侧刃有几个连续的中片疤,由背面向腹面破裂,片疤终端以羽翼状为多,有钩状。 侧刃:中度磨圆。	钻器	鲜骨
49	OKW⑦3-5	锯齿刃器	Y	1	PC1	背面:有不连续的小片疤,有方向,轻微磨圆。 腹面:边缘有破损,不明显,轻微磨圆。 侧刃:中度磨圆。	片	肉
50	OKW④S59-3	锯齿刃器	M	1	PC2-3	腹面:紧贴边缘处有连续的小缺口,个别片疤由背面向腹面破裂,略带方向性,但磨圆不明显,PC2处有些缺口的茬口新鲜,原因不明,可能与原料有关。 背面:PC2处有连续分布的中小片疤,由腹面向背面破裂,略带方向性。	片	肉

续表

序号	标本编号	类型	使用与否	使用单位	使用部位	微痕描述	运动方向	加工材料
51	OKW⑤N-4	锯齿刃器	Y	1	PC8/1,尖部	背面:尖部钝圆,有破裂,片疤由腹面向背面破裂。 左侧刃:加工形成。 右侧刃:有不连续的几个小片疤,由腹面向背面破裂,轻度磨圆。 尖部侧刃:重度磨圆,有点状光泽。	割	软性动物物质
52	OKW⑥24-5	锯齿刃器	M	1	PC8-1	腹面:边缘处连续分布小片疤,PC8 处较为集中,边缘呈小锯齿状,片疤由背面向腹面破裂,侵入较小,略带方向性。 背面:基本同上,但片疤不明显,偶尔见小片疤散布。 侧刃:中度磨圆,可见片疤向两面破裂。	剔/片	肉/骨
53	OKW⑦7-45	锯齿刃器	Y	1	PC1-2	腹面:边缘呈锯齿状(肉眼),显微镜下呈大波浪状,紧贴边缘有中型月牙状缺口,带方向性,中度磨圆,缺口形状规则。 背面:修理片疤内侧边缘有连续中片疤,由腹面向背面破裂,轮廓呈月牙形,羽翼状,侵入较陡,凸起处中度磨圆。 侧刃:中—重度磨圆,轮廓呈大波浪状。	切	带骨的肉
54	OKW③18-2	锯齿刃器	Y	1	PC7-8	腹面:边缘呈现轻微磨损,PC8 处较明显,有极小的片疤缺口。 背面:连续分布的小片疤羽翼状多,有钩状,由腹面向背面破裂,破裂点清晰,PC8 凸起处中度磨圆。 侧刃:轻—中度磨圆。	刮	骨上的肉
55	OKW④20-6	锯齿刃器	Y	1	PC7-1	背面:边缘连续月牙形小缺口,略带方向,有几个中型片疤,钩状,套在小片疤外面,由腹面向背面破裂(PC7/8 处),PC1 处片疤较明显,连续羽翼状,有方向,中度磨圆。 腹面:边缘有起伏,轻度磨圆,但片疤不明显。 侧刃:轻微磨圆,刃缘较平直。	剔	肉(触碰骨)

续表

序号	标本编号	类型	使用与否	使用单位	使用部位	微痕描述	运动方向	加工材料
56	OKW③ S28-2	尖状器	Y	1	尖部	尖部：较钝，棱脊有一大片疤从腹面向背面纵向破裂。阶梯状终端，内嵌套有三个小片疤。 左侧刃：D25×连续分布四到五个中型片疤，方向不明，由腹面向背面破裂；V25×边缘呈波浪状，略显方向；R25×中度磨圆。 右侧刃：D25×有一大片疤，阶梯状终端，似使用所致；V25×有一大凹缺。	剔	肉（触碰骨）
57	OKW③24-3	斧形小石刀	Y	4	PC8-1	D32×：丛簇分布小片疤，多为羽翼状终端，偶见卷边状。边缘较平滑。 片疤分布受修理刃形状限制。 V32×：边缘呈不规则小锯齿状，无方向。中度磨圆。 R32×：中度磨圆。	刮	鲜皮
					PC3	D32×：零星分布小缺口，轮廓为月牙状。 V32×：零星分布小片疤，由背面向腹面破裂。	装柄	NA
					PC4-5	D32×：轻度磨圆，偶见压痕。		
					PC6	D32×：零星分布月牙状小片疤，由腹面向背面破裂。 V32×：间隔分布月牙状小缺口。		
58	OKW⑤ 24-2	尖状器	Y	1	尖部	尖部：D25×正中和左侧各有一中型片疤，羽翼状终端，由背面向腹面破裂。脊有中度磨圆，中片疤内套有两个小片疤；V25×有缺口，侧刃严重磨圆。 左侧刃：D25×零星分布小片疤，左侧有修理产生的大片疤，轻度磨圆。	划	肉/皮

续表

序号	标本编号	类型	使用与否	使用单位	使用部位	微痕描述	运动方向	加工材料
59	OKW⑥ 15-7	钻器具	Y	1	尖部	尖部:D25×略有磨损;V25×轻度磨圆;从尖部看中度磨圆。 左侧刃:D25×连续分布小片疤,边缘呈锯齿状,略有方向;V25×边缘呈锯齿状,片疤不明显;R25×轻度磨圆。 右侧刃:D25×近连续分布小片疤,略有方向;V25×片疤不明显,轻度磨圆。	剐	肉
60	OKW N35-9	钻器具	Y	1	PC1	D25×:轮廓呈波浪状。 V25×:靠近尖部连续分布中片疤,羽翼状终端,有方向。由腹部向背面破裂。 R40×:轻度磨圆。	剐	肉(触碰骨)
61	OKW② 25-5	尖状器	Y	1	尖部	尖部:D25×有磨损,边缘轮廓呈连续小缺口状,中度磨圆。石料晶体反光较严重;V25×钝圆,中度磨圆,边缘平滑。 左侧刃:D25×片疤不明显;V25×有两个大片疤,羽翼状,片疤轮廓较浅。 右侧刃:D25×分散分布3～4个小片疤,有方向;V25×同D面。	划	皮
62	OKW② 41-2	尖状器	Y	1	尖部	尖部:D25×边缘呈小波浪状;V25×:尖部较钝,有3～4个小型片疤,羽翼状终端,片疤由腹面向背面破裂。 侧刃25×:中度磨圆。	刮	皮
63	OKW⑥ N-8	钻器	Y	3	PC7-8	D25×:紧靠边缘处有连续的较浅波浪状小缺口,隐约有破裂方向。 V25×:同上,片疤方向比背面略清晰。 侧刃25×:偶见柳叶状端口剖面,中度磨圆。	剐	肉(触碰骨)
					PC3,PC6	25×:零星分布小缺口。	装柄	NA

续表

序号	标本编号	类型	使用与否	使用单位	使用部位	微痕描述	运动方向	加工材料
64	OKW⑥ 32-8	钻器	Y	1	尖部	尖部:D25×尖部有两处破损,棱脊钝圆;V25×钝圆,严重磨圆,尖部有3个极小片疤。 左侧刃:D25×连续分布中小片疤,边缘平滑,片疤略显方向,由腹面向背面破裂;V25×边缘呈浅平波浪状缺口。	剐	肉
65	OKW② 43-7	钻器	M	1	PC8-1	D25×:边缘有零星的小片疤,由腹面向背面破裂,无规律。 V25×:边缘轮廓呈不规则小锯齿状,略有方向。大突起部分似有磨圆。 PC8/1侧刃:中度磨圆。	方式不明	不明
66	OKW② 21-6	钻器	M	1	PC1	D25×:不连续分布小型片疤,羽翼状,中间有间隔,有方向,片疤从腹面向背面破裂。 V25×:刃缘呈间隔式锯齿状,有方向。 侧刃:轻度磨圆。	斜向片	不明
67	OKW② 47-3	钻器	M	1	PC6	D25×:尖部两侧刃有不规则小片疤分布,尖部有断痕;左侧刃有3～4个羽翼状小片疤,由腹面向背面破裂;右侧刃有2～3个小片疤,由背面向腹面破裂。 V25×:尖部钝圆,轻度磨圆,尖部有两个缺口,侧部较平滑。	钻器	动物物质
68	OKW N11-4	钻器	Y	1	尖部	尖部:磨损严重,有一大片疤,内套3个小片疤,肩平。 左侧刃V25×:尖部钝圆,轻度磨圆,尖部有两个缺口,侧部较平滑。	钻器	鲜骨
69	OKW② 34-1	鸟喙状雕刻器	M	1	尖部	尖部:有轻微破损,侧刃有中度磨圆。 左侧刃:D25×有1个大片疤,羽翼状,方向自尖部向底部破裂;V25×有连续极小缺口。 棱脊:有连续3～4个中小片疤。	方式不明	不明

续表

序号	标本编号	类型	使用与否	使用单位	使用部位	微痕描述	运动方向	加工材料
70	OKW② 44-3	短刃石刀	Y	3	PC8	D20×:有4个大型片疤,内套几个阶梯状小片疤,有方向,边缘平滑,凹缺不是很明显,片疤由腹面向背面破裂,中度磨圆。 V20×:片疤不如背面明显,中度磨圆,有方向,突起处磨圆严重。 侧刃25×:严重磨损。	切	肉(触碰骨)
					PC3	D25×:零星分布有月牙形小缺口,缺口较深。 V25×:同背面,片疤由腹面向背面破裂。	装柄	NA
					PC6	25×:间隔分布小缺口,断面呈月牙状,片疤由腹面向背面破裂。 侧刃25×:轻度磨圆。		
71	OKW② 51-3	短刃石刀	Y	1	PC1	D25×:有2~3个大型片疤,钩状终端,破裂侵入度较大,边缘呈连续小缺口状,分散分布中型片疤,由腹面向背面破裂。 V25×:轮廓同背面,片疤不明显。 侧刃32×:轻度磨圆。	切	肉
72	OKW②8-2	锯齿刃器	Y	2	PC6	D32×:分散分布有小缺口,边缘较平滑,轻度磨圆。 V25×:分散分布5个小片疤,羽翼状,有2处片疤侵入较深,片疤由背面向腹面破裂,轻度磨圆。 侧刃32×:中度磨圆。	剔	肉
			M		PC7-8	零星分布有较浅的小缺口,中度磨圆。	执握	NA
73	OKW② 42-1	锯齿刃器	M	1	PC2-3	40×:边缘有磨圆,分散分布有极小片疤。	方式不明	不明
74	OKW② 54-1	锯齿刃器	Y	1	尖部	尖部:尖断,崩掉一大块。 左侧刃D25×:间隔分布3个小片疤,羽翼状,由腹面向背面破裂,凹起处为中度磨圆。 刃脊25×:严重磨圆。 右侧刃25×:崩损。	剔	鲜骨

续表

序号	标本编号	类型	使用与否	使用单位	使用部位	微痕描述	运动方向	材料
75	OKW③ S23-5	钻器	M	1	PC7	D25×：大凹缺内边缘处有连续小缺口。 V25×：大凹缺内边缘处连续分布小片疤，破裂方向不明。 侧刃 25×：轻度磨圆。	切	材料不明
76	KBS10② b103	尖状器	Y	2	尖部	D/V25×：尖部有轻微破损，轻度磨圆。	穿刺	动物物质
					底两侧边	25×：有零星小缺口，间隔分布。右侧边由腹面向背面破裂，左侧边破裂方向不明显，刃脊中度磨圆，有散漫光泽。	装柄	NA
77	OKW③ S9-1	钻器具	Y	1	PC8-1	D20×：分散分布大片疤，羽翼状，凸起处圆滑，片疤有方向，偶尔可见打击点，边缘呈凌乱型锯齿状。 V20×：同背面。 刃脊：大部分为轻度磨圆，PC8 处中度磨圆，PC1 处呈大波浪状。	切	带骨的肉
78	OKW③ 43-9	尖状器	Y	2	尖部	尖部 20×：钝圆，严重磨圆	剔	肉
					右侧刃	V25×：靠近尖部，边缘平滑，钝圆，有零星小片疤，由背面向腹面破裂。 D25×：有不规则的缺口，边缘平滑。 刃脊 25×：中度以上磨圆。		
79	OKW③ 38-6	钻器	Y	1	尖部	尖部 20×：有几个片疤，由腹面向背面破裂，大片疤为羽翼状，其余小片疤为阶梯状，中度磨圆。 右侧刃 20×：层叠分布阶梯状中片疤，边缘有羽翼状小片疤，突起处中度磨圆。 棱脊 20×：中度磨圆。	钻器	鲜骨

续表

序号	标本编号	类型	使用与否	使用单位	使用部位	微痕描述	运动方向	加工材料
80	OKW③45-6	尖状器	Y	1	尖部+右侧刃	尖部 V32×:轻微磨损,有1个小片吧,刃脊中度磨圆。 右侧刃:D25×靠近尖部,有连续的3～4个小片疤,羽翼状;V25×同背面。 刃脊25×:轻度磨圆。	切	肉(触碰骨)
81	OKW③39-2	短刃石刀	Y	1	PC2	V25×:边缘有连续不规则的小片疤,片疤方向似由腹面向背面破裂,略有方向,边缘轻度磨圆,较平滑。 D25×:边缘分散分布小片疤,方向不明,轻度磨圆。	切	软性动物物质
82	OKW③43-10	短刃石刀	M	2	PC7-8	25×:边缘有近连续的小缺口,刃脊轻度磨圆,片疤破裂与方向不明。	方式不明	不明
					尖部	25×:连续有小缺口,略有方向。		
83	OKW③43-13	刮削器	Y	1	PC8-1	D25×:边缘呈连续大波浪状,中间凸起部分钝圆。 V25×:连续分布中小片疤,羽翼状多,有1个卷边状,3个阶梯状。右侧刃腹面有层叠感,小尖部轻度磨圆。 刃脊25×:中度磨圆。	刮/刨	骨上的肉
84	OKW③S15-1	凹刃刮削器	M	1	PC8	D25×:边缘间隔分布有小片疤,由腹面向背面破裂。 V25×:边缘左侧呈不规则锯齿状,右侧较平滑。 刃脊左侧:中度磨圆。	刮	不明
85	OKW④S5	石锥	Y	1	尖部及右侧刃	尖部:D25×有几个片疤形成的缺口,轮廓钝圆,棱脊有3～4个横向片疤,中度磨圆;V25×轮廓钝圆,有小片疤但不明显,尖刃脊有垂直片疤,中度磨圆,似有垂直于刃脊的短擦痕,散漫光泽。 左侧刃D25×:间隔分布中片疤,羽翼状,略显方向。刃脊靠近尖部,中度磨圆,凸起处点状光泽。 右侧刃D25×:靠近尖部有零星小片疤。	剔	肉(触碰骨)

续表

序号	标本编号	类型	使用与否	使用单位	使用部位	微痕描述	运动方向	加工材料
86	OKW④S9-1	凹缺器	M	1	PC1	V25×：有连续4个小缺口，1个有方向性，轻度磨圆。 D25×：同一位置有连续4个小片疤，难以排除原料自身纹理的影响。	方式不明	不明
87	OKW④22-1	端刮器	Y-Y	2	PC8-1	D20×：边缘近连续分布中小片疤，小片疤为多，羽翼状，由腹面向背面破裂。 V20×：边缘轮廓有近连续分布的小缺口，边缘较平滑。 刃脊：凸起部分为中度磨圆，偶见散漫光泽，凹缺处轻度磨圆，个别位置严重磨圆。见垂直擦痕。	刮	骨上的肉
					PC3-6	20×：边缘零星分布有小缺口，刃脊轻度磨圆。	装柄	NA
					PC4/5	20×：轻微磨损，棱脊有疑似光泽。		
88	OKW④55-2	石锥	Y	1	PC1	D25×：连续分布片疤，以小型为多，间隔分布中片疤，均为羽翼状，略显方向。 V25×：靠近尖部呈中型锯齿状轮廓，随后一段的轮廓为小型锯齿状，刃脊中度磨圆。	剔	肉（触碰骨）
89	OKW④S7-5	锯齿刃器	Y	1	PC8-1	V40×：边缘近连续分布小型缺口，偶见羽翼状片疤，边缘平滑，凸起处轻度磨圆。 D40×：连续分布小型片疤，羽翼状，略有方向。 刃脊40×：轻—中度磨圆，偶见小平台状片疤剖面。	切	带骨的肉
90	OKW④31-2	锯齿刃器	Y	1	PC8-1	D25×：凹缺内分散分布中小型片疤，羽翼状，凹缺间凸起处钝圆，严重磨圆，片疤略显方向。 V25×：边缘相对平滑，凹缺内边缘呈不规则锯齿状。 刃脊25×：中度磨圆，个别凸起位置严重磨圆。	锯	鲜骨

续表

序号	标本编号	类型	使用与否	使用单位	使用部位	微痕描述	运动方向	加工材料
91	OKW⑤64-5	尖状器	Y	1	尖部及右侧刃	尖部:D25×有破损,有较浅的层叠纵向片疤,轻度磨圆;V25×边缘钝圆,有3～4个中型缺口,片疤由腹面向背面破裂;刃脊25×中度磨圆。 尖右:D25×靠近尖部有3个中型片疤,羽翼状,由腹面向背面破裂。凸起处严重磨圆,片疤略显方向;V25×同背面,片疤更明显。 刃脊25×:中—严重磨圆。	切	鲜骨
92	OKW⑥32-6	锯齿刃器	Y	1	PC8-1	V20×:边缘有连续的中片疤缺口,片疤由腹面向背面破裂。凸起处尤为明显,略显方向性。 D20×:凸起处有近连续分布的中片疤,羽翼状,片疤较浅,轻度磨圆。	切	肉(触碰骨)
93	OKW⑤44-7	凸刃刮削器	Y	1	尖部	尖部:D25×左侧有一大片疤,羽翼状,有方向。右侧连续分布小片疤,由腹面向背面破裂,尖部轮廓平直,中度磨圆;V25×边缘平滑。 刃脊25×:轻度磨圆。 右侧刃25×:靠近尖部有2～3个中小片疤,1个中片疤为卷边状,成因不明。 左侧刃25×:连续分布小片疤,轮廓较平直。	斜向切	肉
94	OKW⑤43-1	锯齿刃器3	M	1	PC7	D25×:边缘连续分布小片疤。 V25×:边缘连续分布小片疤。 刃脊25×:偶见轻度磨圆。	方式不明	不明
95	OKW⑤46-2	凸刃刮削器3	M	1	PC8	D20×:近连续分布中小片疤为多,略有方向,小片疤均为羽翼状,中片疤偶见卷边状。 V20×:零星可见小缺口,边缘较平直,轻度磨圆,个别凸起部位中度磨圆。	方式不明	不明

续表

序号	标本编号	类型	使用与否	使用单位	使用部位	微痕描述	运动方向	加工材料
96	OKW⑤6-2	长石片	M	1	PC6-7	D25×：分散分布小片疤，略显方向，片疤由腹面向背面破裂。 V25×：轮廓呈不规则锯齿状，个别大锯齿有方向。 刃脊 25×：轻度磨圆。	切	不明
97	OKW⑤13-5	凿形器	Y	1	PC7-8	D32×：连续分布小片疤，方向不明显，羽翼状，凸起处片疤较为明显，中度磨圆。 V32×：边缘连续分布小片疤，有阶梯状，层叠分布，偶见中型片疤。 刃脊 32×：偶见粉碎感，中度磨圆，个别位置严重磨圆。	切	肉(触碰骨)
98	OKW⑥26-4	石片	M	1	PC1	D32×：有连续分布的小片疤，略显方向，轻度磨圆。 刃脊 32×：中度磨圆。	方式不明	不明
99	OKW⑥6-1	边刮器	Y	1	PC6-7	D25×：PC6 处连续分布小缺口，显方向，边缘轻度磨圆；PC7 处分布有 3～4 个中型片疤，由背面向腹面破裂，有方向。 V25×：PC7 处两个中型片疤，羽翼状。 刃脊 25×：中度磨圆。	切	肉(触碰骨)
100	OKW⑥39-4	锯齿刃器	Y	1	凹缺	D25×：有中小片疤，由腹面向背面破裂，中度磨圆。 V25×：边缘轮廓平滑。 刃脊 25×：中度磨圆。	刮	肉
101	OKW⑥7-11	锯齿刃器	M	2	PC3	25×：零星有小片疤，不规则分布，片疤由腹面向背面破裂。 刃脊 25×：轻度磨圆。	装柄	NA
					PC6	25×：边缘呈锯齿大波浪状，内套不规则小片疤，片疤由背面向腹面破裂。 刃脊：中度磨圆。		
102	OKW⑥21-3	锯齿刃器	Y	1	尖部	32×：尖断，有纵向片疤，侧棱脊有 2～3 个小片疤，严重磨圆。 刃脊 25×：点状光泽。	钻器	不明

续表

序号	标本编号	类型	使用与否	使用单位	使用部位	微痕描述	运动方向	加工材料
103	OKW⑥5-1	锯齿刃器	Y	1	PC8-1	D25×:边缘连续分布中片疤,内套小片疤,羽翼状。凸起处较为明显。 V25×:基本同背面,片疤略少。 刃脊 25×:凸起处中度磨圆,其他部位轻度磨圆。	切	肉(触碰骨)
104	OKW⑥9-1	凹缺器	Y	1	尖部	D25×:连续分布 6 个中片疤缺口,有方向。 V25×:连续分布 6 个中片疤,由背面向腹面破裂,个别破裂点清晰,羽翼状,有方向。 刃脊 25×:中度磨圆,片疤凹缺处呈坡状。	剔	从骨上剔肉
105	OKW⑥N-2	锯齿刃器	M	1	PC6	D25×:凸起处两侧刃近连续分布有中小片疤缺口。 V25×:同背面。 刃脊 25×:轻度磨圆。	方式不明	不明
106	OKW⑥23-2	石锥	Y	1	PC1	D25×:边缘连续分布有中小片疤,羽翼状,有方向。 V25×:同背面。 刃脊 25×:轻度磨圆。	切	肉(触碰骨)
107	OKW⑦4-3	锯齿刃器	M	1	尖部	D25×:平尖,边缘有近连续分布的小片疤缺口。 V25×:有两处比较明显的小片疤,羽翼状。 刃脊 25×:中度磨圆。	方式不明	不明
108	OKW⑦5-4	石片	Y	1	PC2-3	D25×:边缘连续分布大中型片疤,偶见方向,片疤分布之间偶有间断。 V25×:同背面,PC3 处有一个翻越状片疤。 刃脊 25×:严重磨圆,轮廓呈 S 形。	锯	鲜木

续表

序号	标本编号	类型	使用与否	使用单位	使用部位	微痕描述	运动方向	加工材料
109	OKW⑦7-7	锯齿刃器	Y	1	PC1	D25×:边缘分布有3～4个大片疤,羽翼状,内套数个小片疤缺口。 V25×:近连续分布5个大片疤,羽翼状多,1个卷边状,片疤侵入较大。内套数个小片疤,羽翼状。 刃脊25×:轻度磨圆。	切	肉(触碰骨)
110	OKW⑦1-1	边刮器	Y	1	PC6-8	32×:边缘分布有小片疤缺口,片疤略显方向,羽翼状。边缘较平滑,凸起处中度磨圆,散漫光泽。 刃脊32×:中度磨圆,凸起处散漫光泽。	切	肉
111	OKW⑦10-3	凹缺器	M	1	尖部	尖部25×:尖断。 左侧刃D25×:边缘呈较深锯齿状,片疤由腹面向背面破裂。 右侧刃25×:分散分布有小片疤,由背面向腹面破裂。 刃脊25×:轻度磨圆。	方式不明	不明
112	KBS10-C38	刮削器	Y	1	PC1-2	D25×:边缘丛簇分布大中型片疤,羽翼状为多,个别折断状。凸起处严重磨圆,片疤由腹面向背面破裂。 V25×:出现两处较明显的凹缺。 刃脊25×:严重磨圆,凸起处呈散漫光泽。PC1/2处有一处点状光泽。	锯	鲜骨
113	OKW-C3	锯齿刃器	M	1	PC8-1	D25×:间隔分布有中型片疤,羽翼状,由背面向腹面破裂。PC1处连续分布有小片疤。 V25×:边缘呈不规则锯齿状,凸起处磨圆明显。 刃脊25×:凸起处中度磨圆。	锯	不明

续表

序号	标本编号	类型	使用与否	使用单位	使用部位	微痕描述	运动方向	加工材料
114	KBS10-C12	石锥	M	1	长直刃	长直刃 20×：分散分布小片疤，羽翼状。 刃脊 20×：轻度磨圆，背面右侧有一处呈折断状，有一处阶梯状。	方式不明	不明
115	OKW N34-4	锯齿刃器	M	1	PC1	32×：有一个中型片疤，若干小片疤，略显方向。 刃脊 32×：中度磨圆。	方式不明	不明
116	KBS10-C343	石片	M	1	PC6-	32×：分散分布有小片疤，羽翼状，个别为阶梯状。部分刃脊有中度磨圆，片疤有层叠感。	方式不明	骨
117	OKWN39-2	锯齿刃器	Y	1	PC8	V32×：边缘连续分布有小片疤，有方向。 刃脊 32×：轻度磨圆。	切	肉（皮）
118	OKW-C27	锯齿刃器	M	1	PC6-7	D25×：边缘丛簇分布有中小片疤，由腹面向背面破裂。3 处卷边状大片疤，余为羽翼状。 V25×：丛簇锯齿状边缘。 刃脊 25×：凸起处中度磨圆，有两处有粉碎感，疑为修理时形成。	方式不明	不明
119	KBS10-C40	鸟喙状器	Y	1	尖部	右侧刃：D25×连续分布有小片疤，间隔分布中片疤，片疤略显方向，片疤表现形状呈四边形；V25×同背面。 左侧刃 25×：连续分布有小片疤，轻度磨圆，方向不如右侧刃明显。 尖部 25×：有破损，钝圆，中度磨圆。 刃脊 25×：中度磨圆，有点状光泽。	剔	肉

续表

序号	标本编号	类型	使用与否	使用单位	使用部位	微痕描述	运动方向	加工材料
120	OKW N22-3	石片	Y	1	PC6-7	D20×:边缘修理成锯齿状,间隔分布3部分片疤,以中片疤为多,羽翼状,有卷边状。刃缘凸起处片疤较多。 V20×:PC7处有1个疑似翻越状中片疤。 刃脊20×:轻—中度磨圆。	锯	鲜木
121	OKW-C10	锯齿刃器	Y	1	PC1	D25×:间隔交错分布中片疤与小片疤,片疤由背面向腹面破裂,羽翼状为多,个别中片疤为折断状,略显方向。 刃脊25×:凸起部分中度磨圆。	斜向切	带骨的肉?
122	OKW-C7	边刮器	Y	1	PC6-7	D25×:近连续分布小片疤,羽翼状,偶见个别中片疤,略显方向。 V25×:近连续分布有小片疤缺口。 刃脊25×:轻度磨圆。	割	皮(筋)
123	OKW-C45	石锥	Y	2	PC8-1	D32×:边缘分散分布小型羽翼状片疤,有个别卷边状,略显方向。轻度磨圆,边缘较平直。 V32×:边缘分散分布极小片疤缺口,数量没有背面多。轻度磨圆。 刃脊32×:中度磨圆。	片	肉
			Y		PC3&PC6	32×:可见零星小片疤,分布在两边对称位置。PC3处片疤较多。 刃脊32×:轻度磨圆。	装柄	NA
124	KBS-C27	石锥	Y	1	尖部	D20×:尖部破损,有3～4个中型片疤。由腹面向背面破裂,羽翼状。严重磨圆,尖部似有摩擦,有1个阶梯状片疤。 V20×:尖部钝圆。 刃脊20×:严重磨圆。	划	皮?
125	OKW⑤41-1	锯齿刃器	Y	1	PC7	25×:边缘连续分布有极小片疤,规律不明显。 刃脊25×:轻度磨圆。	划	皮?

续表

序号	标本编号	类型	使用与否	使用单位	使用部位	微痕描述	运动方向	加工材料
126	KBS10-C209	石片	Y	1	尖部	D32×:尖部有磨圆,右侧刃有两个大片疤。 刃脊32×:有3个片疤。	穿刺	动物
127	OKW-C29	锯齿刃器	M	1	PC8-1	D32×:交错分布2段疑似使用形成的片疤。PC8处由腹面向背面破裂,PC1处由背面向腹面破裂。片疤侵入度较大。 刃脊32×:轻度磨圆。	方式不明	不明
128	11KW④a940	自然背石刀	Y	1	PC2	D:25×连续分布小型片疤,均为羽翼状,带方向,偶见中型片疤,边缘为带方向锯齿状,片疤很;40×刃缘轻度磨圆。 V:25×边缘较背面平滑,略显小锯齿状;40×不连续分布小型羽翼状片疤,个别呈卷边状,片疤很浅。 R40×:中度磨圆。	剔	肉(骨)
					PC3	D25×:零星分布小型月牙状凹缺。 V25×:边缘呈带方向锯齿状,片疤由腹面向背面破裂,见零星小型片疤,羽翼状。 R40×:突起处中度磨圆。	NA	NA
129	KW11B11④1092	凹刃刮削器	Y	1	凹缺中部	D25×:连续层叠分布中小片疤,多为阶梯状,有白色粉碎状晶体出现,无方向,约有2~3层片疤,边缘嵌套小片疤,羽翼状。 V25×:边缘呈较平滑规则锯齿状,缺口垂直于刃缘。 R40×:突起处中度磨圆。	刮	鲜骨
130	11KW④b1008	凹缺器	Y	1	PC3-4	D25×:连续分布中小型浅缺口,略有方向性,偶见羽翼状小片疤,PC4处片疤方向明显,片疤浅。 V40×:连续分布小型片疤,羽翼状略带方向,片疤浅,片疤不如背面明显。 R40×:轻度磨圆。	切	带骨的肉

续表

序号	标本编号	类型	使用与否	使用单位	使用部位	微痕描述	运动方向	加工材料
131	11KW④b 1007	直刃刮削器	Y	1	PC1	D:25×边缘为大波浪状，较平滑，无明显片疤，表面光泽系涂指甲油的缘故；40×偶见浅平羽翼状小片疤，刃缘中度磨圆。 V:25×近连续分布羽翼状中片疤，靠近边缘连续分布小片疤；40×小片疤浅平，羽翼状，略显方向，片疤由背面向腹面破裂，刃缘突起处中度磨圆。 R40×:中度磨圆，凸起出有散漫光泽。	切	筋
132	11KW④ b981	钻器	M	1	尖部	V40×:尖部左侧隐约有两个小片疤，一个为羽翼状，另一个为卷边，力的方向不明确。 R40×:中度—严重磨圆，隐约可见纵向破裂小片疤。	方式不明	中软动物物质
133	11KW④ a895	直刃刮削器	Y	1	PC7	D32×:边缘有不连续小缺口，略显方向性，但片疤不明显。 V32×:有零星小缺口，无明显片疤。 R50×:中度磨圆，可见向两面破裂的浅平小片疤。	切	肉
134	11KW②c-E14:2657	刮削器	Y-M	1	尖部	D32×:有两个大片疤，羽翼状，轮廓近平行四边形，靠近边缘嵌套两个小片疤，羽翼状，浅平。 V40×:边缘有不规则小缺口，无明显片疤，无明显方向。 R40×:轻度磨圆。	穿刺	不明
135	11KW④ a827	凹刃刮削器	Y	1	PC2-3	D25×:丛簇分布中片疤，羽翼状，中片疤边缘连续分布小缺口，无明显方向，片疤浅平。 V25×:边缘呈不规则波浪状，大小不一，中部有两个带方向性的缺口，其余无明显方向，疑与原料颗粒或接触点位置有关。 R40×:轻—中度磨圆。	刮	鲜皮

续表

序号	标本编号	类型	使用与否	使用单位	使用部位	微痕描述	运动方向	加工材料
136	11KW⑥ a559	使用石片	Y	2	尖部	尖部:折断。 D40×:尖右侧有两片纵向片疤 V40×:在纵向片疤边缘有连续3～4个小片疤。斜向垂直于刃缘。	穿刺	动物物质
					PC3/4	D40×:有零星分布半月形小凹缺。 V40×:间隔分布折断状小片疤,轮廓呈半月形,片疤由背面向腹面破裂。	装柄	NA
					PC6	D40×:零星分布半月形小缺口,片疤疑似由腹面向背面破裂。 V40×:间隔分布半月形中小缺口,中缺口边缘平滑。		
137	KW11B12⑤ 1178	锯齿刃器	Y	1	PC8	D40×:边缘呈不连续分布小凹缺状,锯齿间凸起部分可见连续分布的小片疤,浅平,片疤侵入较深,宽度较小,羽翼状,无明显方向,右侧凹缺有两个卷边状中片疤。 V40×:边缘比背面略平滑,无明显片疤,刃缘凸起部位有轻度磨圆。 R40×:轻度磨圆。	刮	带骨的肉?
138	11KW④ b945	直刃刮削器	M	1	尖部	D25×:轻度钝圆。 V40×:轻度钝圆。 R40×:轻度磨圆,似有从尖部破裂的纵向小片疤,但不明显。	方式不明	不明
139	KW11B12⑤ 1128	锯齿刃器	Y	2	PC2	D:25×边缘平滑,连续分布中片疤,羽翼状,浅平,轮廓近似方形,由腹面向背面破裂,无方向,片疤垂直于刃缘;40×边缘连续分布小片疤。 V20×:边缘平滑,无明显片疤,刃缘轻度磨圆。 R40×:中度磨圆,个别中片疤尾端呈卷边状。	刮	鲜骨

续表

序号	标本编号	类型	使用与否	使用单位	使用部位	微痕描述	运动方向	加工材料
					PC7	D20×:基本同PC2的D25×,刃缘轻度磨圆,边缘有小缺口。 V20×:基本同PC2的V20×。 R40×:中度磨圆。	刮	鲜骨
140	11KWC13②a:2436	砍砸器	Y	1	PC7-8	D20×:连续层叠分布大、中、小型片疤,多为阶梯状和卷边状,多处有白色粉碎状晶体,PC8处粉碎程度严重,刃缘损耗严重,变钝,大片疤肉眼可见。 V20×:连续分布浅平锯齿状轮廓,PC7处无明显片疤,PC8处由于使用程度较重,亦可见层叠状粉碎。	砍砸	鲜骨
141	11KW⑥a560	凹缺器	Y	1	PC1	D25×:不规则分布2~3个中片疤,羽翼状,片疤侵入度较小,轮廓呈月牙形,略带方向。 V25×:边缘呈不规则小锯齿状,偶见羽翼状小片疤,轮廓呈月牙形,略带方向。 R40×:轻—中度磨圆。	切	鲜皮
142	11KW③a393	锯齿刃器	Y	1	PC8-1	D:25×连续分布中片疤,羽翼状,边缘呈近平滑的锯齿形;40×:边缘连续分布羽翼状小片疤,PC8/1处有两个明显的翻越状片疤,有方向。 V40×:PC8/1处有一个卷边状中片疤,内部边缘近连续分布小片疤,刃缘中度磨圆。 R40×:PC8/1处可见连续分布折断状连续片疤,严重磨圆。	锯	鲜木
143	11KW②a-E13:1648	钻器	Y	1	PC7	D:25×不规则分布中片疤,羽翼状,有方向,边缘平滑;40×刃缘轻度磨圆。 V:25×边缘呈连续浅平波浪状,边缘平滑;40×不规则分布浅平小片疤,羽翼状,有方向,刃缘中度磨圆。 R40×:中度—严重磨圆。	切	带骨的肉

续表

<table>
<tr><th>序号</th><th>标本编号</th><th>类型</th><th>使用与否</th><th>使用单位</th><th>使用部位</th><th>微痕描述</th><th>运动方向</th><th>加工材料</th></tr>
<tr><td rowspan="2">144</td><td rowspan="2">11KW③b692</td><td rowspan="2">陡刃刮削器</td><td rowspan="2">Y</td><td rowspan="2">2</td><td>PC5背脊</td><td>D32×:连续分布阶梯状中片疤,靠近边缘分布羽翼状小片疤,边缘平滑。
V32×:边缘平滑,无明显片疤,有零星缺口,缺口垂直于刃缘,刃缘轻度磨圆。
R40×:刃缘呈曲线状,中度磨圆,有散漫光泽。</td><td>刮</td><td>鲜骨</td></tr>
<tr><td>PC8</td><td>D32×:靠近尖部连续分布小片疤,有明显方向。
V32×:靠近尖部连续分布小片疤,有明显方向。
R32×:中度磨圆,突起处有散漫光泽。</td><td>切</td><td>带骨的肉</td></tr>
<tr><td rowspan="2">145</td><td rowspan="2">11KW③b678
11kw④a898</td><td rowspan="2">矛头</td><td rowspan="2">Y</td><td rowspan="2">1</td><td>PC6-7/PC2-3</td><td>D32×:零星分布月牙状小片疤,由腹面向背面破裂。
V32×:零星分布月牙状小缺口,光泽系涂指甲油。
R40×:轻—中度磨圆,缺口处呈折断状断面。</td><td rowspan="2">柄</td><td rowspan="2">NA</td></tr>
<tr><td>PC4/5</td><td>背脊 D40×:有浅平处凹陷压痕,凸起部有中度磨圆。</td></tr>
<tr><td>146</td><td>11KW③aN-6</td><td>凹缺器</td><td>M</td><td>1</td><td>PC2/3</td><td>V40×:边缘呈浅长锯齿状,刃缘突起处似有轻度磨圆。
D40×:有零星浅平小片疤羽翼状,方向不明。
R40×:轻度磨圆。</td><td>方式不明</td><td>不明</td></tr>
<tr><td>147</td><td>11KW③a258</td><td>直刃刮削器</td><td>M</td><td>1</td><td>PC3</td><td>D40×:边缘为连续浅锯齿状。
V40×:间隔分布小片疤,羽翼状与卷边都有,浅平。
R40×:轻度磨圆。</td><td>方式不明</td><td>不明</td></tr>
<tr><td>148</td><td>11KW③a262</td><td>钻器</td><td>M</td><td>1</td><td>PC2/3</td><td>D40×:近连续分布小片疤,浅平,羽翼状,边缘平滑,突起处有疑似磨圆。
V40×:边缘平滑,无明显片疤。
R40×:轻度磨圆。</td><td>方式不明</td><td>不明</td></tr>
</table>

续表

序号	标本编号	类型	使用与否	使用单位	使用部位	微痕描述	运动方向	加工材料
149	11KW③a426	锯齿刃器	M	1	PC2/3	D40×:边缘呈连续不规则小锯齿状,有浅平小片疤,羽翼状,略有方向。 V40×:边缘较背面平滑,无明显片疤。	方式不明	不明
150	11KW③a351	直刃刮削器	Y	2	PC2-3	D:25×边缘平滑无明显片疤;40×刃缘突起处轻度磨圆。 V25×:丛簇分布小片疤,羽翼状,外面套有中片疤,卷边状,PC2处有层叠分布卷边状中片疤,有白色晶体。 R25×:中度磨圆。	刮	鲜骨
					PC7	D25×:边缘呈浅波浪状,平滑,刃缘轻度磨圆,无明显片疤。 V25×:间隔分布中片疤,羽翼状,浅平,个别卷边状,边缘平滑,轻度磨圆。 R32×:轻—中度磨圆,腹面可见破裂片疤,羽翼状为多,卷边次之。	剔	肉
151	11KW③a268	凹缺器	M	1	PC5	D40×:边缘有无规则小缺口,个别无方向,无明显片疤,突起处有轻度磨圆。 V40×:呈锯齿状边缘,轮廓较平直,无明显片疤,略有方向。 R40×:轻—中度磨圆。	切	不明
152	11KW③a483	短刃石刀+锯齿	M	1	PC7-8	D40×:边缘呈不连续浅波浪状,无明显片疤,刃缘轻度磨圆。 V40×:边缘呈浅波浪状,较背面平滑,无明显片疤。 R40×:轻—中度磨圆。	方式不明	不明
153	11KWD13②a1557	锯齿刃器	M	1	PC1-2	D40×:边缘零星分布小片疤,浅平羽翼状,边缘轮廓平滑,刃缘轻度磨圆。 V40×:边缘平滑,偶见浅平小缺口,刃缘轻度磨圆。 R40×:刃缘局部中度磨圆。	方式不明	不明

续表

序号	标本编号	类型	使用与否	使用单位	使用部位	微痕描述	运动方向	加工材料
154	11KW③ a353	直刃刮削器	Y	1	PC8	D25×:边缘呈浅波浪状,平滑,连续分布中片疤,羽翼状,略有方向。V:25×边缘平滑,连续分布小片疤,羽翼状,浅平;40×刃缘轻度磨圆。R40×:轻度磨圆。	切	筋
155	11KW③ a520	凹缺器	Y	1	PC7-8	D25×:连续分布中小片疤,以羽翼状为多,偶见卷边,无明显方向。V25×:边缘呈不规则浅锯齿状,无明显片疤,刃缘轻度磨圆。R40×:轻度磨圆,PC8 中度磨圆。	刮	带骨的肉
156	11KW② cD14:2625	双凹缺器	M	1	PC8-1	D40×:偶见卷边状大片疤 V40×:边缘偶见中型凹缺,无明显片疤。R40×:凸起处中度—严重磨圆。	方式不明	不明
157	11KW② aA13:2514	锯齿刃器	Y	1	PC7-8	D40×:近连续分布小片疤,浅平,羽翼状,边缘平滑,刃缘中度磨圆。V40×:刃缘呈浅平大波浪状,大凹缺内有连续小缺口,无明显片疤,刃缘中度磨圆。R40×:中度磨圆。	刮	鲜皮
158	11KW③ a273	锯齿刃器	Y	2	PC8	D25×:丛簇分布中小片疤,羽翼状为多,有方向,边缘呈不规则锯齿状,突起处轻度磨圆。V40×:边缘呈连续不规则小锯齿状。R40×:刃缘形状呈小波浪形,中度—严重磨圆。	剔	肉(触碰骨)
					PC5-6	D25×:边缘呈锯齿状,刃缘轻度磨圆,凸起处中度磨圆,无明显片疤。V20×:边缘锯齿状较背面平直,刃缘轻度磨圆,无明显片疤。V40×:PC6 处有一凹缺,其内部连续分布中小片疤,羽翼状。R40×:中度磨圆。	切	带骨的肉

续表

序号	标本编号	类型	使用与否	使用单位	使用部位	微痕描述	运动方向	加工材料
159	11KW②c109	矛头	Y	2	尖部	10×:尖折断。 R25×:有纵向破裂两个片疤,羽翼状。	穿刺	动物物质
					PC2&PC6-7	D:25×零星分布月牙状小缺口,片疤由腹面向背面破裂,无方向;40×缺口内边缘轻度磨圆。 V:25×零星分布月牙状小缺口,边缘较背面略平直,无明显片疤;40×缺口内边缘轻度磨圆。 R40×:轻度磨圆,可见零星月牙状横断面。	装柄	NA
160	11KW②a-F14:1633	锯齿刃器	Y M	2	PC2-4	D20×:丛簇分布浅平中片疤,羽翼状,略有方向,片疤由腹面向背面破裂。 V25×:边缘丛簇分布浅平小缺口,较平滑,片疤不明显,偶见带方向羽翼状小片疤。 R40×:轻—中度磨圆。	切	带骨的肉
					PC7	D40×:边缘近连续分布有浅长缺口,表面无明显片疤,方向缺口垂直于刃缘,边缘轻度磨圆,缺口内边缘平滑。 V40×:同D40×。 R40×:刃缘轻度磨圆,可见极小片疤,零星分布,突起处有散漫光泽。	执握	NA
161	11KW②a-E14:2329	锯齿刃器	Y	1	PC2-3	D40×:分散分布小片疤,羽翼状,有方向,片疤浅平,边缘轮廓近平滑。 V25×:边缘平滑,有不规则的很小的锯齿状缺口,片疤不明显。 R25×:突起处中度磨圆。	切	肉
162	KW11D14②N-2	微型锯齿刃器	Y	1	PC7-8	D25×:丛簇分布浅平中片疤,卷边状,略带方向,边缘呈波浪状,片疤轮廓近方形。 V25×:连续分布中片疤,浅平,羽翼状为多,偶见卷边状,片疤轮廓呈卵圆形,略带方向。 R40×:轻度磨圆。	切	鲜骨(及软骨)

续表

序号	标本编号	类型	使用与否	使用单位	使用部位	微痕描述	运动方向	加工材料
163	11KW②c44	直刃刮削器	Y	1	PC1-3	D40×:连续分布小片疤,羽翼状,边缘呈很浅的波浪形,刃缘平滑,轻度磨圆,凸起处有散漫光泽,个别片疤呈羽翼状。 V:25×边缘呈不规则锯齿状;40×边缘连续分布小锯齿状缺口,凸起处轻度磨圆,无明显片疤,明亮光泽系涂抹指甲油。 R40×:中度磨圆,凸起处有散漫光泽。	刮	鲜皮
164	11KW②c68	钻器	Y	1	尖部	D25×:边缘轻度磨圆,有一片纵向浅平羽翼状中片疤。 V25×:刃缘轻度磨圆。 R25×:腹面有纵向浅平中片疤,羽翼状,两侧刃各有一个纵向小片疤,尖部中度磨圆。	刻划	干皮
165	11KW②a-D14:1761	锯齿刃器	Y	1	PC8-1	D32×:第一个锯齿内连续分布3个中片疤,羽翼状,边缘呈锯齿状,第二个锯齿刃内有两个羽翼状中片疤,其中一个较浅平,第三个修理刃内有一个较大片疤,侵入度较深。 V20×:PC8/1处有一个卷边状大片疤,可见打击点,侵入度较深,PC8处有一个羽翼状中片疤,浅平。 R25×:轻—中度磨圆,可见有方向的片疤断面。	剔	肉
166	11KWH13②a2401	刮削器	Y	1	PC1	V25×:间隔分布2个羽翼状大片疤,左侧片疤侵入度较深,刃缘呈凹缺状,片疤有方向。 R32×:轻—中度磨圆,靠近PC8/1处可见折断状断面,其片疤尾端位于刃脊上,破裂方向与刃脊有一定角度。 D20×:间隔分布两个大缺口。	切	肉(及软骨)

续表

序号	标本编号	类型	使用与否	使用单位	使用部位	微 痕 描 述	运动方向	加工材料
167	KW11F13②a1609	凹缺器	Y	1	PC3	D25×:边缘轮廓呈近平直的浅波浪状,近连续分布很小的片疤,有方向,羽翼状。 V25×:边缘轮廓呈近连续的小锯齿状,有方向,有很小的片疤,浅平,羽翼状,片疤紧贴。 R40×:轻度磨圆。	切	肉
168	11KW②a-A13:1935	双凹缺器	Y	1	PC6-7	D40×:连续分布不规则小锯齿状缺口,丛簇分布浅平小片疤,以羽翼状为多,个别呈卷边状,紧贴边缘有及小片疤,有方向。 V40×:同D面。 R40×:局部可见连续桂叶状的片疤破裂面,凸起处轻度磨圆。	切	肉
169	KW11F14②a1604	尖状器	Y	2	尖部	D:10×尖左侧侧刃有明显的纵向破裂片疤,羽翼状,狭长型;40×中度—严重磨圆。 V:10×尖右侧侧刃有2个纵向狭长片疤,羽翼状,腹面有1个阶梯状大片疤;20×中度磨圆。 R10×:有纵向破裂的片疤断面,中度—严重磨圆。	刻划	骨
					PC3	D32×:边缘平滑,丛簇分布小缺口,有个别小的羽翼状片疤,似乎由背面向腹面破裂,方向垂直于刃缘。 V32×:边缘平滑,有浅平的不规则缺口,无明显片疤。 R40×:轻度磨圆。	执握	NA
170	11KW②c105	凹刃器	Y	2	PC8-1	D25×:丛簇分布浅平小片疤,羽翼状,方向不明,边缘平滑。 V25×:边缘平滑,无明显片疤。 V32×:边缘轻度磨圆。 R40×:凸起处中度磨圆。	刮	肉
					PC2	D25×:连续分布浅平中片疤,羽翼状为多,有2个卷边状,略有方向,边缘较平滑。 V25×:边缘平滑,无明显片疤,略有方向。 R50×:轻度磨圆。	剔	肉

续表

序号	标本编号	类型	使用与否	使用单位	使用部位	微痕描述	运动方向	加工材料
171	11KW②a-D14:1920	刮削器	Y	2	PC7-8	D20×:边缘呈不规则锯齿状缺口,略有方向。V25×:边缘呈锯齿状,略带方向,片疤不明显。R32×:刃脊轮廓略呈浅波浪状,轻度磨圆。	剐	肉(筋)
					PC4/5背脊	D20×:边缘较平滑,丛簇分布中片疤,羽翼状,浅平,略有方向。V20×:边缘呈锯齿状,略带方向,片疤不明显。R40×:轻度磨圆,轮廓近直线。	剐	肉(筋)
172	11KW②c65	直刃刮削器	Y	1	PC8-1	D:25×连续分布中片疤,羽翼状为多,PC8处有几个片疤呈卷边状;40×边缘连续分布小片疤,羽翼状,边缘轮廓平滑,片疤浅平,无明显方向。V40×:边缘有连续的小锯齿状缺口,无明显片疤。R40×:轻度磨圆,凸起处严重磨圆。	刮	干皮
173	11KW②c127	钻器	Y	1	PC8-1	PC8:D20×:连续分布羽翼状中片疤,内部边缘嵌套小片疤,羽翼状,有方向;V40×:有丛簇分布的小片疤,羽翼状,有方向;R40×:刃缘轻度磨圆。PC1:D20×:有丛簇分布的中片疤,轮廓呈平行四边形,卷边状,有方向;V40×:有丛簇分布的小片疤,卷边状,有方向;R40×:中度磨圆,局部有散漫光泽。	剥	皮

续表

序号	标本编号	类型	使用与否	使用单位	使用部位	微痕描述	运动方向	加工材料
174	KW11D13②1462	锯齿刃器	Y	1	PC6-8	D:32×靠近 PC8/1 处的 2 个修理刃内连续分布大量羽翼状中片疤;40×PC6 处连续分布 2 个羽翼状中片疤,PC7 处无明显片疤,边缘轮廓呈小波浪状,PC8 处部分片疤轮廓近方形,第一个修理刃内有 1 个折断状片疤。 V:32×PC8 处无明显片疤,边缘呈波浪状,第二个修理刃内可见 2 个小片疤,浅平;40×PC6 处边缘轮廓呈波浪状,无明显片疤,PC7 处无明显片疤。 R40×:PC6、8 处凸起处严重磨圆,PC7 处轻度磨圆。	刮	干骨
175	11KWH13②a2407	锯齿刃器	Y	1	PC1-4	D:32×PC1 处靠近尖部有严重破损;40×PC2/3 处边缘轮廓呈波浪状,其右侧连续分布 2 个羽翼状中片疤,有方向。 V40×:PC2/3 处连续分布 2 个明显的羽翼状中片疤,有方向。 R40×:PC1 处中度—严重磨圆。	切	肉(软骨)
176	KW11D14②1347	凹刃刮削器	M	1	PC1	D40×:边缘呈近连续的小锯齿状,无明显片疤。 V40×:浅平的大波浪状边缘,无明显片疤。 R40×:偶有片疤,从腹面剥向背面,轻度磨圆。	切	不明

续表

序号	标本编号	类型	使用与否	使用单位	使用部位	微痕描述	运动方向	加工材料
177	11KW②c15	锯齿刃器	Y-M	2	PC8-1	D20×:在凹缺内丛簇分布中片疤,羽翼状,侵入较浅,有方向,凸起处中度磨圆。 V:20×边缘呈不规则浅平大锯齿状,有方向;40×边缘处有小片疤,丛簇分布。 R40×:轻度磨圆。	剔	肉
					PC3	D:25×边缘呈不规则浅平大缺口,略显方向,无明显片疤;40×边缘轻度磨圆。 V25×:情况与背面相似,偶有小片疤,略有方向。 R32×:轻度磨圆。	方式不明	不明
178	KW11F13②1618	钻器	Y	1	PC2-3	D32×:边缘连续分布小缺口,有方向,有小片疤,羽翼状。 V32×:分散分布浅平小缺口,片疤不明显,略有方向,PC3处连续分布浅平锯齿状小片疤,有方向,片疤破裂不明显。 R40×:几乎无磨圆。	剥	皮
179	11KW②c144	凹缺器	Y	2	PC8	D32×:丛簇分布小片疤,羽翼状,略有方向,边缘平直,零星分布卷边状中片疤。 V25×:边缘呈浅波浪状,略有方向,片疤不明显。 R32×:中度磨圆。	切	肉(触碰骨)
					PC39(凹缺)	D40×:凹缺内侧边缘近连续分布小片疤,多为羽翼状,浅平,个别中片疤有方向。 V25×:边缘分散分布小缺口,偶见羽翼状浅平小片疤,略显方向。 R40×:轻度磨圆。	切	筋

续表

序号	标本编号	类型	使用与否	使用单位	使用部位	微痕描述	运动方向	加工材料
180	11KW②c166	锯齿刃器	M	1	PC2-3	D40×:边缘分散分布小缺口,局部从簇状分布,无明显片疤。 V40×:边缘分散分布浅平小片疤,羽翼状为多,方向不明,局部刃缘轻度磨圆。 R40×:突起部位中度—严重磨圆。	方式不明	不明
181	11KW②c152	尖状器	M	1	PC7	D40×:边缘平滑,近连续分布浅平小片疤,羽翼状,片疤轮廓呈平行四边形,偶见卷边状小片疤。 V40×:边缘呈浅波浪状,刃缘轻度磨圆。 R40×:轻—中度磨圆,突起处中度磨圆。	刮	软性动物物质
182	11KW②c201	矛头	Y	2	PC8-1	D25×:两侧刃有纵向破裂的片疤,羽翼状,PC8 处较明显,尖部折断。 V25×:PC8 处纵向片疤痕迹较明显。 R25×:凸起处轻度磨圆。	穿刺	动物
					PC4-5	V20×:纵向压痕。	装柄	NA
183	OKW②17-7	尖状器	Y	1	PC8-1	D40×:连续分布羽翼状小片疤,边缘呈不规则平缓波浪状,片疤有方向,凸起处中度磨圆,片疤从腹面向背面破裂,近尖处片疤不明显。 V40×:无明显破裂片疤,边缘形状同腹面。 R40×:中度磨圆,近尖处磨圆加重。	剔	肉

续表

序号	标本编号	类型	使用与否	使用单位	使用部位	微痕描述	运动方向	加工材料
184	OKW②21-3	残石镞	Y	1	PC3	D40×:偶见小凹缺,不规则分布,无方向。 V40×:近PC4处连续分布3个桂叶形小缺口。 R40×:轻度磨圆,片疤似由腹面向背面破裂。	NA	NA
					PC7	D40×:近PC6处连续分布3个桂叶形小缺口。 V40×:近PC6处连续分布6~7个小片疤,无方向。 R40×:近PC6处呈桂叶形剖面,中度磨圆。	装柄	NA
185	OKW③48-8	锥钻	Y	1	PC1	D20×:连续分布羽翼状大片疤,腹面向背面破裂,片疤平面呈平行四边形,近尖部边缘呈锯齿状,刃缘严重磨损,刃角变大,近90°。 V20×:边缘近平滑。 R20×:严重磨圆,凸起处有片状光泽。	刮	骨
186	OKW③60-1		Y	1	PC2	D20×:边缘呈连续平缓波浪状(不大规则),近连续分布浅平大片疤,羽翼状,片疤由腹面向背面破裂。 V20×:边缘呈不规则波浪状,略有方向,无片疤。 R40×:轻度磨圆。	刮	鲜骨
187	OKW②28-1	锥钻	Y	1	PC1(尖右侧刃)	D40×:边缘有不规则浅平凹缺,无片疤。略有方向。 V40×:边缘近连续分布小片疤,羽翼状,由背面向腹面破裂,有个别片疤平面形状呈四边形,略有方向。	剔	肉(偶碰骨)

续表

序号	标本编号	类型	使用与否	使用单位	使用部位	微痕描述	运动方向	加工材料
188	OKW③12-3		Y	1	PC6-7	D40×:近连续分布大型浅平羽翼状片疤,边缘轮廓呈浅平大波浪状,平行于刃缘,向左向右两个方向,片疤由腹面向背面破裂,边缘可见极小片疤。 V40×:情况类似背面,但片疤尺寸略小。 R40×:中度磨圆,部分凸起处严重磨圆。	切	肉(或皮)
189	OKW③3-3	端刮器	Y	1	PC8-1	D:20×边缘平滑;40×边缘连续分布小锯齿状缺口,中度磨圆。 V40×:边缘连续分布小片疤,浅平羽翼状,无方向,片疤平面隐约呈口袋状。 R40×:中度磨圆,凸起处严重磨圆,偶见片状光泽。	刮	皮
190	OKW②12-1	短刃石刀	Y	1	PC8	D40×:边缘轮廓呈近连续小锯齿状,近连续分布浅平羽翼状中小片疤,有方向。 V40×:边缘形状同背面,片疤比背面少。 R40×:中度磨圆。	切	皮
191	OKW②14-1	刮削器	Y	1	PC2-3	D:20×边缘平滑,无明显片疤;40×中度磨圆。 V:20×连续分布羽翼状浅平大片疤,片疤平面呈平行四边形;40×边缘连续分布羽翼状浅平小片疤,边缘轮廓平滑。 R40×:中度磨圆。	刮	干骨
192	OKW④21-1	雕刻器	Y	1	PC8	D40×:连续分布中片疤,羽翼状,有方向,边缘连续分布小片疤,有方向。 V40×:同背面。 R40×:中度磨圆。	切	肉(触碰软骨)

续表

序号	标本编号	类型	使用与否	使用单位	使用部位	微痕描述	运动方向	加工材料
193	OKW③S15-2	尖状器	Y	3	PC8-1	D20×：刃缘整体破损，由腹面向背面破裂。 V20×：边缘平滑，中度磨圆。	刮	鲜骨
					PC1-2	D20×：连续分布浅平中小片疤，无方向，片疤平面形状呈平行四边形。 V20×：边缘呈连续分布小波浪状，边缘平滑，无明显片疤。 R20×：中度磨圆。	刮	鲜骨
					PC3/PC6	D20×：零星分布半月形小缺口，PC3处片疤由腹面向背面破裂，PC6处片疤由背面向腹面破裂。 V20×：同上。 R40×：片疤呈桂叶形小剖面。	装柄	NA
194	OKW④S7 7-1		Y	1	PC8-1	D:20×连续分布羽翼状浅平大片疤，片疤平面形状为平行四边形，有卷边状片疤；40×边缘连续分布羽翼状浅平小片疤，边缘轮廓平滑。 V20×：边缘呈连续不规则浅锯齿状，无明显片疤。 R40×：轻—中度磨圆。	刮	干骨
195	OKW④S58-1	锯齿刃器	Y	1	PC6	D40×：边缘平滑呈大锯齿状，无明显片疤，缺口无方向。 V40×：连续分布浅平中片疤，平面形状呈半圆形，靠近边缘，连续分布有极小片疤，无明显方向，均为羽翼状。 R40×：中度磨圆。	刮	肉(触碰骨)
196	OKW③41-2	锯齿刃器	Y-Y	2	PC3	D:20×连续分布浅平大型片疤，羽翼状，边缘近平直；40×边缘连续分布小型浅平片疤，羽翼状，片疤平面形状近圆形，个别呈三角形，无方向。 V20×：边缘近平直，无明显片疤。 R40×：轻度磨圆，部分突起处中度磨圆。	刮	鲜骨

续表

序号	标本编号	类型	使用与否	使用单位	使用部位	微痕描述	运动方向	加工材料
					PC6	D:20×连续分布大片疤,阶梯状;40×边缘连续分布有方向的小缺口,轻度磨圆。 V40×:边缘近平滑,可见略有方向的浅平小缺口,无明显片疤。 R40×:轻度磨圆。	先刮骨,后切肉	
197	OKW③38-5	尖状器	Y-M	2	PC8-1	D40×:边缘近连续分布羽翼状小片疤,略有方向,尖部有两个纵向的浅平大片疤,羽翼状,边缘有极小的缺口。 V40×:边缘近平滑,轻度磨圆,有极小的锯齿状缺口,无明显片疤,尖部有一个纵向的长方形小片疤。 R40×:轻度磨圆。	剔	肉(碰骨)
					PC2/3,PC6/7		装柄	NA
198	OKW③37-1	石锤	Y-Y	2	PC8-1	肉眼可见层叠粉碎状,刃缘变陡。 D10×:大中小片疤层叠分布,阶梯状,刃缘有白色晶体。 V10×:边缘有砸痕,白色晶体,侧刃破损。	砍砸	骨
					PC5-6	痕迹不如PC8-1明显,刃缘有砸击点,类似加工痕迹。	锤击痕迹	
199	OKW⑤6-5	刮削器	Y	1	PC6-7	D:20×连续分布大型片疤,羽翼状为多,有卷边状,片疤平面多平行四边形,中度磨圆;40×边缘连续分布小型浅平羽翼状片疤,片疤平面呈平行四边形和三角形。 V20×:边缘呈不规则的浅锯齿状,轮廓平滑,无明显片疤,中度磨圆,中间部位有一个翻越状片疤。 R20×:中度磨圆,凸起处严重磨圆,个别凸起处有点状光泽。	刮	鲜木

续表

序号	标本编号	类型	使用与否	使用单位	使用部位	微痕描述	运动方向	加工材料
200	OKW④S34-1	端刮器	Y-M	2	PC8	D40×:边缘平滑,不连续分布小片疤,羽翼状,由腹面向背面破裂,无方向,部分边缘可见极小片疤,丛簇分布。 V40×:边缘平滑,无明显片疤,中度磨圆,靠近 PC1 处边缘呈浅大锯齿状,可能与加工痕迹有关 R40×:中度磨圆。	刮	皮
					PC2-2/PC6-7	D40×:偶见零星半月形小凹缺,PC2-3 片疤由背面向腹面破裂,PC6-7 由腹面向背面破裂。 R40×:部分区域可见桂叶形小剖面,中度磨圆。	装柄	NA
201	OKW⑤59-6		Y	1	PC7-3	尖两侧刃反向修理,左侧刃下部级底部有断裂痕迹,疑似残断尖状器 D20×:尖端有钝圆。 R20×:尖端纵观似有一浅平羽翼状片疤,严重磨圆。	穿刺	软性动物物质
202	OKW④S57-3		Y	1	PC8-1	D20×:连续分布浅平中片疤,有方向,边缘有同类小片疤,羽翼状,中度磨圆(凸起处)。 V20×:边缘有连续小锯齿状缺口,部分区域片疤明显,有方向,片疤数量比背面少,轻—中度磨圆。 R20×:轻—中度磨圆。	切锯	鲜骨
					PC8	V20×:边缘为不规则大锯齿状,缺口边缘呈断面似破损。		
203	OKW③42-1	端刮器	Y	1	PC1(凹缺)	D20×:凹缺内连续分布中小片疤,中片疤多为羽翼状,卷边状,小片疤为羽翼状,片疤内由腹面向背面破裂,无明显方向,轻度磨圆。 V20×:边缘平滑,有连续浅平小锯齿状缺口,无明显方向,中度磨圆。 R40×:中度磨圆,部分凸起处有疑似光泽,隐约有擦痕,近 PC1 处有个别片疤呈翻越状。	刮	鲜木(皮)

续表

序号	标本编号	类型	使用与否	使用单位	使用部位	微痕描述	运动方向	加工材料
204	OKW③14-1		Y	1	PC7	D20×:连续分布中小羽翼状片疤,有方向(双向),边缘平滑,局部有不规则小锯齿状缺口。 V20×:边缘不连续分布羽翼状中小片疤,有方向,片疤较背面少,中度磨圆。 R20×:轻—中度磨圆,中部有一个片疤破损严重。	斜向切	软骨?
205	OKW③47-7	残尖状器	Y	1	PC6-7/PC2-3	D40×:偶见零星半月形小缺口,间隔分布,PC6-7 相对明显,片疤由腹面向背面破裂。 R40×:轻度磨圆,缺口处可见桂叶形断面,凸起处中度磨圆,偶见点状光泽。	装柄	NA
206	OKW③21-2		M-Y		PC3/PC6	D40×: PC3 间隔分布羽翼状小片疤,由腹面向背面破,PC6 由背面向腹面破裂。 R40×:凸起处可见点状光泽,中度磨圆。	捆绑	NA
					尖部	D40×:尖左侧刃边缘呈不规则小锯齿状缺口,有方向,有羽翼状小片疤。 V40×:边缘轮廓同背面,有羽翼状小片疤,有方向。 R40×:轻—中度磨圆。	切\划	皮
207	OKW⑤S29-5a	尖状器	Y	1	PC2/PC6	D40×:偶见零星半月形小凹缺,个别连续分布,PC6 由腹面向背面破裂,PC2 由背面向腹面破裂。 R40×:轻—中度磨圆,凹缺处呈桂叶形剖面。 压痕:背面左侧表面刃脊靠近底部区域隐约有压痕。	装柄	NA

续表

序号	标本编号	类型	使用与否	使用单位	使用部位	微痕描述	运动方向	加工材料
208	OKW⑤ 63-11a	尖状器	Y	1	PC8-1	D40×:连续分布浅平小片疤,羽翼状,略有方向,边缘平滑,部分凸起处中度磨圆。 V40×:不连续分布浅平小片疤,有方向,边缘轮廓呈不规则浅平锯齿状,片疤比背面少。 R40×:轻—中度磨圆。	斜向片	中软动物物质
209	OKW⑤ N-8	尖状器	Y-M	2	PC8-1	D25×:尖部钝圆,有一纵向片疤,中型羽翼状,浅平右侧有连续小片疤羽翼状,斜向,边缘呈大波浪状,内嵌套小锯齿状。 V25×:边缘轮廓同背面,凹缺有方向,片疤较背面少,中度磨圆。 R25×:中度磨圆,尖部严重磨圆。	剥	皮
					PC3/PC6	D25×:零星分布半月形小片疤,PC6由背面向腹面破裂,PC3由腹面向背面破裂。 R25×:轻度磨圆。	装柄	NA
210	OKW⑤71-1	端刮器	Y	1	PC8	D:20×连续分布中型羽翼状片疤,无方向,边缘平滑;40×边缘连续分布小型羽翼状片疤,无方向,中度磨圆。 V20×:边缘呈近规则浅波浪状,无明显片疤。 R40×:中度磨圆。	刮	肉(触碰骨)
211	OKW②48-5	石刀	M	1	PC1-2	D40×:偶见小凹缺,PC2处连续分布2~3个小片疤。 V40×:不连续分布羽翼状小片疤,较浅平,略显方向。 R40×:轻度磨圆。	切	动物物质
212	OKW②45-6	锥钻	M	1	PC3	D:32×零星分布中片疤,羽翼状;40×连续分布小片疤,略带方向。 V40×:刃缘处不连续分布羽翼状小片疤,无明显方向。 R40×:中度磨圆。	切	?

续表

序号	标本编号	类型	使用与否	使用单位	使用部位	微痕描述	运动方向	加工材料
213	OKW②48-3	短刃石刀	M	1	PC8	D40×:连续呈不规则锯齿状。 V40×:不连续分布羽翼状中小片疤,有片疤。 R40×:部分凸起处中度磨圆。	刮	中软性物质
214	OKW②51-1		M	1	PC8	D40×:零星分布小片疤,无明显方向。 V40×:无明显片疤。 R40×:轻度磨圆。	方式不明	材料不明
215	OKW⑤38-1		M	1	PC3	D40×:连续分布羽翼状中小片疤,略显方向,人缘轮廓呈平缓小波浪状,部分轻度磨圆。 V40×:无明显片疤。 R40×:部分中度磨圆。	刮	不明
216	OKW④2-1		M	1	PC3	D40×:边缘有不规则分布的缺口,似有方向,片疤不明显。 V40×:边缘近平滑,个别缺口似有方向。 R40×:轻度磨圆。	方式不明	不明
217	OKW④S35-1		M	1	PC6	D40×:不连续分布羽翼状小片疤,部分略显方向。 V40×:无明显片疤,边缘轮廓呈不规则锯齿状。 R40×:中度—严重磨圆。	刮	肉(触碰骨)
218	OKW⑤N-7	尖状器	M	1	PC6-7	D40×:不连续分布小片疤,羽翼状,无明显方向。 V40×:无明显片疤。 R40×:轻—重度磨圆。	方式不明	不明
219	OKW⑤69-8	刮削器	M	1	PC7-8	D40×:尖右侧有一个断裂面,边缘轮廓呈不规则小锯齿状,间隔分布羽翼状小片疤。 V40×:无明显片疤,连续分布两个小凹缺,略有方向。 R440×:轻度磨圆。	方式不明	不明

续表

序号	标本编号	类型	使用与否	使用单位	使用部位	微痕描述	运动方向	加工材料
220	OKW⑤27-10	尖状器	M-M	2	PC8	D40×:尖及两侧不连续分布羽翼状中小片疤,个别片疤略有方向,中度磨圆,片疤由腹面向背面破裂。 V40×:尖及两侧(主要为右侧)不连续分布半月形小凹缺,片疤不明显。 R40×:中度磨圆,尖部严重磨圆。	斜向运动	不明
					PC5	无明显片疤。 R40×:轻—中度磨圆。	执握	NA
221	OKW⑤22-6		M	1	PC3-4	D40×:边缘有连续分布的小缺口,边缘轮廓平滑,无明显片疤。 V40×:边缘平滑,有个别小缺口,丛簇分布无方向,无明显片疤。 R40×:轻—中度磨圆。	方式不明	不明
222	OKW⑤41-4	尖状器	M	1	PC8-1	D40×:近连续分布羽翼状小片疤,略有方向。 V40×:边缘轮廓平滑,不连续分布羽翼状小片疤,片疤数量比背面少,中度磨圆。 R40×:中度—严重磨圆。	剔	不明
223	OKW⑤61-8		Y	1	PC2-3	D40×:边缘连续分布不规则缺口,边缘平滑,PC3 处片疤较明显,有方向,羽翼状。 V40×:边缘平滑,可见有方向的羽翼状小片疤,有一片成卷边状,PC2/3 有 3～4 处彩色亮点,疑似油脂。 R40×:轻—中度磨圆。	切	肉(皮)

续表

序号	标本编号	类型	使用与否	使用单位	使用部位	微痕描述	运动方向	加工材料
224	OKW⑤31-4		Y-Y-M	3	PC8-1	D40×:连续分布小片疤,多为羽翼状,靠近 PC1 处有 6 个卷边状中型片疤,间隔分布,有方向,PC8/1 处有一处彩色亮点。 V40×:边缘平滑,连续分布中小型片疤,有方向,片疤无背面明显,局部中度磨圆。 R40×:中度磨圆。	切	肉(皮)
					PC2-3	40×:情况类似于 PC8-1。		
					PC6-7	D40×:无明显片疤,偶见零星分布的小缺口,无方向。 R40×:中度磨圆,靠近 PC5 处侧刃可见压痕。	执握	NA
225	OKW⑤64-6	端刮器	Y-Y	2	PC8-1(加工刃)	D20×:边缘平滑,连续分布大中型片疤,浅平,羽翼状,无方向。 V20×:边缘平滑,无明显片疤。 R40×:中度—严重磨圆,凸起处有 2 处点状光泽。	刮	皮
					PC3/PC6	D40×:偶见零星分布半月形小缺口,PC6 由背面向腹面破裂,PC3 处有腹面向背面破裂 R40×:轻度磨圆,缺口处呈桂叶形断面。	装柄	NA
226	OKW⑤1-2	端刮器	Y-Y	2	PC2-3	D25×:近连续分布中型片疤,有方向,羽翼状为多,边缘有连续的小缺口,边缘近平滑。 V25×:连续分布中小片疤,多为羽翼状,边缘局部呈浅平小锯齿状。 R25×:中度磨圆,可见典型翻越状片疤,刃缘凸起处严重磨圆。	锯	木
					PC7	25×:情况类似于 PC2-3。 R25×:严重磨圆,局部有片状光泽。	锯	木

续表

序号	标本编号	类型	使用与否	使用单位	使用部位	微痕描述	运动方向	加工材料
227	OKW⑤23-1	端刮器	Y	1	PC8	D:20×连续分布大中型浅平羽翼状片疤,边缘有明显缺口,使用刃角变钝,近60°;40×边缘连续分布小片疤,无方向。 V20×:边缘呈平滑浅波浪状,无方向。 R20×:中度—严重磨圆。	刮	肉(触碰骨)
228	OKW⑤66-5	刮削器	Y	1	PC6-7	D25×:边缘平滑,连续分布中小型片疤,中型多为卷边状,小片疤多为羽翼状,局部层叠分布片疤,浅平,刃缘陡。 V25×:刃缘近平滑,无明显片疤。 R25×:中度磨圆。	刮	鲜骨
229	OKW⑤7-4	使用石片	Y	1	PC6	D40×:边缘呈连续小锯齿状,凸起处圆滑,有中型浅平羽翼状片疤,近连续分布,平面形状为半圆形,略有方向。 V40×:近连续分布羽翼状中小型片疤,浅平,略有方向,边缘轮廓似背面。 R40×:中度磨圆。	切	肉(皮)
230	OKW⑤30-2	使用石片	Y	1	PC6-7	D40×:边缘呈近连续分布小锯齿状,凸起处圆滑,有小型羽翼状片疤近连续分布,略有方向。 V40×:边缘呈浅平大波浪状,边缘平滑,无明显片疤,缺口略有方向。 R40×:轻—中度磨圆。	剔	肉
231	OKW⑤25-4	凿刃石刀	M	1	PC7-8	D40×:边缘平滑,有带方向小缺口,刃缘轻度磨圆。 V40×:无明显片疤,边缘轻度磨圆。 R40×:轻度磨圆,局部凸起处中度磨圆。	切	材料不明

续表

序号	标本编号	类型	使用与否	使用单位	使用部位	微痕描述	运动方向	加工材料
232	OKW⑤73-6	刮削器	M	1	PC1	D20×:不连续分布小缺口,略有方向,无明显片疤,轻度磨圆。 V20×:情况与背面类似。 R40×:轻—中度磨圆。	方式不明	不明
233	OKW⑤65-3	端刮器	M	1	PC2-3	D40×:零星分布小凹缺,无明显片疤,PC3/4 尖部有一个卷边状的中型片疤,平面形状为口袋装,轻度磨圆。 V40×:不连续分布羽翼状小片疤,轻度磨圆。 R40×:轻—中度磨圆。	方式不明	软性动物物质
234	OKW⑤47-2	使用石片	M	1	PC1	D40×:近连续分布羽翼状小片疤,似有方向,刃缘变陡。 V40×:连续分布凹缺,中—严重磨圆。 R40×: 中—严重磨圆。	刮	不明
235	OKW⑤ S28-3	使用石片	M-M	2	PC8-1(尖部)	D40×:边缘轮廓呈不规则小锯齿状,连续分布中小型羽翼状片疤,无方向。 V40×:边缘轮廓同背面相似,无明显片疤。 R40×:轻度磨圆。	方式不明 装柄	不明 NA
236	OKW⑤26-10	刮削器	M	1	PC1-2	D40×:零星分布小片疤,羽翼状,边缘轮廓呈不规则锯齿状。 V40×:不连续分布中小片疤,羽翼状,部分略显方向。 R40×:轻度磨圆,凸起处中度磨圆。	切	不明
237	OKW⑤49-4	刮削器	Y	1	PC6-7(修理)	D25×:分散分布大中型片疤,羽翼状,卷边状,中度磨圆,片疤有方向。 V25×:边缘分散分布大中型片疤,羽翼状多,有阶梯状,有方向,中度磨圆。 R25×:中度磨圆,凸起处严重磨圆,局部有白色粉碎状晶体出现。	锯	骨(软骨?)

续表

序号	标本编号	类型	使用与否	使用单位	使用部位	微痕描述	运动方向	加工材料
238	OKW⑤6-7		Y	1	尖部	D40×：尖钝，背面棱脊有3个纵向浅平小片疤，2个羽翼状，1个卷边，中度磨圆。 V40×：钝圆，中度磨圆。 R40×：有破损，钝圆，严重磨圆。	剥(右侧刃可能还用于刻划肉皮)	皮
					PC1	D40×：边缘连续分布小片疤，浅平羽翼状，有方向，个别为卷边状，凸起处中度磨圆。 V40×：边缘呈连续不规则浅波浪状，有方向，无明显片疤。 R40×：呈小波浪状，中度磨圆，凸起处严重磨圆。		
					PC7	D40×：分散分布小型羽翼状浅平片疤。 V40×：连续分布浅平波浪状缺口，无明显片疤。 R40×：轻—中度磨圆。		
239	OKW⑤N-2		Y	1	PC8	D25×：丛簇分布大中型片疤，多为羽翼状，有卷边状，有方向，大片疤平面形状有长方形和三角形。 V25×：边缘平滑，丛簇分布大中型缺口，有方向，片疤不如背面明显。 R25×：轻度磨圆，局部破损严重，断面片疤呈长方形。	斜向切	带骨的肉
240	OKW⑤61-5		Y-M	2	PC2-3	D20×：边缘呈不连续分布大片疤，羽翼状，大片疤边缘嵌套连续小片疤，羽翼状，略有方向。 D40×：边缘连续分布小片疤轮廓呈丛簇式小缺口，片疤侵入度较大。 V40×：边缘轻度磨圆，偶见小型浅平片疤，羽翼状。 R40×轻度磨圆，凸起处中度磨圆。	剔	肉(触碰骨)
					PC8	D40×：边缘隐约有浅平长型小片疤，羽翼状。 R40×：中度磨圆。	执握	NA

续表

序号	标本编号	类型	使用与否	使用单位	使用部位	微痕描述	运动方向	加工材料
241	OKW⑥N-6	凹缺器	Y	1	尖部	D20×:尖部圆钝,有层叠的阶梯状片疤,2~4个。 V20×:边缘有明显的破损,边缘缺口略有方向。 R20×:尖部破损。	刻划	骨
242	OKW⑤51-2		Y	1	PC6-7	D:25×连续分布中型羽翼状片疤,有方向,浅平,偶见大型卷边状片疤;40×边缘平滑,分散分布小型羽翼状片疤,略有方向,PC8处磨圆较重。 V40×:近连续分布中小型羽翼状片疤,有方向,边缘平滑。 R40×:中度磨圆,凸起处严重磨圆,PC8处严重磨圆。	切	肉(触碰骨)
243	OKW⑥10-1	尖凸器	Y	1	凹缺	D40×:分散分布小片疤,羽翼状为多,个别为卷边状,无方向。 V40×:边缘平滑,无明显片疤,局部有层叠状卷边中片疤。 R40×:中度磨圆,凸起处严重磨圆,刃缘破损超过侧刃。	刮	骨
244	OKW⑤7-5	刮削器	Y-Y	2	PC8-1	D40×:边缘平滑,有连续分布的极小片疤,羽翼状,无明显方向。 V40×:边缘平滑,无明显片疤。 R40×:中度磨圆。	刮	(肉)皮
					PC7	D:20×连续分布大型羽翼状片疤,边缘平滑,略有方向;40×边缘连续分布极小片疤,羽翼状,略有方向。 V40×:边缘平滑,有少数中小型片疤,羽翼状,片疤不如背面多,略有方向。 R40×:中度磨圆,凸起处严重磨圆。	切	肉片

续表

序号	标本编号	类型	使用与否	使用单位	使用部位	微痕描述	运动方向	加工材料
245	OKW⑤17-2		Y-Y	2	PC8-1	D40×:连续分布少量小型浅平羽翼状片疤,略有方向,边缘近平滑。V40×:边缘连续分布小型浅平羽翼状片疤,侵入度较一致。R40×:中度—严重磨圆。	切	肉(触碰骨)
					PC6-7	D40×:边缘呈连续浅平波浪状,有方向,双向片疤平面呈半圆形,有个别卷边状。V40×:边缘轮廓同背面,片疤较背面少。R40×:中度磨圆。		
246	OKW⑤69-11		Y	1	PC5-8	D:20×丛簇分布中型羽翼状片疤,边缘近平滑,有方向;40×边缘丛簇分布小片疤,羽翼状。V20×:边缘平滑,偶见小型羽翼状片疤,有方向,片疤较背面少。R40×:轻—中度磨圆。PC7处最明显。	剐	肉(触碰骨)
247	OKW⑥4-2		Y-Y-Y	3	PC1	D40×:边缘有连续分布的小锯齿状缺口,边缘平滑,缺口略有方向,偶见小型羽翼状片疤。V40×:同背面。R40×:轻—中度磨圆。	切	肉(皮)
					PC5	D25×:边缘平滑,略有缺口,连续分布中型羽翼状片疤,从腹面向背面破裂,刃缘变陡,片疤平面形状呈四边形,无方向。V25×:边缘呈浅平大波浪状,内套锯齿状缺口,无明显片疤,靠近PC处有2个片疤。R25×:中度磨圆,凸起处严重磨圆,侧刃陡。	刮	骨
					PC7-8	DV情况类似PC5,侧刃磨圆较PC5严重,局部为严重磨圆。		

续表

序号	标本编号	类型	使用与否	使用单位	使用部位	微痕描述	运动方向	加工材料
248	OKW⑥3-1	尖状器	Y	1	PC8-1	D:25×分散分布中型阶梯状片疤,边缘平滑;40×:边缘连续分布小型羽翼状浅平片疤,无方向。 V40×边缘平滑,无明显片疤。 R40×:轻—中度磨圆。	刮	骨
249	OKW⑥7-2	钻器	Y	1	尖部	D10×:尖断,有大片疤,腹面向背面纵向破裂。 V10×:尖断。 R:20×层叠分布大片疤,阶梯状,尖部钝圆;40×中度—严重磨圆。	刻划	骨
250	OKW⑥12-3	端刮器	Y-Y	2	PC1-3	D25×:边缘平滑,连续分布小片疤,浅平,无方向,羽翼状,边缘轻度磨圆。 V25×:边缘平滑,呈浅平大波浪状,边缘内套浅平小锯齿状。 R25×:中度磨圆,凸起处严重磨圆。	刮	肉(触碰骨)
					PC7	D25×:连续分布中片疤,羽翼状为多,有3个卷边状,无明显方向,片疤平面形状为椭圆形。 V25×:边缘平滑,轮廓呈浅平大锯齿状。 R25×:中度磨圆,凸起处严重磨圆。		
					PC8	情况类似与PC1-3,凸起处磨圆较严重。		
251	OKW⑥19-2	钻器	Y-Y	2	PC8-1	D40×:边缘平滑,丛簇小片疤,羽翼状,略有方向,浅平,尖部有一明显大片疤。 V40×:同背面,片疤较背面少。 R40×:轻—中度磨圆。	切	皮(肉)
					PC3/PC6	D40×:偶见零星半月形小缺口,边缘近平滑,PC3处片疤由腹面向背面破裂,PC6处片疤又背面向腹面破裂,PC6处相对明显。 R40×:轻—中度磨圆,片疤处可见桂叶形断面。	装柄	NA

续表

序号	标本编号	类型	使用与否	使用单位	使用部位	微痕描述	运动方向	加工材料
252	OKW⑥28-3		Y	1	PC8	D40×：边缘平滑，丛簇分布小型羽翼状片疤，浅平，略有方向。 V40×：片疤较背面明显。 R40×：轻—中度磨圆。	切	肉（触碰骨）
253	OKW⑤64-4	使用石片	M	1	PC6-7	D40×：边缘不不规则分布小片疤，羽翼状。 V40×：偶见由背面向腹面破裂的羽翼状小片疤，边缘呈不规则小缺口，个别似有方向。 R40×：整条刃破损严重，刃脊消失，局部凸起处中度磨圆。	切	硬性材料
254	OKW⑤66-6		M	1	PC6-7	D40×：边缘不规则分布羽翼状小片疤。 V40×：部分边缘区域近连续分布羽翼状小片疤，有方向，边缘呈不规则小缺口，轻度磨圆。 R40×：轻度磨圆，凸起处中度磨圆。	切	软性材料
255	OKW⑥18-3		M	1	PC6	D40×：连续分布不规则的小缺口，偶见羽翼状小片疤。 V40×：近连续分布不规则小缺口，片疤数量较背面多，轻度磨圆。 R40×：轻度磨圆。	方式不明	不明
256	OKW⑥N-9	端刮器	M	1	PC1	D40×：边缘较平滑，偶见小缺口，分散分布，无规律，局部中度磨圆。 V40×：边缘平滑，呈浅平大波浪状。 R40×：轻—中度磨圆。	方式不明	不明
257	OKW⑥2-3a	石锥	M	1	尖部	D40×：尖部圆钝，中度磨圆，边缘平滑，无明显片疤。 V40×：尖部钝圆，可见浅平中片疤，羽翼状。 R40×：中度磨圆，可见3～4个浅平小片疤。	方式不明	不明

续表

序号	标本编号	类型	使用与否	使用单位	使用部位	微 痕 描 述	运动方向	加工材料
258	OKW⑥2-2a	锯齿刃器	Y	1	PC2-3	D20×：刃缘磨损严重，连续分布大型羽翼状片疤，个别卷边状，略有方向，PC3 处有折断状大片疤。 V20×：边缘呈浅平大锯齿状，片疤不如背面明显。 R20×：严重磨圆，部分刃缘折断，有一个翻越状片疤。	锯	木
259	OKW⑥S10-4	尖状器	Y	1	PC7-8	D40×：边缘轮廓呈连续平缓的不规则波浪状，近连续分布浅平中片疤，羽翼状，靠近边缘零星分布小片疤，无明显方向。 V40×：边缘呈不规则的大锯齿状，无明显片疤，PC7 处有一个羽翼状中片疤，轻度磨圆。 R40×：中度磨圆，凸起处严重磨圆。	刮	骨
260	OKW⑥S11-4	凹缺器	Y	1	尖部	D20×：尖部圆钝，有一个纵向片疤。 V20×：尖部折断。 R20×：严重磨圆，可见两个纵向片疤。	刮	肉(触碰骨)
					PC8	D25×：边缘呈间隔分布小缺口，边缘平滑。 V25×：连续分布浅平小型羽翼状片疤。 R25×：中度磨圆，凸起处严重磨圆。		
					PC1	D25×：片疤略有方向，中度磨圆。 V25×：边缘呈不规则浅平锯齿状。 R25×：中度磨圆，凸起处严重磨圆。		
261	OKW⑥7-4	凹缺器	Y	1	PC7-8	D40×：边缘连续分布不规则缺口，有方向，边缘平滑，片疤不明显，偶见浅平羽翼状小片疤。 V40×：边缘平滑，近连续分布羽翼状小片疤，个别卷边状，有方向，凸起处中度磨圆。 R40×：轻—中度磨圆。	切	肉(皮)

续表

序号	标本编号	类型	使用与否	使用单位	使用部位	微痕描述	运动方向	加工材料
262	OKW⑥27-2	锯齿刃器	Y-M	2	PC7-8（修理）	D25×：刃缘平滑，连续分布中型羽翼状片疤，有方向，刃缘中度磨圆。 V25×：情况同背面。 R25×：严重磨圆，可见明显片疤，有翻越状片疤。	锯\刻	木
					PC4/PC5-6	有零星小缺口，半圆形，侧刃可见轻—中度磨圆。	装柄	NA
263	OKW⑥6-2	凿刃器	Y-Y	2	尖部	D/R10×：由尖向左侧刃有一个斜向的大片疤。	穿刺	软性动物物质
					PC3/PC6	D25×：间隔分布半月形小缺口，部分缺口丛簇分布，PC3 由背面向腹面破裂，PC6 由腹面向背面破裂，PC3 相对明显。 R25×：轻—中度磨圆，可见少量桂叶形断面。	装柄	NA
264	OKW⑧6-4	石刀	Y-Y	2	PC8-1	D40×：边缘近连续分布浅平羽翼状中小片疤，有方向，边缘较平滑。 V40×：PC8 处呈不规则锯齿状，PC1 处不连续分布多个小缺口，片疤较背面不明显。 R40×：轻—中度磨圆。	切	肉（皮）
					PC6-7/PC2-3	D20×：零星分布半圆形小缺口，PC2-3 处由背面向腹面破裂，PC6-7 由腹面向背面破裂。 R40×：轻—中度磨圆。	装柄	NA

续表

序号	标本编号	类型	使用与否	使用单位	使用部位	微痕描述	运动方向	加工材料
265	OKW⑧2-7	特殊石片	Y-Y	2	PC8-1	D20×:边缘平滑,连续分布大片疤,有一个为卷边状,其右侧有层叠分布的阶梯状片疤,平面形状呈四边形,由腹面向背面破裂,无明显方向。 V20×:边缘呈平缓波浪状,无明显片疤。 R40×:严重磨圆。	刮	骨
					PC2	D:20×边缘平滑,连续分布浅平大片疤,羽翼状,片疤平面形状呈四边形,无明显方向;40×大片疤内套阶梯状小片疤。 V20×:边缘呈不规则平缓波浪状,无明显片疤。 R40×:中度—严重磨圆。		
266	OKW⑧2-8	刮削器	Y	1	PC1-3	D20×:边缘呈大波浪状,边缘平滑,局部呈丛簇小锯齿状。 V20×:边缘丛簇分布中型羽翼状片疤,中度磨圆。 R:20×严重磨圆,可见典型翻越状片疤;40×偶见点状光泽。	锯	木
267	OKW⑧6-2	石刀	Y	1	PC7-8	D40×:边缘平滑轮廓呈不规则的小锯齿状,有方向,PC8处近连续分布,羽翼状中片疤,有方向。 V40×:PC8处边缘轮廓呈较规则的锯齿状,PC7处边缘平滑,不规则分布小缺口,有方向,片疤不明显,轻—中度磨圆。 R40×:轻—中度磨圆。	剔	肉(触碰骨)

续表

序号	标本编号	类型	使用与否	使用单位	使用部位	微痕描述	运动方向	加工材料
268	OKW⑧S11	使用石片	Y-Y	2	PC2-3	D40×:边缘呈浅平大波浪状,内套小锯齿状,有方向,偶见羽翼状小片疤。 V40×:边缘轮廓与背面相似,锯齿状凹缺更加明显,略有方向,偶见羽翼状小片疤。 R40×:轻—中度磨圆。	切	肉(皮)
					PC1	D25×:边缘平滑,轮廓呈浅平大锯齿状,偶见片疤,略有方向。 V25×:类似背面,连续分布浅平羽翼状小片疤,略有方向。 R25×:中度磨圆,PC8/1 处破损严重。	切	肉皮(触碰骨)
269	OKW②5-1		Y	第一类	PC1	V:层叠分布中小片疤,阶梯状和卷边状为多,无明显方向,边缘呈局部可见白色肉眼可见粉碎状晶体。 R:片疤越过侧刃脊线,破损严重。	砍砸	骨
					PC6	肉眼可见,痕迹类似 PC1,但是侧刃破损程度比 PC1 弱。		
				第二类	4 个突起的尖部	D40×:偶见片疤,略有方向。 V40×:有连续分布的小型羽翼状片疤,略有方向,中度磨圆。	剥	皮?
				第三类	PC8,PC1,PC7/PC6 的凹缺处,PC3	D40×:类似于腹面,片疤较腹面不明显,但轮廓呈不规则小锯齿状,有方向。 V40×:于近连续分布极小片疤,浅平羽翼状,略有方向。	切(或剔)	肉皮
270	OKW⑧1-3	凿刃器	M	1	PC8-2	D40×:边缘不连续分布浅平羽翼状片疤,边缘平滑,PC2 处呈平缓波浪状。 V40×:情况类似背面,片疤相对不明显,轻度磨圆。 R40×:轻—中度磨圆。	方式不明	不明

续表

<table>
<tr><th>序号</th><th>标本编号</th><th>类型</th><th>使用与否</th><th>使用单位</th><th>使用部位</th><th>微痕描述</th><th>运动方向</th><th>加工材料</th></tr>
<tr><td>271</td><td>OKW⑧1-1</td><td>凸刃器</td><td>M</td><td>1</td><td>PC6-7</td><td>D20×：尖左侧（PC6处）有连个浅平羽翼状中片疤，有方向。
V20×：情况与背面相似，尖部（PC6-7）严重破损。
R40×：尖部有一个彩点，严重破损，呈粉碎状。</td><td>方式不明</td><td>不明</td></tr>
<tr><td rowspan="2">272</td><td rowspan="2">OKW⑧5-2</td><td rowspan="2">石锥（钻器）</td><td rowspan="2">M</td><td rowspan="2">1</td><td>尖部</td><td>R40×：有磨损，隐约有2～3个极小片疤，轻度磨圆。</td><td rowspan="2">方式不明</td><td rowspan="2">软性动物材料</td></tr>
<tr><td>PC7-8</td><td>D20×：边缘轮廓有间隔分布的凹缺，片疤不明显。
V20×：类似于背面，PC7/8有一个彩点。
R40×：轻度磨圆。</td></tr>
<tr><td>273</td><td>OKW⑧S9</td><td>鸟喙状器</td><td>M</td><td>1</td><td>PC1</td><td>D40×：边缘轮廓呈大波浪状，内套小锯齿状凹缺，略有方向，丛簇分布小片疤，有一个彩点。
V40×：边缘呈连续小波浪状，边缘平滑，略有片疤，略有方向。
R40×：中度磨圆。</td><td>方式不明</td><td>软性动物材料</td></tr>
<tr><td rowspan="4">274</td><td rowspan="4">OKW⑦17-7</td><td rowspan="4">矛头</td><td rowspan="4">Y-M</td><td rowspan="4">2</td><td>尖部</td><td>D20×：尖部折断。</td><td colspan="2" rowspan="3">不明</td></tr>
<tr><td>PC8</td><td>D20×：有2～3个连续分布的小片疤，羽翼状，有方向。
V20×：与背面相似，片疤相对不明显。
R20×：轻—中度磨圆。</td></tr>
<tr><td>PC1</td><td>D20×：有2～3个连续分布的中型片疤，有方向，第二个片疤处可见白色晶体，片疤内有彩色点。
V20×：边缘平滑，可见浅平锯齿状，片疤无背面明显。
R20×：轻—中度磨圆。</td></tr>
<tr><td>PC6-7</td><td>D20×：间隔分布半圆形小缺口，有背面向腹面破裂。
R20×：片疤中可见桂叶形断面，轻—中度磨圆。</td><td>疑似装柄</td><td>NA</td></tr>
</table>

续表

<table>
<tr><th>序号</th><th>标本编号</th><th>类型</th><th>使用与否</th><th>使用单位</th><th>使用部位</th><th>微 痕 描 述</th><th>运动方向</th><th>加工材料</th></tr>
<tr><td rowspan="3">275</td><td rowspan="3">12KW⑥250</td><td rowspan="3">矛头（修柄）</td><td rowspan="3">Y-Y</td><td rowspan="3">2</td><td>尖部</td><td>D20×：尖部破损，有一个从腹面向背面破裂的纵向片疤。
V20×：边缘钝圆。
R40×：右侧刃的棱脊上有一个纵向片疤，中度磨圆。</td><td rowspan="2">穿刺</td><td rowspan="2">软性动物物质</td></tr>
<tr><td>PC8</td><td>V20×：有连续 3 个带方向的长形中片疤。</td></tr>
<tr><td>PC3/PC6</td><td>D20×：背面底部左侧突棱处有一个纵向的疑似压痕。
D40×：零星分布半月形小缺口，PC3 处较 PC6 处明显，PC3 从腹面向背面破裂。
R40×：轻—中度磨圆。</td><td>装柄</td><td>NA</td></tr>
<tr><td rowspan="2">276</td><td rowspan="2">KW11S-245</td><td rowspan="2">采集</td><td rowspan="2">M-M</td><td rowspan="2">2</td><td>PC8-1</td><td>D：20×边缘呈不规则锯齿状，不连续分布中型片疤，有方向，多为羽翼状，有阶梯状；40×边缘可见丛簇分布的小片疤，羽翼状，有方向。
V20×：边缘轮廓为不规则锯齿状，偶见片疤，有方向，片疤较背面少。
R40×：严重磨圆。</td><td>剔</td><td>肉（触碰骨）</td></tr>
<tr><td>PC2-3/PC5-6</td><td>D25×：分散分布半圆形小缺口，PC2-3 由背面向腹面破裂，PC 5-6 处片疤不明显。
R25×：严重磨圆，可见少量桂叶形断面。</td><td>装柄</td><td>NA</td></tr>
<tr><td>277</td><td>KW11S26</td><td></td><td>Y</td><td>1</td><td>PC1-2</td><td>D20×：近连续分布大型片疤，羽翼状，PC1/PC2 处层叠丛簇分布阶梯状中小片疤，有方向，边缘平滑。
V20×：边缘平滑，边缘轮廓呈不规则浅平大锯齿状。
R20×：严重磨圆，凸起处可见片状光泽。</td><td>锯（砍砸）</td><td>骨</td></tr>
</table>

后　记

每次写后记,就是对自己过往的回忆和审视。所以,我很享受写后记的每一次。

2011 年博士论文的后记,概括的是自己 7 年的硕博生涯。2020 年初《微研大义》专题论文集的后记,回忆的是自己 15 年的微痕分析经历。这一次,要从一个地方谈起。

2012 年之前,我从来没有想过自己会和鄂尔多斯这个曾经属于成吉思汗的地方有任何瓜葛。于我而言,它是内蒙古高原上一处充满神秘色彩的地方,连名字都拥有着特殊意义。就是这个神奇的地方,竟成了我专业梦想起飞的地方。

那一年,刚刚成为母亲的我略感迷茫。博士毕业两年了,心中的理想急于实现。但是没有合适的考古材料,纵有壮志凌云心和满腹诗书意,也不知该从何处下手。记得一天中午,时任鄂尔多斯文物考古研究院副院长、我的大学同学甄自明突然给我打电话,说了一个让我当时兴奋、至今怀念的消息:"中科院古脊椎所的侯亚梅老师要来鄂尔多斯,和我们院合作发掘,遗址叫乌兰木伦,旧石器时代的。侯老师提到石器要多方面、多手段研究,你要不要来做石器微痕?"乌兰木伦,那是我第一次听到这个蒙古味儿十足的地名(蒙语意为红水河)。我欣然答应。现在想起来,那是我最正确的决定之一。

2012 年的夏天,把仅仅 5 个月大的儿子放在苏州母亲家,我便带着一位刚刚本科二年级的女学生,奔赴了内蒙古高原。7 月的杭州高温难耐,鄂尔多斯却是清凉无比。我和侯老师过去就是相识的,曾经在 2004 年的微痕班见过彼此,还知道她早在 20 世纪 90 年代就做过微痕分析,还发表了相关的文章。所以,合作意向谈得十分顺畅,侯老师对我说:"乌兰木伦也许会成为我们一生中参与的一个重要的遗址，也许就是我们梦想启航的地方。”她讲这句话的时候，我居然神奇地想起了 2004 年她戴的那个绘着蒙娜丽莎画像的发夹——女性之间的相互理解，有时就是这么莫名。

乌兰木伦的石器，材质是石英岩。这是一种我过去没有涉及的材料，也是欧洲学者很少研究的材料。极少的参考和经验，刺激着我的神经，我做出了要“啃这块硬骨头”的决定。多年以后，当我写文章评述中国微痕分析发展史的时候，我曾提到这点，许多人面对石英岩选择“敬而远之”，而我选择迎难而上，因为，我没有其他的材料。第一次摸石英岩标本，第一次分析旧石器时代中期石器的功能，第一次使用不熟悉的显微镜，第一次和大的科研团队合作，都令我小心翼翼、如履薄冰。不到 30 天的工作季，我和学生连蕙茹一点一点摸索着，一字一句归纳着。这段经历事后来看，锻炼了我们灵活应用已有知识和方法，开创性地分析陌生材料的能力。多年以后，连蕙茹成了剑桥的博士生，而我，完成了许多曾经不敢想象的科研成果。这是后话。

2012—2016 年，我和我的课题组针对石英岩石制品共开展了 4 期实验与研究，完成了多篇学术论文，其中 3 篇被 SCI\SSCI\A&HCI 数据库收录。这些文章提供了有关石英岩石器使用微痕的基本鉴别特征以及参照图像，便于微痕分析者学习和交流。2017—2019 年，我们又尝试引入计算机科学中的数据挖掘技术，对已获得的微痕数据进行关联性和聚类分析，取得了意想不到的结果。依托石英岩，我们实验室先后共培养了十几位学生，其中有些去了剑桥大学、斯坦福大学、伦敦大学学院等名校继续深造，还有些留下来继续学习。开创性的科研文章和一批又一批的青年人才，是石英岩和乌兰木伦留给我们实验室最好的礼物。

在这项工作开展期间，我们的生活也是愉悦的。鄂尔多斯的开阔与舒爽，蓝天白云的博大胸怀，成吉思汗后裔的豪迈，以及内蒙古美食的诱惑，都让我和我的学生无比怀念。看显微镜是累的，可是在乌兰木伦，这种累就变成了另一种快乐的来源。

在这里，我要感谢给我去乌兰木伦工作机会的侯亚梅老师、杨泽蒙院长，要感谢向我透露消息的老同学甄自明，要感谢曾经协同作战的刘扬、包蕾、杨俊刚、李双、胡越，要感谢陪我连续几年奋战在实验室里的连蕙茹、方梦霞、汪俊、刘吉颖和蒋凡。要感谢我的父母陈根喜先生与周纪芳女士，我的公婆魏井发先生和李书杰女士，他们在我每一次出差的时候，帮我分担了照顾孩子的重担，让我没有后顾之忧。要感谢我的先生魏强，感谢他十年来对我工作的支持，以及对我一贯的包容。要感谢浙江大学出版社的陈佩钰女士，十年来一直默默地支持我写书、出书。

今天，有关石英岩微痕研究的内容即将付梓。既是对过去8年工作的总结，又将是未来工作新的开始。我想，将来这本书或许能成为我们曾经美好青春的纪念吧。

快乐是一种选择，梦想起飞是成就快乐的幸运。

最要感谢的是你——乌兰木伦！

陈　虹

2020年9月24日

于飞往兰州的CA3964